문예신서
155

프랑스 사회사

1789-1970

조르주 뒤프

박 단 • 신행선 옮김

東 文 選

프랑스 사회사

1789-1970

Georges Dupeux

La Société Française, 1789~1970

머리말

   몇 년 전, 한 현대사가가 19세기 프랑스 사회사는 여전히 '알려지지 않은 영역' 이라고 쓴 바 있다. 오늘날에는 그처럼 혹독한 의견이 이제 더 이상 유지될 수 없을 것이다. 최근 사회사 쪽으로 완전히 방향을 잡은 박사학위 논문들과 훌륭한 개설서들의 출간으로 인하여, 적어도 프랑스의 몇몇 지방과 19세기의 일부분에 대해서는 우리의 지식이 상당히 증가하였다. 물론 그렇다고 해도 아직 상당 부분 빈틈이 있으며, 해야 할 일이 많은 것 또한 사실이다.

   사회사 연구가 이처럼 늦어진 데에는 여러 가지 이유가 있다. 가장 중요한 것 가운데 하나는 사회사의 영역을 정확하게 정의내리기가 어렵다는 데에 있다. 다양한 시기에 걸친 프랑스인들의 일상생활을 아주 상세하게 그려내려는 매우 칭찬할 만한 열망으로 생동감 넘치는 상세한 사실들이 축적되기에 이르렀다. 하지만 우리는 그러한 것들이 이런저런 집단들이 살아온 현실세계를 나타내고 있는지에 대해서는 전혀 확신이 서지 않는다. 반대로, 선험적 개념으로부터 영감을 얻은 사회학적이고 체계적이며 추상적인 방식에 의한 기술은 사건들과 독자들 앞에 인위적으로 만들어진 장애물을 삽입하게 된다.

   필자는 이 현대 프랑스 사회사를 생산과정과 노동의 사회적 분업 중에서 차지하고 있는 위치에 따라서 정의되는 사회집단의 역사로서, 또한 그들간의 관계와 과거 그들 관계의 발전의 역사로서 이해하였다. 필자는 이러한 발전과정에서 불리한 상황에 처해서 불만을 갖고 있던 몇 개의 사회집단이 정치적·사회적 권리를 요구하는 단계로부터 보수주의로, 이어서 반동과 사회적 공포로 향하는 우여곡절을 거쳐 어떻게 해서 자신들의 지위를 개선하는 데 성공하고, 적어도 잠시 동안이라도 자신들의 패권을 확립하기에 이르렀는가를 설명하려고 노력하였다. 또한 한때 지배집단에 속했던 이들이 어떻게 음지로 완전히 내쫓겼으며, 다른 한편으로 그밖의 집단들은 그대로 남아 재산, 그렇지 않으면 권력에 대한 자신들의 몫을 어떻게 요구하였는지를 보여 주려고 노력하였다.

사회 발전에 대한 묘사를 넘어서서 그것을 야기시킨 제요인을 상기시키는 것도 유용할 듯싶다. 우리가 내적 요인이라고 일컫는 것들은 집단 심리의 영역에 속하며, 다음과 같이 인식이라는 일반적 명칭으로 불릴 수 있다. 즉 비참한 상황에 대한 인식 혹은 다른 집단의 착취에 대한 인식, 잠재 능력의 인식, 사회계층에서 더 유리한 위치를 차지할 기술적 혹은 지적 규율에 대한 인식, 때때로 부의 원천과 권력수단이 본질적으로 변화하는 사회 발전을 추구하는 데 대한 부적합성의 인식 등이 그러하다.

외적 요인들은 역사와 더 직접적으로 관련되었다. 이 요소들의 첫번째 열에는 우리 19세기의 경계 표시가 되는 정치혁명들이 놓이게 될 것이다. 이 혁명들이 이 영역에서 현대인들이 그것들에 부여하는 중요성을 모두 갖는지는 확실치 않다. 역으로 전쟁들, 적어도 20세기의 전쟁들은 사회의 발전에 현대인들이 알아차리기 힘든 영향을 발휘하였다. 기술혁명, 혹은 우리가 혁명이라고 말할 수 없다면, 기술 진보의 가속화는 여전히 한층 더 그렇다. 기술 진보는 생산과 소비의 영역에서 이중효과를 발휘하였다. 즉 기술 진보로 인하여 노동력은 상호 다른 제1·제2·제3부문 사이로 크게 재분배되며, 대중소비 단계에서 촉진된 몇몇 소비의 획일화가 추구되는데, 오늘날 여기에는 일정 형태의 문화도 포함된다. 기술 진보의 불균등한 리듬으로 사회 발전은 가속화되기도 하고 늦추어지기도 하였다.

마지막으로 우리가 그 중요성을 과장할 수 없는 다른 리듬들이 있다. 그것은 경기 변동이다. 번영의 시기에는 사회적 긴장이 완화되지만 모든 집단들이 균일하게 그 혜택을 누리지 못하였다. 복지추구 경쟁에서 몇몇 집단은 앞서고, 다른 몇몇 집단들은 뒤에 처져 있다. 경기 후퇴 시기에는 경쟁이 치열해지지만, 모든 집단에 균등하게 불리하지는 않다.

이 집단들은 그들의 희생자를 가질 수도 있고, 그들로부터 혜택을 입은 집단이 있을 수도 있다. 그러므로 정치사에서 중요한 날들보다 때로는 더 중요한, 중요한 연대기 지표로서의 경제 변동의 전환점을 고려하는 것이 적절할 터이다.

이러한 규모의 작업에서, 우리가 원하는 만큼 심층적으로 분석하는 것은 가능하지가 않다. 그러나 각장의 말미에 설명을 보완해 주는 지도, 그래프, 참고자료 외에 이 책을 읽음으로써 갖게 될 호기심을 만족시켜 줄 수 있는 참고문헌 동향이 있다. 이 참고문헌은 가장 중요하고 가장 최근에 출판된 것을 특기하였다. 일반적인 참고문헌을 길게 나열하는 것은 유용하지 않을 것이다. 왜냐하면 모든 요소들은 클리오총서의 특별 문고들에 의해 제공될 것이기 때문이다. (DROZ, GENET, VIDALENC, 《현대사 I — 왕정복고와 혁명들, 1815-1871 *L'Époque contemporaine I — Restaurations et Révolutions, 1815-1871*》, Paris, P.U.F., 1953; RENOUVIN, PRÉCLIN, HARDY, GENET, 《현대사 II — 무장된 평화와 제1차 세계대전 *L'Époque contemporaine II — La Paix armée et la grande guerre*》, Paris, P.U.F., nouvelle édit., 1960. 또는 Nouvelle Clio(GODECHOT, 《제혁명, 1770-1799 *Les Révolutions, 1770-1799*》, Paris P.U.F., 1963)

그러나 여기에서 같은 주제나 비슷한 주제들을 다룸에 있어 몇몇 저작들에게 필자가 빚을 지고 있음을 언급해야 하겠다. 《프랑스인의 역사 *L'Histoire du peuple français*》(Paris, Nouvelle Librairie de France, 1954 et 1964)의 제4권(*De 1848 à nos jours*, par GEORGES DUVEAU)과 제5권(*Cent Ans d'esprit républicain, 1875-1963*, par François BEDARIDA, Jean-Marie MAYEUR, Jean-Louis MONNERON et Antoine PROST), 《노동의 역사 *L'Histoire générale du travail*》(Paris, Nouvelle Librairie de France, 1960 et 1961)의 제3권(*L'Ère des révolutions, 1765-1914*, par Claude FOHLEN et François BEDARIDA)과 제4권(*La Civilisation industrielle, de 1914 à nos jours*, par Alain TOURAINE), 《프랑스 문명사 *L'Histoire de la civilisation française*》(de Georges DUBY et Robert MANDROU, Paris, A. Colin, 1958)의 제2권 및 외국의 관점을 우리에게 제공해

자극을 준 고든 라이트의 저서《현대 프랑스, 1760년부터 현재까지 *France in modern times, 1760 to the present*》(London, John Murray, 1962) 등이 그것이다. 또한 사회사 연구는 전문화된 유명 잡지들의 도움 없이는 잘 이끌어질 수 없다는 것을 상기해야 한다. 그 잡지들에는《아날(경제, 사회, 문화) *les Annales(Economies, Sociétés, Civilisations)*》·《사회경제사 평론 *la Revue d'histoire économique et sociale*》·《사회운동 *le Mouvement social*》·《근현대사 평론 *la Revue d'histoire moderne et contemporaine*》 등이 있다.

이 작업에 있어 필자를 도운 많은 사람들, 각별히 동료인 르네 레몽, 장 부비에, 그리고 기 팔마드에게 심심한 사의를 표해야 할 것 같다. 이들은 필자의 초고를 읽고, 자신들의 조언과 친절한 비판을 아끼지 않았다. 여기에 깊은 감사를 표한다. 그러나 물론 누락·오류·대담한 판단이나 부당한 해석 등에 대해서는 그들은 아무런 관련이 없으며, 이는 필자의 책임일 뿐이다.

조르주 뒤프

제 6판에 대한 서문

  사회사 영역에서 과학적 연구가 매우 빠르게 진전됨에 따라 한편으로는 젊은 역사가들이 점점 호감을 갖게 되었고, 다른 한편으로는 훌륭한 입문서들이 출판됨으로써 이 개론이 세상에 나오게 되어 매우 다행스럽다.

  본서에서 특히 초점을 맞춘 것은 우리 시대의 두 극단에 대해서이다. 앙시앵 레짐기의 프랑스에 대한 최근의 연구가 이 시기에 대한 우리의 지식을 새롭게 한 것은 사실이다. 이 연구들로 인하여 프랑스 사학사를 오랫동안 지배해 온 하나의 해석을 제거하는 것이 가능해졌다. 그 해석에 따르면 앙시앵 레짐은 1789년의 혁명을 통해서만이 이해될 수 있다는 것이다. '혁명적 사건을 통해 18세기 역사에 힘을 발휘했던 참주'로부터 해방된 역사가들은, 이제 비판적인 눈으로 그리고 어떤 '일상적인' 근심 없이 앙시앵 레짐의 사회를 그 복잡성으로 인하여, 연구자들이 끊임없이 현혹되는 하나의 사회로 바라보게 되었다.

  또 다른 극단인, 현시기에 대하여 말하자면, 강력한 번영의 기류가 지속됨으로써 8년 전 이 책의 초판에서 우리가 예측한 동향이 이론의 여지없이 확고해졌다. 그러나 아주 최근에 발생한 1968년 5월의 격렬한 분쟁으로 우리가 성취한 모든 것이 단번에 위기에 처하게 된 것 같다. 비록 우리가 아직 정확하게 길이를 측정할 수 있을 만큼의 필요한 시간적 후퇴를 하지 않았다 할지라도, 68년의 위기는 역사가들에게 무시될 수 없다. 그러나 임시방편적 해석으로밖에 제시될 수 없음 또한 분명하다.

차 례

인간과 그들의 활동

여러 사회집단과 그것들의 구조와 발전을 기술하기 전에 18세기부터 현재까지, 즉 현대 프랑스의 인구 변화와 이 인구 구성의 갑작스러운 변화를 보여 주는 몇몇 통계자료를 제시하는 것이 필요하다. 예컨대 인구 통계의 구조와 지리적 분포, 직업활동 분야에 따른 제변화 등이 그것이다. 이러한 변화들은 경제 변동과 연결되는데, 여기에서는 상세히 검토할 수가 없으나 적어도 몇몇 기본적인 측면은 상기하는 것이 적절할 터이다.

1. 현대의 인구 변동

18세기의 마지막 몇 해부터 현재까지 프랑스의 인구는 2천7백만에서 5천만 명으로 거의 2배가 증가하였다. 같은 시기 동안 유럽의 인구는 약 1억 8천만 명에서 5억 5천만 명으로 3배가 증가하였다. 이렇듯 뚜렷한 대조는 특히 유럽 인구에서 프랑스 쪽의 감소를 보여 주는데, 프랑스 인구는 1800년 유럽 인구의 약 15%에서 1950년 7.8%로 감소하였다.

그렇다고 해서 인구 발전 속도의 차이가 항상 매우 뚜렷하였던 것은 아니었다. 18세기 후반부 동안 프랑스의 인구는 유럽의 인구와 유사한 속도로 증가하였다. 예컨대 프랑스가 29% 증가한 데 비해 유럽은 38% 증가하였던 것이다. 1800년에서 1850년 사이 그 격차가 뚜렷해졌다. 유럽이 50% 증가한 데 비해 프랑스는 33% 증가에 불과하였다. 1850년부터 1900년까지는 유럽의 인구 증가가 자기의 속도(48%)를 유지한 반면에, 프랑스의 인구 발전은 쇠퇴하였다. 사실상 이 반세기 동안 8%의 증가에 그쳤던 것이다. 비록 알자스 로렌 지방의 손실을 고려한다 해도 11.5%의 증가에 불과하였던 것이다. 20세기 전반부에도 프랑스의 인구 증가는 7.5%에 그쳤다. 유럽의 인구 증가는 비록 둔화되었다 하더라도(33%) 여전히 높은 편이었다. 18세기말부터 19세기말까지 서구 대부분의 국가에서 일어난 급격한 인구 팽창과 프랑스에서 일어난 둔화된 인구 증가 사이의 대조는 "프랑스의 인구 발전이 매우 완만하게 박동쳤으며, 이것은 유럽 내에서 독창성을 가진다"는 것을 보여 주었다. (POUTHAS)

역동적인 인구 통계에서 정적인 인구 통계로

18세기 후반부에는 프랑스 인구가 뚜렷하게 증가하였다. 새로운 형태의 인구 통계가 이전의 '전(前)맬서스적' 인구 통계를 대체한 것은 사실이었다.

이는 두 가지의 근본적인 특징을 보여 주고 있다. 즉 "일정한 자연적 균형, 대규모적이면서 동시에 일시적인 불균형"이 그것이다.(GOUBERT, *Beauvais et le Beauvaisis de 1600 à 1730*)

자연적 균형은 매우 높은 생식력과 매우 높은 사망률의 산물이었다. 사실대로 말해 생식력은 사회적 강제, 특히 종교적 강제로 인해 '자연스러웠다'기보다는 오히려 견제되었다. 혼외 임신은 예외적이었다. 생식력은 또한 부부 중 한쪽이 일찍 사망함으로써 흔히 생겨나는 가정의 단절에 의해 제한되었다. 한 가정이 '온전한' 가정, 즉 부인이 생식 가능기간이 끝나기 전에 사망하지 않은 가정일 경우 일반적으로 7,8명의 자녀를 두었다고 하더라도, 평균적인 가정은 5명 이상을 두지 못하였다. 그것은 세대 교체를 보장하기에 아주 충분한 것이었다. 그러나 4세까지의 유아는 매우 높은 자연사망률로 반 이상이 거의 살아남지 못하였다. 그래서 "인구는 일반적으로 1에 근접한 교체율을 나타내는데, 조건이 충분히 좋을 경우에는 교체율이 1.03에 가까울 수 있고, 이것은 한 세기 동안에 10에서 12%의 인구 증가를 제공할 수 있었다."

그러나 가공할 만한 인구통계학적 제위기인 '대기근'이 수반하는 '갑작스런 사망률의 분출'로 인해 빈번하게 이 균형이 깨졌다. 기근으로 인해 약화된 사회 내에서 나타나는 기아와 질병은 일반적으로 사망자 수를 3배, 혹은 때때로 4배로 만들었다. 사망률의 분출은 결혼의 감소를 수반하였는데, 그 수가 반으로 줄어 임신이 약 3분의 2로 줄어들었다. 그리하여 인구는 10에서 20% 감소되었으며, 인구 피라미드에서 인구 감소 계층의 현상이 나타나게 되었는데, 이로 인해 한 세대의 사이를 두고 나타난 인구 통계의 불안정한 균형이 한층 혼란스럽게 되었다.

18세기 후반부에는 여러 조건들이 변화되었다. 경제력의 성장과 기근의 완화, 그리고 아마도 예방의학의 진보 등으로 인해 인구학적 위기가 어느 정도 사라지게 되었다. 출생이 사망을 초과하는 경우가 일반화됨으로써 수가 늘어난 젊은이들이 자신들이 성인이 되었을 때, 한층 더 많은 수의 아이들을 출산하였다. 인구 전체가 도약하게 되는 것이다.
그리하여 우리는 인구 혁명의 첫번째 시기를 맞이한다.

18세기 이사분기에 나타난 인구의 갑작스런 증가로 왕국의 인구는 3,40% 가량 증가되었다. 루이 15세·16세 시대의 혁명적인 인구 통계는, 루이 14세 시대의 답보상태에 있는 인구 통계와 뚜렷하게 대조되었다. 출생률이 증가되는 것이 아니라 사망률이 감소되었다. 그리고 특히 우리가 '정기적'이라고 부르는 이러한 위기 때 일반 계층의 사망률이 감소하였다. 인구학적 붕괴를 수반하는 '기아' 형태의 더 많은 위기——우리가 느끼기에 훨씬 더 복잡한 사회적 '기아'——에는, 때때로 그 위기를 회복하는 데 반 세대가 필요하였다. '가벼운' 위기가 '치명적인' 위기에 연이어 나타나는데, 이 위기는 생명을 구제하지만 인구 증가 문제를 지체시켰다.(E. LABROUSSE)

그러나 유럽 인구를 상당히 팽창시켰음에 틀림이 없는 인구 혁명의 이 첫번째 국면은 프랑스에서는 극히 짧았다.
인구 혁명의 두번째 국면의 징조들은 사실상 18세기말부터 나타나는데, 예컨대 생식력이 감소하기 시작하는 것이다. 비록 우리가 제국 말기의 전쟁들과 1817년의 기아, 혹은 1832년의 콜레라 등에서 기인하는 우연적인 감소를 제외한다고 할지라도 출생률의 발전상태를 검토해 보면 이를 잘 알 수 있다. 즉 18세기 중반에 1천 명당 35명의 비율로 증가뭄을 알 수 있다. 1801년이라는 아주 높은 수치를 기록한 해에도 33명이었다. 1812년과 1818년의 위기의 두 순간을 제외하고, 출생률은 1827년 전에는 31명 이하로 내려가지 않았다. 1829년부터는 30명 이하로 내려갔는데 더 이상 오르지 않았다. 이 기간 동안 사망률은 계속해서 감소하였는데, 19세기의 첫 10년간 27에서 1841-1850년에는 23‰이 되었다. 한편 이러한 감소는 모든 사회적 집단에 균등하게 적용되지는 않았다. 생활 수준에 대한 하나의 타당한 지표로서 고려되는, 가구당 지불하는 집세를 기준으로 하여 파리의 구(區, arrondissement)들을 세 그룹으로 나누어 인구 변동을 검토한 결과, 평균 집세가 가장 높은 그룹의 사망률이 1817년에서 1850년 사이에 24.9에서 18.2‰로 떨어졌으며, 중간 그룹에서는 27.3에서 25.1‰로, 가장 낮은 집세를 내는 그룹에서는 36.5에서 33.7‰이 되었음을 알 수 있었다. 그러므로 전반적으로 사망률이 감소하였다고 볼 수 있으나 이러한 감소는 부유층에서 훨씬 두드러졌으며, 그 결과 사망률의 폭은 1817년보다 1850년에 훨씬 더 넓어졌다고 볼 수 있다.

대략 1850년에서 1870년까지 프랑스의 전반적인 사망률은 거의 차이가 없었으며, 일종의 층계참이 형성되었다. 그리고 나서 서서히 감소하다 19세기의 마지막 몇 해 동안에 급속히 감소하였고, 1950년 13‰의 비율에 도달해 오늘날까지 지속되고 있다. 이러한 사망률의 감소는 무엇보다도 영아사망률(1세 미만의 영아사망)의 감소에 기인하였다. 19세기초 영아사망은 살아서 태어난 1천 명의 아이들 가운데 1백87명이었다. 1861-1865년에도 여전히 1백79명이었고, 1881-1885년에는 1백67명이었다. 파스퇴르의 시기라고 할 수 있는 1900년에는 1백49명으로 떨어졌으며, 제1차 세계대전 전야에는 1백26명으로 감소하였다. 1935-1937년에는 66명, 1962년에는 22명에 불과하였다. 어린아이 및 청소년(1세에서 15세까지)의 사망률 역시 상당한 비율로 감소하였는데 1900년는 107‰, 1930년에는 50‰, 1950년에는 17‰에 불과하였다.

유럽에서 일반적이었던 사망률의 감소로 인해 다른 나라들에서 나타

나는 인구의 괄목할 만한 증가가 프랑스에서 발생하지 않았다면, 그것
은 다름아닌 출생률의 지속적인 감소가 수반되었기 때문이다. 프랑스는
혼인 내 산아제한이 광범위하게 시행되었던 첫 국가였다. 그리고 그 최
초의 운동이 18세기말까지 거슬러 올라가는 이 맬서스주의는 제2차 세
계대전까지 그 영향을 느끼게 하였다. 출생률의 저하는 1880년 이후 훨
씬 가속화되어 1886-1890년부터 인구재생산율이 1 이하로 떨어졌다. 프
랑스는 세대가 제대로 갱신되지 않음으로써 잠재적 인구 감소 국면에
돌입하였던 것이다.

　프랑스인의 활력이 이렇게 감퇴되는 결과가 나타난 데에는 불리한
몇 가지 조건들이 결합된 것으로 충분하다. 첫번째로 들 수 있는 것은
1914-1918년 전쟁의 대가였다. 1백40만 명의 사망, 즉 25명 가운데 1명
이라 할 수 있는데, 더 정확하게는 10명 가운데 2명의 젊은이가 국가의
존립을 위해 생명을 잃었고, 출생 또한 상당히 저조하였던 것으로, 이는
연령 피라미드에서 매우 가시적인 '인구의 감소 계층' 현상을 불러일
으켰다. 두번째는 30년대의 경제 위기였다. 위기로 인한 생식력의 감소
에 덧붙여, 1915년에서 1919년에 출생한 감소 계층이 결혼 적령기에
도달함으로써 혼인율 감소가 야기되었다. 그럼으로써 1935년부터 사망

【표1】 인구의 순(純)재생산율

연　도	프랑스	영　국	독　일
1806-1810	1.08		
1811-1820	1.08		
1821-1830	1.06		1.31
1831-1840	1.04		1.25
1841-1850	1.01	1.28	1.30
1851-1860	0.97	1.34	1.29
1861-1870	1.01	1.42	1.37
1871-1880	1.04	1.53	1.48
1881-1890	1.02	1.47	1.47
1891-1900	0.97	1.32	1.52
1901-1910	0.96	1.23	1.48
1921-1930	0.93	0.95	0.90
1931-1935	0.90	0.77	0.79
1936-1939	0.89	0.79	0.98

률 초과가 나타나기에 충분할 정도로 출생률이 감소하였는데, 이는 제2차 세계대전말까지 지속되었다.

제2차 세계대전은 위협받고 있는 인구 감소에 새로운 타격을 가하였다. 이 전쟁으로 인해 살해되거나 부상으로 사망한 15만 명의 병사와 전쟁에 희생된 17만 명, 독일에서 사망한 29만 명의 프랑스인, 그밖의 다른 이유로 30만 명(다른 사망률보다 높은 사망률의 결과)이 때이르게 사라져 갔는데, 이는 총 90여만 명에 달하는 것으로 그들 대부분이 평상시였다면 수십 년 후에나 사망하였을 것이다.

인구통계학의 부활

1946년, 프랑스에서 출생한 사람의 수는 84만 명으로 이는 전전(戰前)보다 약 40% 더 많은 수치이다. 상당한 변화라고 할 수 있지만, 이는 프랑스에만 국한된 것이 아니었으며 그것이 지속될지도 의문이었다.

인구통계학자들은 이 변화가 우리가 믿는 것보다 한층 정도가 깊고 오래 되었다는 것을 보여 주었는데, 차후의 발전은 지속적이었다. 그 결과 프랑스의 인구는 이전의 80년간(3백만 명)보다 15년간(1946-1961년 사이의 5백만 명)에 훨씬 더 증가하였다. 출산에 대한 프랑스인의 태도는 1940년 이래 상당히 변화되었다. 사실상 이 시점에서는 갈라서지 않은 부부의 출산율이 증가하기 시작하였다. 전쟁으로 흩어지지 않은 부부의 출산율 증가는, 감옥에 가거나 강제수용소에 유배된 남편의 부재뿐만 아니라 결혼수의 감소마저도 보상하기에 충분하였다. 1945년 당시 부부의 출산율은 세대 교체를 보장할 정도가 되었으며, 이는 19세기 말 이래로 볼 수 없었던 것이었다.

순출생률은 오늘날 1.12가 되었다. 이제 유럽에서는 포르투갈(1.34)·네덜란드(1.33)·핀란드(1.23)만이 프랑스를 추월할 뿐이다. 프랑스의 출생률은 이제 스페인(0.99)·독일(0.97)·영국(0.95), 그리고 이탈리아(0.91)보다는 우월한 위치에 있다.

부부의 태도는 다음과 같은 점에서 전전(戰前)의 태도와 구분되었다.

살아서 태어난 아이수에 따른 1천 개의 결혼 분포

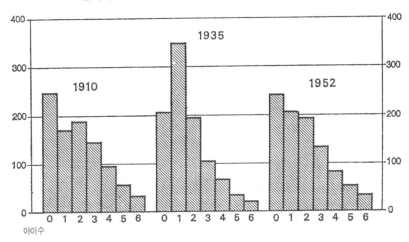

즉 첫아이의 태생이 매우 빠르지만 극히 빈번하지는 않았고, 이미 한
아이가 있는 가정에서는 둘째아이의 태생이 뚜렷하게 더 빈번하였으며,
이미 두 아이가 있는 가정에서는 셋째아이를 갖는 경우가 약간 더 잦
았다. 이미 가족구성원의 수가 많은 가정에서는 출생률이 증가되지 않
았다. 그래서 가족의 구조가 약간 변화되었다. 아이가 없는 가정의 비율
은 두 차례의 세계대전 사이의 시기와 비슷한 수준이었고, 1명의 자녀
를 둔 가정의 비율은 감소하였으며, 2명의 자녀를 둔 가정의 비율은 거
의 변하지 않았고, 3명이나 4명의 자녀를 둔 가정의 비율은 증가하였다.
그러므로 출생률이 상승한 것은, 특히 중간 규모의 가정의 비율이 증가
한 데 기인한 것이었음을 알 수 있다.

그러나 이러한 변화들이 인구의 연령별 구조를 현저하게 변화시키기
에는 너무 이르다. 인구의 노화는 프랑스 인구사에 있어 하나의 근본적
인 현상이었다.

1851년에 60세 이상의 인구는 전체 인구의 10분의 1만을 차지하였
다. 1901년에는 그 수치가 13%, 1921년에는 13.8%, 1936년에는 14.7%,
그리고 1968년에는 17.9%를 차지하였다. 한 세기 반 만에 노령 인구가
5분의 4정도 증가하였던 것이다.

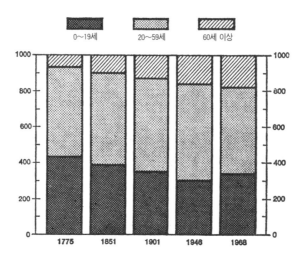

프랑스 인구에서 3개의 주요 연령집단의 상대적 중요성

【표 2】 3개의 주요 연령집단에 따른 프랑스 인구 분포

연령(滿)에 따른 구분	1775	1851	1901	1946	1968
0-9	42.8	38.5	34.3	29.5	33.8
20-59	49.9	51.3	52.7	54.5	48.3
60세 이상	7.3	10.2	13.0	16.0	17.9
계	100.0	100.0	100.0	100.0	100.0

　이 현상은 저변의 두 인구학적 움직임의 결과였다. 즉 출생률의 저하 (적은 수의 젊은이)와 사망률의 저하(중년과 노년의 적은 수의 사망률)가 그것인데, 유아와 청년의 사망률 저하로 인해 인구가 젊어지는 경향이 있다. 1946년 이래 출생률이 다시 늘어남으로써 노인 인구의 성장 속도 가 약간 주춤거리게 되었다. 그러나 프랑스 인구의 노화는 여전히 몇 년 동안 계속될 것이다.

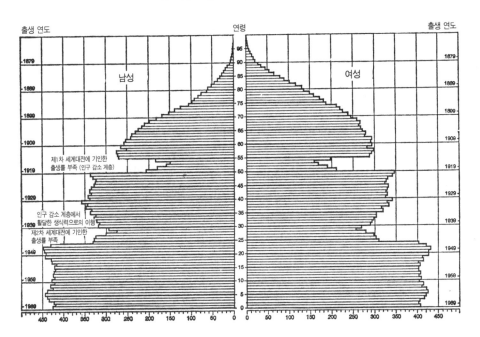

1970년 1월 프랑스 인구의 연령 피라미드

2· 국내 인구 이동

　프랑스의 인구는 18세기말 이래로 그 규모면에서 뿐만 아니라 지리
적 분포에서도 변화되었다.
　이러한 변화를 파악하는 것은 그리 쉽지 않다. 사실 이러한 현상에
대한 총체적 연구를 위해서는 5년마다 시행되는 인구 조사가 이용되어
야 한다. 예컨대 계속되는 인구 조사자료를 비교함으로써 각 도별 인구
의 순감소 혹은 순증가를 알게 될 것이며, 인구의 자연적 이동에 대한
자료를 대조함으로써 출생과 사망의 균형에 해당되는 부분과 전출과
전입에 해당되는 부분을 산출할 수 있을 것이다. 물론 이러한 과정으로
는 실제적인 이동을 알 수 없다. 왜냐하면 반대 방향으로의 이동이 일

어날 수 있는데, 그것은 상쇄되어 계산에 나타나지 않기 때문이다. 어떤 도에서 두 인구 조사기간 사이에 거주자 10만 명이 이주하여 가고 다른 도에서 태어난 20만 명이 전입하였다고 가정한다면, 인구 조사자료는 순전히 전입자 10만 명, 즉 두 이동의 결과만을 표시할 뿐 실제 수치인 30만 명을 표시하지는 않는 것이다. 그러므로 인구 이동이 과소평가될 것은 확실하다.

이러한 점을 염두에 두고, 또한 우리가 이러한 현상의 일부분밖에 도달하지 못한다는 것을 인식하면서, 19세기초부터 오늘날까지 도별 인구의 변화를 검토해 보자. 1831년까지 거주자수는 예외 없이 모든 도에서 증가하였다. 1836년부터 매 인구 조사 때마다 몇몇 도의 인구는 최고치에서 점차 감소하였다. 이 최고치와 1946년의 인구(1968년이 아니다. 왜냐하면 전후(戰後) 인구통계학의 부활로 계산이 틀려진다) 사이의 격차는 인구가 격감된 지역을 나타내 준다.

주민이 매우 많이 감소된 지역은 산악지대(남알프스·쥐라·마시프 상트랄), 아키텐 분지, 파리 분지의 서쪽과 동쪽 유역에 위치한다. 이 모든 지역은 광범위한 농업지대이다. 반대로 거의 인구가 감소되지 않은 지역은 대도시가 위치한 지역이다. (부쉬-뒤-론과 론의 뚜렷한 예외는 1936년 인구 조사의 실수에 기인한다.) 그 경계에 있는 경우는 명백히도 센과 센-에-우아즈 도(道), 즉 파리 지역의 경우이다.

농촌 지역에서 도시 지역으로의 이동은 매우 뚜렷하였다.

우리는 도시들의 흡수에 의해 몇몇 농촌이 고갈된 놀라운 예들을 제시할 수 있다. 클레르-몽페랑에 위치한 타이어 공장의 유혹에 응하여 리마뉴의 마을이 텅 비게 되었다. 르 크뢰조 주변의 부르고뉴에서도 그러하였고, 금속 공장 주변의 로렌의 마을에서도 그러하였으며, 트루아 주변의 샹파뉴의 마을에서도 그러하였다. 파리 이외에 어떠한 도시도 농촌의 본질을 더 깊게 더 광범위하게 빨아들이지는 않았다. 파리의 인구는 프랑스의 모든 지방 출신으로 구성되어 있다. 즉 19세기 중반 이래로 파리 인구의 3분의 2는 파리 태생이 아니었다. 리옹

최고치를 기준으로 한 1946년의 도별 인구 감소

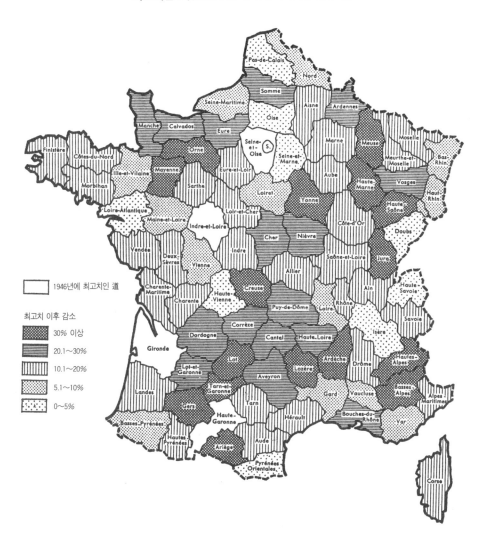

출전: HUBER, BUNLE, BOVERAT, *La Population de la France*, Hachette.

과 론 인구의 거의 절반은 외지에서 충원되었다. 부쉬-뒤-론에서도 같은 비율이 외지에서 충원되었다. 1896년에서 1906년 사이에 프랑스의 도시 인구는 1백41만 4천 명이 증가하였다. 이 수치에서 사망에 대한 출생의 초과 인원은 8만 9천 명이었고, 전출에 대한 전입의 초과 인원은 1백32만 5천 명이었다.(DEMANGEON, *La France économique et humaine*)

이러한 국내 이동은 농촌 인구와 도시 인구를 비교함으로써 보다 쉽게 연구될 수 있다. 이 구분은 1846년에 채택된 정의에 기반을 두고 있는데, 그것에 따르면 중심지에 모여든 2천 명 이상의 주민을 포괄하는 모든 코뮌의 전체 인구가 도시민으로 계산된다. 이러한 정의에 따른 인구 성장은 뚜렷하였다. 이 인구는 1846년 8백64만 7천 명에서 1911년에는 1천7백50만 9천 명으로, 1968년에는 3천3백만 명으로 늘어났다. 그러나 도시민에 대한 이러한 정의는 자의적이다. 즉 이 정의에 따르면, 1846년에는 2천 명만 되는 코뮌이면 도시로서 인정되었지만, 오늘날

【표 3】

연 도	총인구에서 도시 인구의 백분율 (거주자 2천 명 이상의 코뮌)	총인구에서 거주자 5천 명 이상의 도시 인구 백분율
1836		16.8
1846	24.4	
1851	25.5	17.9
1856	27.3	
1861	28.9	
1866	30.5	24.4
1872	31.1	
1881	34.8	
1891	37.4	
1901	40.9	35.6
1911	44.2	38.4
1921	46.4	41.1
1936	52.4	46.8
1954	56.0	50.2
1962	61.7	55.2
1968	70.5	59.0

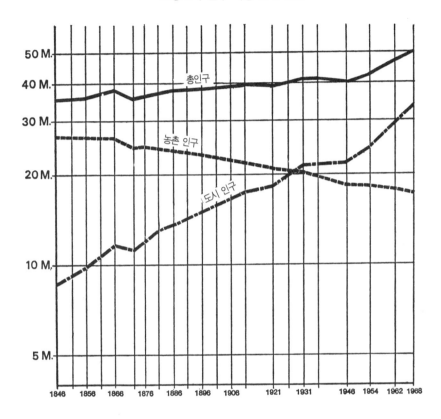

프랑스의 인구 이동 1846-1968

이 수치는 너무나 낮을 것이다. 그러므로 자의적이라 하더라도 5천 명 이상의 주민이 거주하는 코뮌만을 도시로서 인정할 수 있을 것이다. 위의 도표는 이동의 규모가 거의 같음을 보여 준다.

도시로의 이러한 인구 이동이, 도시 인구라는 개념이 최초로 사용된 인구 조사 시기인 1846년보다 훨씬 이전에 시작되었는지 의문시될 수 있다. 17세기말, 혹은 18세기초에 도시 인구는 전체 인구의 10분의 1만을 대표하였으며, 18세기말에는 5분의 1만을 이루고 있었다고 평가된다. 1846년에 도시 인구는 여전히 4분의 1 이하만을 대표하였던 데에서 알 수 있듯이, 증가 속도는 대혁명부터 1846년까지보다 18세기가 훨씬 더 빨랐다. 1801년부터 1831년까지 도시 인구가 농촌 인구보다 더 빨리 증가하지는 않았다. 도시로의 쇄도는 7월왕정기에 와서야 느껴지기 시작하였는데, 여전히 그 속도가 완만하였다. 산업으로 인해 심각한 변화가 초래되지는 않았는데, 그 이유는 많은 일자리를 창출하는 산업인 직물산업이 가내수공업적인 형태로, 흔히 농촌 한가운데 세워졌기 때문이었다.

국내 인구 이동은 경제 변화로 인해 19세기 후반부에 증가되었다. 농촌에서 농작 기계 특히 타작기의 발달이 노동력의 필요성을 감소시킨 반면, 농촌의 방직공은 더 이상 근대화된 직물산업과의 경쟁을 지탱할 수 없었다. 이들이 야기하는 경제적·사회적 변동에 더해 철도는 인구 이동을 가속화시켰다.

농촌의 인구 감소

실제로 일반적인 농촌 대탈출로 규정되는 농촌 인구의 도시로의 이동은 잘 알려져 있지 않고, 그 형태나 결과 또한 매우 다양하게 평가되고 있다. 이 현상은 피카르디 지방의 60여 개 농촌 코뮌에 대한 한 연구[1]에 의해 더 잘 파악되었다. 우선 시간 전개상 그러하다. 1836년부터 1872년까지 농촌의 인구 감소는 여전히 국지적이었으며, 몇몇 코뮌들에서는 인구가 계속해서 증가하였다. 그런데 농촌 대탈주의 시기는 1872년부터 1911년까지로 확대되었으며, 1911년부터 1936년까지 농촌 인구는 계속해서 감소되었고, 몇몇 코뮌에서는 이 인구 감소가 심지어 확대되는 한편 다른 코뮌에서는 인구 이동이 진행되기도 하고 멎기도 하였다. 다음으로는 인구 감소의 형식에 대해서이다. 전반적인 인구 감소는 상호 결합되는 두 가지 형태를 포괄하였다. 직업 활동을 하는 사람이 떠남으로써 나타나는 '취업' 인구의 감소와 '미취업' 부문에 속하

---

1) Philippe PINCHEMEL, *Structures sociales et dépopulation rurale dans les campagnes picardes de 1836 à 1936*, Paris, Armand Colin, 1957.

는 사람, 즉 청소년들이 떠남으로써 생기는 인구 감소가 그것이다. 그런데 첫번째 시기(1836-1872)는 취업 인구의 감소가 특징이었다. 즉 수공업자들은 '수공업 활동의 터전이 사라지는' 농촌을 떠났는데, "농촌에서 수공업 활동이 그 사회 구조와 인구, 18세기와 19세기 초반의 인구 과잉을 구축하였던 것이다." 1872년과 1911년 사이는 "농촌 대탈주의 전환점, 즉 농촌에서 출생률의 상당한 감소를 가져올 젊은이들의 탈주 시기이다." 마지막 기간은 다시금 '취업 인구의 감소' 시기이다. 그러나 이번에는 떠난 사람들이 가내공업이나 수공업을 하는 사람들만이 아니라 경작자들이기도 하였다.

농촌 '대탈주' 라고 말해야만 할까? "대체로 보아 우리 농촌은 진정한 농촌 대탈주를 경험하지 않았다. 왜냐하면 대다수에게 있어서 떠난다는 것이 일반적인 형태였기 때문이다." 정상적인 떠남이란 초과 인구의 떠남, 다시 말하면 경제적·기술적 환경의 영향으로 그 마을에서 일자리를 구하지 못하게 된 사람들의 떠남으로 이해되어야만 한다. "그들이 떠남으로써 토지의 사용이나 점유에 대한 포기가 나타나지는 않았다. 반대로 정착이나 황무지의 확대도 없었다. 피카르디의 농촌은 계속해서 확고하게 유지되었다." 농촌이 인구 감소를 겪은 것이 프랑스의 모든 지방에서 마찬가지는 아니었다는 것을 알아두자. 예컨대 남알프스 지역에서, 마시프 상트랄과 아키텐 분지의 일부 지역에서는 더 이상 농작물을 적절하게 개간할 충분한 사람이 없었다.

농촌의 인구 감소로 인해 남아 있던 사람들이 개간을 확대함으로써 더 나은 삶을 살게 된 것은 틀림이 없었다. 그러나 유리한 결과만 있었던 것은 아니었다. 피카르디 지방에서 "마을들은 상인과 몇몇 비농경 부문의 직종이 거의 존재하지 않는 완전한 농촌 공동체가 되었다. 사회 직업 구조의 이러한 퇴화와 농촌의 이러한 '시골화'는 19세기 후반부터 시작된 최근의 일이었다…… 농촌들은 매우 좁은 관점에서 볼 때 삶의 터전에서 일터로 변화하고 있었다. 인구 밀도가 일정 정도 이하이고, 사회 직업의 다양성이 일정 정도 이하인 현상태의 농촌 세계의 생활 수준에서, 우리의 농촌은 더 이상 사회적 지위 향상과 문화 발전이

즉석에서 가능한 사회생활의 공간이 아니다." 그래서 농촌의 인구 감소는 그들의 쇠퇴를 가속화하는 것 같다.

도시의 성장

몇몇 주요 도시의 성장을 나타내는 그래프로 도시로의 인구 유입이 제시될 수 있다.

성장은 대부분 1831년 이후에야 뚜렷하게 나타났다. 이 시기부터 성장이 가속화되었고, 1851년에서 1866년까지 더욱 커다란 도약이 이루어졌다. 보르도와 툴루즈 같은 지방의 주요 도시는 상업과 행정 기능이 산업적 기능보다 훨씬 우월하였는데, 릴-루베-투르쿠앵 지역, 더 나아가 생-테티엔 같은 산업 쪽으로 더 뚜렷한 도시들에 비해 덜 급속한 발전을 이루었다. 생-테티엔의 발전은 프랑스 내에서 놀랄 만하다. 사실 이 지역은 19세기초부터 발전이 시작되었는데 인구가 30년(1801-1831) 사이에 2배가 되었으며, 19세기의 3분의 2 기간(1801-1866)에 6배가 되었다. 1901-1911년 사이에 조금 완만하였음에도 불구하고, 1921년 생-테티엔의 인구는 1801년보다 10배나 더 많았다. 이러한 예는 도시화와 산업화 현상 사이의 관계를 잘 보여 주는 것이라고 하겠다.

그러나 대부분의 그래프에 따르면 도시의 성장은 1851년에서 1866년까지 매우 빠르다가 이 시기 이후 완만해지며, 20세기초 몇 해 동안에 약간의 정체기를 겪었다. (다른 도시와 떨어져 있는 마르세이유의 경우에 대하여는 완전히 유보해 둘 필요가 있으며, 아마도 인구 조사의 명백한 부정확성 때문에 리옹의 경우도 그러하다.) 그런데 우리는 농촌의 인구 감소가 이 시기에 거의 약화되지 않았다는 것을 알고 있다. 이 모순은 대도시 밀집 지역 내에서의 행정구역 구별에 의해 쉽게 설명된다. 즉 도시 코뮌은 인구 조사의 행정 단위이다. 그런데 이 코뮌은 20세기초에는 도시 밀집 지역의 일부만을 대표하였는데, 이 밀집 지역은 더욱

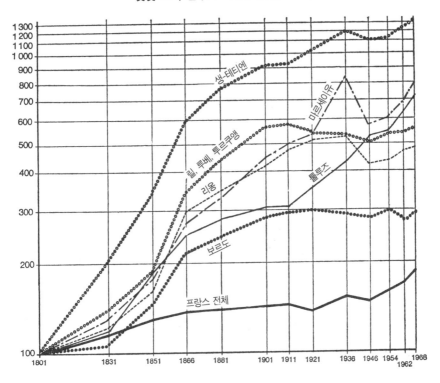

몇몇 도시 인구의 이동(1801년 = 100)

이 일반적으로 인구 포화상태였다. 이주자들은 이웃 코뮌들에 정착하게 되었고, 이 지역은 교외권이 되었다. 교외권이 그래프 위에 나타나지 않으므로 도시화의 움직임이 약해져서 거의 사라지는 것같이 보이는 반면, 그 움직임은 실제 같은 속도로 계속되는 것이다.

극단적인 예가 파리의 경우이다. 파리라는 도시는 1911년에 만원이 되지만, 이주자의 쇄도는 그치지 않았다. 센 도(道)에서의 인구 증가 곡선, 그리고 더 뚜렷하게는 많은 교외 코뮌 가운데 선택된 한 코뮌인 불로뉴-비앙쿠르의 증가 곡선이 그것을 잘 보여 준다.

파리 지역에서의 인구 집중은 프랑스 인구사의 주요 사실 가운데 하나이다. 오늘날 이 나라 전체 인구의 약 5분의 1(18.4%), 그리고 도시 인구의 4분의 1 이상이 여기에 모여 있다. 이러한 집중은 비교적 최근

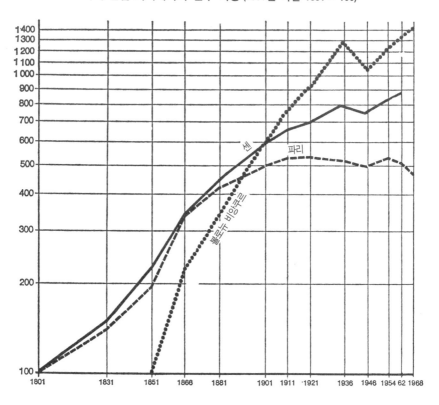

파리 밀집 지역에서의 인구 이동 (1801년 혹은 1851 = 100)

의 일로 한 세기가 채 안 되었다. 1801년에 파리는 약 50만 명을 웃도
는 인구로 프랑스 인구의 50분의 1 정도였으며, 1851년에는 1백만 명
의 인구로 약 3%에 불과하였다. "낱말의 현대적 의미에서, 그리고 그
낱말이 표현하는 모든 것으로 볼 때 파리의 산업지대는 전통적인 직업
분야와는 별도로 금속 및 화학이 발달하고, 옛 도시 변두리 지역에 있
던 작업장이나 작은 공장과는 별도로 대기업 내에 노동자가 모여들고,
수공업자와 직공과는 별도로 프롤레타리아들이 출현하는 지대로, 이 파
리의 산업지대"는 단지 제2제정하에서 구성되었다. (Louis CHEVALIER)
1881년에 센 도는 프랑스 전체 인구의 7.5%를 차지하였다. 1911년에
이 비율은 10% 이상이 되고, 1931년에는 거의 12%가 된다. 센-에-우

아즈와 센-에-마른을 크게 상회하는 파리 밀집 지역은 프랑스 인구의 14%를 차지하였다. (오늘날은 17%를 차지하고 있다.) 이러한 예외적인 인구 집중은 매년 심화되고(파리 밀집 지역의 인구는 오늘날 연평균 12만 가구의 속도로 증가한다), 단호한 방식으로 '파리 그리고 프랑스의 사막'으로 대조되면서 비난당하는 걱정스러운 불균형을 야기시키는데, 이는 수도에 다양한 활동이 집중되는 것으로 설명될 수 있으며, 영국을 제외하고는 다른 어떤 나라에서도 찾아볼 수 없는 현상이다.

3· 전업

취업 인구의 이동, 즉 한 직종을 가진 노동자가 다른 직종으로 바꾸는 것, 한 활동 분야에서 나와 다른 활동 분야로 들어가는 것, 어떤 부문에서 생겨난 노동자가 다른 쪽에서 받아들여지는 것에 전업이라는 이름이 붙여진다. 인구의 직업 구조는 적어도 장기간에 걸쳐 볼 때 불안정하며, 프랑스는 이 불안정에 아주 좋은 예를 제시하는데, 그 이유는 혁명 전야에 인구의 3분의 2 이상이 농업에 종사하였으나 오늘날에는 5분의 1 이하만이 종사할 뿐이기 때문이다.

불행히도 필자가 이 분야에 대해 가지고 있는 정보는 불완전하며, 흔히 부정확하고 때로는 거의 신뢰가 가지 않는다. 사실상 프랑스 주민의 직업에 대한 정보를 제공하는 인구 조사를 이용하기 위해서는 1851년까지 기다리지 않으면 안 된다. 그러나 이 시기에는 인구 조사의 통계 방법이란 것이 그 초기단계에 불과해 복잡한 작업을 수행할 수 있는 행정 서비스가 거의 갖추어져 있지 않았다. 그러나 이후의 인구 조사과정에서 여러 가지 진척이 있었다. 1881년부터 개인명세표가 이용되었고, 1896년부터 이 표들이 한 역량 있는 직원에 의해 파리에서 모두 면밀하게 검토되었다. 이러한 개선으로 호기심을 끌 만한 결과가 1896년에 나타났다. 즉 직업을 가지고 있는 사람의 수가 1891년에 발표된 수보다 2백만 명이 더 많았다! 취업 인구가 5년 만에 갑작스럽게 늘었단

말인가? 물론 그것은 방법의 개선으로 인한 통계 해석에 불과한 것이었다.

또 다른 어려움은 직업 조사라는 개념에 대한 관점의 차이에서 발생한다. 1851년에는 프랑스인들에게 그들의 직업이 무엇인지를 물었으나, 1856년부터 1891년까지는 프랑스인 전체의 생존수단이 무엇인지를 아는 것이 더 큰 관심사였다. 그리고 하나의 동종 직업에 근로자 자신뿐만 아니라 그가 부양하는 사람들 전체가 분류되었다. 1896년부터는 근로자 자신들 외에는 직종별로 더 이상 분류되지 않았다. 그러나 여기에는 한편으로 그들의 개인적 활동, 즉 그들의 직업(예를 들어 한 직물 공장에서 일하는 목수는 목수라는 직종에 연결된다)과 다른 한편으로는 그들이 속한 집단 활동(이 경우에 앞서 예를 든 목수는 직물산업에 연결된다)이 고려되어야 한다. 또한 그만큼 다른 기반 위에서 실현된 조사는 비교하기가 매우 어렵다. 이러한 임무를 수행하는 통계학자들은 여러 가지로 조심을 하지만, 그들은 얻어진 결과의 부정확성을 인정하고 그 결과를 해석하는 데 있어 가장 커다란 주의를 기울일 것을 권고하는 첫번째 사람들이다. 어느 정도 유보하는 마음이 필요하다.

19세기 중엽부터 1921년까지, 프랑스의 취업 인구는 1856년 약 1천4백만 명에서 1921년 약 2천만 명으로 꾸준히 증가하였다. 그후 한 10년간은 거의 안정되었던 취업 인구가 1931년부터 1936년까지 1백20만 명 정도 감소되었는데, 이는 경제 위기의 결과였다. 제2차 세계대전 이후로는 취업 인구가 안정되었고, 그리고 나서 약간 증가되어 2천1백만 명 정도(1969년에는 2천77만 명)가 되었다.

총인구에서 취업 인구의 중요성은 시대에 따라 달랐다. 19세기 후반부에는 근로자의 비율이 어느 정도 일정(총인구의 40에서 43%)하였다. 취업 인구는 19세기말부터 제1차 세계대전까지 증가(1911년에 51%)하다가 경제 위기 동안 감소(1936년에 47%)하였고, 오늘날까지 계속해서 감소(1968년에 40.8%)하였다. 취업 인구 비율의 이러한 감소는, 우리가 때때로 믿고 있는 바와 같이 일터에서 여성의 수가 감소하였기 때문만은 아니었다. 취업 인구에서 남성과 여성의 비율은 한 세기 이래로 거의 일정하였다. (1866년에는 69명의 남성에 31명이 여성 취업 인구였으며, 1968년에는 65명의 남성에 35명이 여성 취업 인구였다.) 프랑스 인구 가운데 취업 비율이 감소된 것은 한편으로는 젊은이들이 일하는 나이가 후퇴한 것과, 다른 한편으로는 인구의 노화와 나이 든 근로자들에게 유리하게 결정된 사회대책에 기인하였다. 19세기말에 65세 이상 남성의 3분의 2가 여전히 일을 하였다면, 1968년에는 단지 이들의 3분의 1만이 일을 하였다. 그러므로 사회가 부양하는 사람들의 수가 증가하는 경향이 있다.[2]

경제 활동 분야에서 일하는 인구의 분포는 한 세기 동안 상당한 변화를 겪었다. 그것은 방법상의 변화, 특히 인구 조사 활동을 위해 사용된 명명법의 변화로 인해 정확하게 파악하기가 늘 쉽지 않다. 또한 규모가 큰 활동 형태만을 고려하는 것이 적절할 터이다.
——농업 분야는 오늘날까지 프랑스 취업 인구 가운데 가장 중요하다. 그러나 그 중요성은 시간에 따라 계속 감소하였다. 어쨌든 이러한 변화의 규모를 수치화하는 것은 어려운 일이다. 그것은 농업이라는 직종이 정의내리기 어려워서가 아니라, 여러 차례의 인구 조사에서 경작자로 신고된 가장뿐만 아니라 14세에서 70세까지의 그 배우자, 그들과 함께 거주하는 부모 또한 다른 직업을 명시하지 않았다고 가정할 경우 취업 인구로 간주되었기 때문이다. 이러한 조건하에서는 남성 인구에 관련되는 수치만을 취하는 것이 적절하다. 그리고 여전히 우리가 알기에 1851년 경작자의 수가 7백80만 명까지 올라갔는데, 이는 매우 과장되었을 것이다. 1856년에서 1891년까지 그 수치는 5백10만 명과 5백80

---

2) 인구의 연령별 구성으로 인하여 그 자체에 의해 이미 증가된 수치. 노령 인구의 비율이 높은 반면, 일할 나이인 성년층의 비율은 출생률이 특히 낮았던 세대 현상 때문에 낮아졌다.

만 명 사이를 오르내리는데, 이러한 변동이 경제적 현실과 일치하는지는 확신할 수 없다. 그러나 대강의 규모는 충분히 받아들일 만하며, 남성 취업 인구에서 농경자의 비율은 19세기 중엽 52%에서 말엽에 약 45%가 된다. 이 현상은 20세기 전반부에 계속해서 가속화되었다. 즉 1896년에 5백70만 명이었던 농경자수는 1921년에 5백만 명으로, 10년 후에는 4백50만 명으로, 1936년과 1946년에는 4백20만 명으로, 그리고 마침내 1968년에는 2백만 명이 되었는데, 이는 전체 남성 취업 인구의 15%에 불과하다. 1954년부터 1962년까지 농업 취업 인구의 후퇴(연평균 3.5% 감소)는 매우 급속하였다. 이러한 감소는 그 이후 여전히 가속화되었으며, 농업 취업 인구는 연평균 3.8% 감소되었다. 이러한 농업 취업 인구의 감소는 임금생활자와 마찬가지로 비임금생활자에게도 타격을 주었는데, 특히 젊은이들이 그 대상이었다. 즉 농촌의 인구 불균형을 심화시키는 걱정스러운 현상이다.

　——산업 분야는 1856년에서 1891년까지 거의 일정한 수의 남성과 여성 근로자들을 고용(약 4백50만 명)하였다. 이 수치는 19세기말부터 전체 취업 인구와 비례하여, 1931년에는 최대치인 7백만 명에 도달하였다. (이는 19세기 중엽 이래 3분의 2가 증가한 것이다.) 그러나 경제 위기로 그 영향을 받게 되었다. 즉 1931년에서 1936년까지 18%가 감소되었는데, 제2차 세계대전 이후에야 증가세로 돌아섰다. 1962년의 인구 조사에 따르면 산업근로자는 7백30만 명이며, 이 수치는 전체 취업 인구의 38.5%에 해당하였다. 1968년에는 약 8백만 명(38.6%)에 달하였다. 산업 분야에서 일하는 여성의 수는 1906년에 그 최대치인 2백만 명에 달하였는데, 그 이후로는 계속해서 감소하여 1968년에는 1백80만 명 수준에서 안정되었다. 이는 1876년의 수준과 거의 같다. 반대로 1931년 처음 최대치(5백만 명)에 달하였던 남성의 수는 1968년 기록적인 수준(6백만 명)에 달하였다.

　산업 분야에서 일하는 노동자 내부에 다양한 이동이 있었는데, 이는 특정 산업 분야의 발달이나 쇠퇴를 반영하였다고 볼 수 있다. 그러나 이동은 조사자료의 부족으로 파악하기가 늘 쉽지 않다. 그럼에도 주요 산업 분야의 변화는 커다란 특징별로 추적될 수 있을 것이다.

거의 남성만이 일할 수 있는 채굴산업에 종사하는 사람들은 19세기 중반부터 1931년까지 일정하게 증가하였다. (광산 통계에 따르면, 1851년에는 3만 3천6백 명이었던 탄광 광원의 수가 1930년에는 29만 2천 명으로 증가하였다.) 경제 위기와 맞물린 일시적 감소 이후, 그 수는 에너지산업을 증가시키기 위해 상당한 노력이 기울여졌던 해방 이후 다시 증가하였다. 광산 설비에서 이루어진 중요한 진보로 이후 노동자의 수가 눈에 띄게 감소하였는데, 특히 개인별 생산성이 놀랄 만한 비율로 증가된 탄광에서 그러하였다.

제련 분야와 금속산업 분야는 한층 더 놀랄 만한 진보를 이룩하였다. 1866년 이 분야에는 40만 명 이하의 근로자가 종사하였으나 20세기초에는 90만 명, 1931년에는 1백65만 명이 종사하였다. 경제 위기 시기에 약간의 감소를 보이다가 제2차 세계대전 직후 다시 증가 추세로 돌아서서, 1962년에는 전체 산업 활동 인구의 33%를 차지하는 약 2백50만 명에 달하였다. 한 세기 동안 평균 증가율이 연간 약 2%였다. 제철업은 이 분야의 핵심 분야로서, 1896년에서 1936년까지 그 발달이 뚜렷해 종사자가 이 기간 동안 2.3배나 증가하였다. 그러나 같은 시기에 비철금속의 제련 분야는 3배가 증가하였다. 화학산업 분야도 마찬가지로 크게 도약한 분야이다. 그 종사자가 1866년과 1921년 사이에 3배 이상 증가하였으며, 1921년과 1954년 사이에 새로이 2배가 증가하였다. 이 산업 분야에서 석유와 연료산업은 비록 적은 수의 노동자가 고용되어 있다고 할지라도 가장 신속하게 발달하였다.

소비산업은 다른 발전 양상을 보였다. 19세기 중엽에 직물산업은 프랑스의 모든 산업 분야에서 가장 중요한 산업으로 놀랄 만큼 많은 수의 노동자를 고용하였다. 1866년에는 근로자수가 1백만 명 이상으로(그중 남성이 64%) 최고치에 달하였다. 그 이후 남성은 점차 이 산업에서 물러나 1936년에는 그 수가 30만이 채 못 되었다. 여성의 수는 1921년까지 거의 일정하였으나 그후 감소하였다. 1926년부터 1954년까지 고용자의 전체 감소치는 32%에 달하였다. 의복산업은 약간 다른 리듬을 탔다. 즉 1906년까지 종사자수가 증가하였으나 제1차 세계대전 이후부터 약 3분의 2가 감소하여 오늘날까지 지속되고 있다. 관습이 변화되고, 맞춤옷이 '기성복'으로 대체됨으로써 생산성이 증가된 것으로 이러한 변화가 설명될 수 있다. 동일한 원인들이 피혁산업에서 동일한 결과를 만들어 냈다. 그러나 이 산업의 인구는 덜 급속하게 감소(1901년부터 1954년까지 30%)하였다. 다른 소비산업 가운데 출판산업(인쇄·출판·사진)과 식품산업의 종사자만이 직업 조사를 한 기간, 즉 한 세기이래로 꾸준히 증가하였다.

교통수단의 진보로 이 분야에 상당한 인원이 몰렸다. 19세기 중엽에는 교통혁명이 단지 프랑스에 막 영향을 미치기 시작할 단계여서, 1866년의 조사에서는 '교통과 운송'에 고용된 인원이 여전히 26만 4천 명에 불과하다는 것이 밝혀졌으며, 그 가운데 10만 7천 명이 철도에 종사하였다. 교통과 운송에는 1930년의 기록치인 55만 명이 종사하였는데, 그 이유는 근대화와 생산성의 진보로 그 이후에는 종사자가 감소됨으로써 1959년에는 36만 명에 불과하였기 때문이다. 그러나 해상·육상·항공 운송의 발전으로 이 분야의 전체 인구는 1936년 72만 3천 명, 1968년 80만 명에 달하였다. 한 세기 내에 그 증가가 상당하여 거의 3배에 달하였다.

──유통 분야의 발전은 조사자료가 입증하듯이 잘 알려진 현상이다. 상업에 종사하는 인구는 1866년(97만 3천 명)에서 1936년(2백83만 3천 명)까지 급속하게 증가하였으나 이후는 덜 급속(1968년에 3백40만 명)하였다. 그러므로 이 인구는 3배 이상 증가된 것(19세기에 매우 두드러졌으며, 여성 1명에 남성 2명)이었다. 또한 남성의 우위가 점차 사라졌다. (오늘날 남성과 여성은 이 분야에서 거의 동등하다.) 종사자의 증가는 상업의 모든 분야에 해당되지만 어느 정도 차이는 있었다. 즉 1896년과 1936년 사이에 술집과 숙박업소가 24% 증가하였고, 식료품상은 62%, 옷감과 의류상은 175%, 서점은 236%, 그리고 마지막으로 이전에는 매우 취약하였으나(1896년에 5%) 오늘날에는 여성 인력이 지배적인 은행과 보험에서 450%의 증가율을 보였다.

─자유 전문직에서는 상당수가 증가하였는데, 1851년에는 약 90만 명, 1954년에는 2백27만 명으로 여성도 마찬가지로 매우 중요한 위치를 차지하였다. 그러나 '자유 전문직'이라는 용어는 통일된 해석이 이루어지기에는 그 범위가 너무 넓어, 다양한 요소들을 분리하여 고려해야 한다. 법률관계 직종은 지난 1백 년간 놀라울 정도로 정지되어 있었다. 예컨대 기명으로 전달되는 공증인, 소송대리인, 집달리의 직과 특히 관련되었다. 마찬가지로 '문예(Lettres et Arts)'에도 1백 년 전보다 오늘날 더 이상 사람들이 종사하지 않았다. 반대로 엔지니어라는 직업은 점점 더 프랑스인들에게 매력적이 되어갔는데, 그 증가를 좇아가는 것이 쉽지 않았다. 왜냐하면 인구 조사는 오랜 기간 엔지니어들에 관해서는 독립채산제로 운영하고 있지 않으면 엔지니어로서 분류하지 않았고, 나머지들은 관련된 활동과 함께 분류하였기 때문이다. 의료직과 진료보조직(의사·치과의사·산파·수의사·약사·병원 직원 등)도 상당히 발전되었다. 이 직종에는 1851년에 4만 명, 1951년에는 40만 명이 종사하였다. 이러한 엄청난 발전은 임시직이라고 할 수 있는 대학생들의 수적 증가에 의해서만 추월될 뿐이었다. 사실상 그 수는 1890년 1만 7천 명에서 1900년에는 3만 명, 1950년에는 13만 5천 명, 1965년에는 40만 명, 1970년에는 70만 명이 되었다.

─인구 조사 담당자가 자유 전문직에 포함시키는 공공 업무 또한 인원이 상당히 증가되었다. 1839년에 13만 명이었던 공무원이 1914년에는 50만 명, 1936년에는 68만 2천 명, 그리고 1946년에는 95만 명이 되었다. 1936년에서 1946년까지 10년간의 급격한 증가와 같은 속도는, 비록 전후의 인구 성장의 결과 교육계에 종사하는 사람들의 수가 증가하였음에도 불구하고 이후에는 계속되지 않았다. 공립학교에 1866년에는 6만 5천 명, 1914년에는 15만 명, 1936년에는 18만 6천 명, 1946년에는 22만 4천 명, 1956년에는 31만 3천 명의 공무원이 종사하였다. 이 당시 교육과 체신·통신에 종사하는 20만 6천 명은 정확하게 국가공무원의 반을 차지하였다. 그 이래로 공공 기능을 수행하는 인원은 다음의 표가 제시하는 것과 같이 증가되었다.

【표 4】관리의 수(매년 12월 31일, 1천 명 단위)

민간 예산	1952	1960	1968	1970	비 율
외무부	12.4	26.2	15.3	15.4	124
사회부	19	18	26.2	25.6	135
교육문화부	263.2	430.7	649.3	750.2	285
체신부	201.3	235.2	283.5	297.4	148
재정경제부	104.8	114.1	130.9	136.2	130
내무부	79.5	77.9	109.6	114.5	144
건설교통부	94	86.1	80.5	81.9	87
농림부	14.6	17.2	22	25.5	175
법무부	17.7	16.4	23.7	25.5	144
기타	12.2	9.3	9.6	11.6	95
군대 제기관 內에서의					
文官	194.1	172.7	146.9	145.6	75
직업 군인	495.3	426	284.0	283.7	57
계	1,508.1	1,629.8	1,781.5	1,913.1	127

출전: Ministère de l'Economie et des Finances.

——가사노동 부문도 이전과는 달랐다. 하인(농장하인, 즉 노동자는 제외)의 수는 19세기에 프랑스에서 매우 증가되었다. 19세기말에 그 수는 최대치가 되는데, 1881년에 조사된 하인의 수는 1백15만 6천 명(그 중 70%가 여성)이었다. 이 수는 1931년에는 80만 명 이하로, 1968년에는 53만 명(그 중 여성이 94%)으로 줄어들었다. 만일 우리가 점진적으로 파출부에 의해 대체되는 숙식가정부를 고려한다면, 이 변화는 여전히 더 뚜렷할 것이다. 습관의 변화, 고용주 쪽에서 사치스러운 소비를 줄이는 것, 고용주 쪽에서 독립을 추구하는 것은 이런 급격한 변화의 기원이었다.

인구 구조에서 한 세기에 대한 변화의 개관은, 세 가지 커다란 활동 영역으로 구분하는 콜린 클라크의 전문용어와 정리방법을 사용함으로써 정리될 수 있다. 즉 제1부문(농업·임업·어업), 제2부문(광업·제조업·건설업·공공 사업·전기수도업·가스업), 제3부문(그외 모든 활동, 즉 본질적으로 유통 부문·공공 서비스 그리고 물질 생산을 목적으로 하

【표 5】 3개 부문에 종사하는 인원

연 도	1851	1881	1901	1921	1931	1936	1954	1962	1968
제1차 산업(%)	53	48	42	43	37	37	30	22	16
제2차 산업(%)	25	27	31	29	33	30	34	37	40
제3차 산업(%)	22	25	27	28	30	33	36	41	44

지 않는 모든 활동)이 그것이다. 프랑스에서 이 3개 부문에 종사하는 인원의 변화는 위의 표 5와 같다.

1백 년 전에는 1명의 산업근로자와 1명의 제3부문 근로자에 비해 약 2명의 경작자가 존재하였다. 오늘날에는 그 주도권이 제3부문으로 넘어갔는데, 이 부문은 제2부문보다 약간 우세하며 제1부문에 비해서는 커다란 격차를 두고 있다. 제1부문에 종사하는 인원의 감소는 매우 뚜렷하였는데(3분의 2의 감소) 취업 인구가 제2부문(절반 이상의 증가), 그리고 특히 제3부문(2배) 쪽으로 향하였다. 한편 이러한 현상은 매우 고전적인 것이었다. 즉 모든 진보된 국가에서, 그리고 소위 모든 '산업' 사회에서 어느 정도 규모의 변동이 있기는 하지만 이러한 현상과 마주치게 되는 것이다. 이웃의 몇몇 커다란 국가들과 비교할 때, 프랑스는 이러한 관점에서 한편에서는 이탈리아(이 나라에서는 제1부문의 비율이 매우 높아 약 40%가 된다), 다른 한편에서는 독일(제2부문으로의 이전이 훨씬 더 뚜렷하다)과 취업 인구의 절반 이상이 제2부문에 속해 있고 제3부문에 5분의 2가 속한 영국 사이에 위치한다는 것을 알 수 있다. 이러한 선진 유럽 국가들조차 미국에 비해서는 매우 후진적이었는데, 미국에서는 1920년대부터 3개 부문이 균형잡히게 되었고, 1930년부터는 제3부문이 지배적이 되었던 것이다.

그럼에도 불구하고 프랑스의 취업 인구 구조의 변화는 가속화되는 것 같다. 1954년과 1960년 사이의 변화에 대한 INSEE(국립통계경제연구소)의 한 연구에 따르면, 제1부문은 그에 속하는 인원의 14%를 잃은 반면 산업노동자의 수는 6% 증가하였다. 그러나 가장 뚜렷한 변화는 자유 전문직종과 관리직의 증가였다. 이는 31%에 달하였다. 확실히 이

부문별 취업 인구 분포

(프랑스)

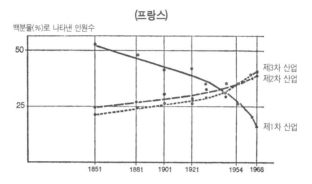

백분율(%)로 나타낸 인원수

제3차 산업
제2차 산업
제1차 산업

(미 국)

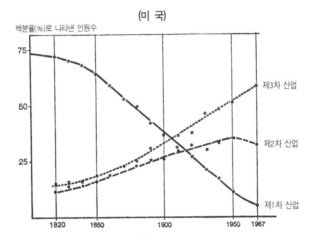

백분율(%)로 나타낸 인원수

제3차 산업
제2차 산업
제1차 산업

출전: FRIEDMANN-NAVILLE, *Tralté de sociologie du travail*, A. colin.

집단은 취업 인구의 아주 적은 부분, 즉 10분의 1 이하만을 차지하고
있지만, 이 집단의 뚜렷한 성장은 우리 사회의 심오한 변동의 징조로서
나타날 수 있다.

4. 프랑스의 경제 발전

취업 인구의 구조 변화는 18세기 이래 프랑스 경제에서 나타난 변화에 의해 야기되었다. 이 분야에서 우리가 그 변화가 완만하였다는 데 이론(異論)의 여지가 없고, 장기간에 걸쳤다고 하는 것을 별개로 하여 비록 하나의 혁명이라기보다는 오히려 하나의 진보의 문제로 생각하는 데 일치한다고 할지라도 '산업혁명'이라는 용어는 빈번히 사용되었다. 우리는 또한 여러 가지의 산업혁명들, 즉 첫번째는 석탄과 증기기관의 혁명, 두번째는 전기와 석유 및 터빈의 혁명, 세번째는 핵연료의 혁명 등을 말한다. 그러나 산업상의 혁명들은 단지 새로이 사용되는 에너지의 성격에 의해서만 특징지어지는 것이 아니라, 그것은 또한 수작업을 기계로 대치하는 것, 이어서 새로운 기계의 사용, 예를 들어 기계작업에서 베서머의 전로(轉爐)로 인해 반송기로 조정되는 것으로도 특징지어진다.

혁신

가장 급격한 단절을 야기시킨 것은 제1차 산업혁명이다. 제1차 산업혁명으로 인류의 기원에서부터 일정하게 도움이 되었던 자연환경은 조금씩 기계적인 환경에 자리를 양보하였다. 동시에 가내소비를 위해 일하는 경작 활동과 농지 경작의 지배로 특징되는 자연경제는 시장경제 앞에서 쇠퇴하였다. 그러한 까닭에 제2부문과 제3부문은 제1부문의 희생으로 점점 더 취업 인구의 많은 부분을 차지하게 되었다.

제1차 산업혁명의 유형과 주요 단계는 무엇이었는가?

기술의 발전은 우선 영국에 그 기원을 두고 있다.

──증기 에너지의 사용은 영국인들, 즉 뉴커먼(약 1710년경)과 와트(약 1770년경)의 덕분이다. 1779년 와트는 페리에 형제에게 파리 시의 물 공급을 위해 '샤이요의 소방 펌프'를 제공하였다. 대혁명 초기에는

기술의 발전 1825-1965

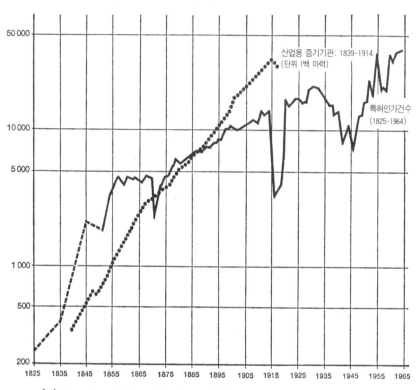

산업용 증기기관: 1839-1914
(단위 1백 마력)

특허인가건수
(1825-1964)

출전: *Annuaire statistique de la France*, P.U.F.

광산에서 물을 퍼내기 위해 단지 10여 개의 증기기관만이 사용되었다. 1803년에는 처음으로 증기기관이 한 제사(製絲) 공장에서 모터로 사용되었다. 1816년에는 프랑스에 1백50에서 2백 대 가량의 증기기관이 있었는데, 그 가운데 50대만이 프랑스에서 제작되었다. 1820년까지 이 수치는 거의 증가하지 않았으나, 그후 완만하기는 하였지만 1820년에서 1827년 사이에 계속해서 증가되었고, 다시 5년간 서서히 증가되다 1833년부터 갑작스레 증가되었다. 프랑스에서 증기기관의 설치는 그후 제1차 세계대전까지 19세기 내내 꾸준히 발달하였다.

'프랑스 산업에 기계화가 도입'된 것도 역시 영국의 기술혁신 덕분이었다. 가장 신속한 발전이 이루어진 분야는 섬유산업이었는데, 그 이유는 말할 것도 없이 이 산업에서 원가 가운데 노동력의 요인이 금속산업에서보다도 훨씬 더 중요하였기 때문이며, 또한 기계화가 이 산업에서 매우 용이하되 비용은 덜 들었기 때문이다. 이 산업 내부에서도 노동력 요인은 직물 분야에서보다 제사 분야에서 더 중요하였으며, 이 분야는 더 급속하게 근대화될 것이다.

──섬유산업에서 기계화 도입의 역사는 전적으로 외국 기업인, 예컨대 존 홀커와 에드워드 밀른 같은 영국인과 오베르캄프 같은 스위스인에 의한 영국 기계의 도입 역사로 바꾸어 말할 수 있다. 프랑스의 기업가 가운데에는 대체로 알자스인들만이 자신들의 생산 설비를 변형시켰다.

면직업은 기술혁신에 가장 유리한 영역을 제공하였는데, 그 이유는 이 산업이 규제를 벗어난 새로운 산업이었기 때문이다. 1765년 하그리브스에 의해 정착된 방추(제니 방적기)의 사용은, 프랑스에서는 1771년에 도입되었다. 아크라이트의 방적기(수력 방적기)는 1787년경 밀른에 의해 도입되었고, 뮬 정방기(精紡機)는 1789년 이후에 도입되었다. 그러나 이러한 기계들의 사용은 서서히 확산되었고, 7월왕정 이후에 와서야 면 제사공업이 비로소 완전하고 올바르게(면의 질이 미흡하였다) 기계화되었다. 기계직에 대해 말하자면, 그것의 도입은 여전히 매우 더디었다. 그러나 존 케이가 1733년 플라잉 셔틀〔flying shuttle: 재봉틀의 밑실이 들어 있는 북의 일종〕을 고안하였고, 고국을 도망친 1747년 그 자신이 직접 프랑스에 도입하였다. 그럼에도 플라잉 셔틀은 19세기초 이전에는 전혀 성공을 거두지 못하였다. 프랑스 기업가인 테르노가 공장 시설에 이것을 도입하였으나 루베에서는 1820년 이후에야 도입하였고, 노르망디 지방에서는 1825년 전, 알자스 지방에서는 1830년 이후에야 도입하였다.

모직업의 기계화가 약 20년 늦게 면산업 기계화의 뒤를 이었다. 제니 방적기는 양모를 위해 대혁명 전야에 사용되었는데, 카트라이트가 1784

년에 고안한 소모기(梳毛機)는 1825년경에야 확산되었다. 기계로 양털을 손질해 고르는 문제는 1830년 전에는 실질적으로 해결되지 않았다. 수동 직조는 오랫동안 널리 사용되었는데, 그 이유는 산업가들이 높은 질의 직물을 생산하려는 경향이 있었기 때문이다. 기계직의 사용은 제2제정하에서만 널리 확대되었다.

견직업이 적어도 제사공업에서 급속히 기계화되었다면(왜냐하면 기계 방직기는 1830년 이후에야 사용되기 시작하고, 제2제정하에 와서야 채택되었기 때문이다), 모직업은 섬유산업 가운데 제일 늦었는데, 이는 제사공업의 기계화 문제가 해결되어야 하였기 때문이다. 필리프 드 지라르는 1810년부터 하나의 특허장을 취득하였는데, 그의 업적은 1830년 이후에야 인정되기 시작하였다. 직조에 있어서는 1848년에 단지 6백 대의 기계 방직기만이 있었으며, 수동 직조가 거의 대중을 이루었다.

제련업은 경제 분야가 불평등하게 발전된다는 법칙을 보여 주었다. 즉 이 분야에서의 기술 진보는 섬유산업에서보다 훨씬 더디었다.

1713년 영국인 다비가 정리한 코크스 주조 방식은 에이양지에 있는 방델 공장에 반세기 이상이나 뒤늦게 도입되었다. 대혁명과 제국시대 사람들은 여전히 숯을 연료로 하는 주조 방식에 충실하였다. 수 년 동안 프랑스는 완전히 영국으로부터 단절되었으며, 1784년 코트가 발명한 퍼들리지 방식(코크스 열로 주물의 불순물과 탄을 제거)을 알지 못하였다. 평화 이후 프랑스의 산업가들은 영국으로 가서 이에 대한 새로운 기술들을 도입하였다. 1819년에 그들 중 몇몇이 퍼들리지 방식을 채택하였는데, 이들이 로렌의 방델 가와 르 크뢰조의 망비, 그리고 윌슨 가였다. 19세기 중반에도 여전히 프랑스의 4개 제철소 가운데 하나만이 퍼들리지 방식과 압연 방식을 시행하였다. 제2제정하에서 중요한 발전이 일어났는데, 그것은 베서머 전로(轉爐)와 지멘스-마르탱 전압저하 방식의 도입이었다. 로렌 광상의 인광(燐鑛)과 같은 인광을 용이하게 다룰 수 있는 토머스-길크라이스트법(1878)이 발명되어서야 프랑스에 '강철혁명'이 일어날 수 있었다.

그러므로 기술 진보는 상대적으로 완만하였는데, 이는 특히 18세기 중반부터 영국에서 있었던 기술 진보와 비교해 볼 때 그러하였다. 1780-1792년은 "노력의 해이자, 전반적인 계획 없이 산발적으로 시도하면서 생산조건을 변화시켜 보지만 경제조직 전체에 뚜렷한 영향을 주지 못했던 해였다."(Ch. BALLOT) 대혁명과 제국의 정체 시기 이후, "1815-1848년의 시기는 프랑스에서 산업혁명의 첫번째 국면의 출발을 나타내는 것이지, 1860년 이후에야 나타나는 완전한 개화기는 아니었다."(DUNHAM) 이 시기 이후에조차 그 후진성은 메워지지 않았다. 즉 "1815년과 1914년 사이에 전체 실질소득과 거주자별 실질소득은 어떤 다른 선진 산업국가에서보다 프랑스에서 더 완만하게 증가하였다. 자본 형성과 산업 생산, 그리고 다른 경제 성장 지표도 마찬가지이다."(CAMERON)

프랑스 후진성의 원인을 구분하는 것 혹은 오히려 모든 원인을 조사하는 것은 쉽지 않은데, 그 이유는 원인이 너무 많기 때문임에 틀림없다. 가장 중요한 원인 가운데 하나가, 적어도 산업혁명 초기에 새로운 에너지원인 석탄을 사용하는 것을 기업가들이 혐오하였기 때문인 것 같다. 18세기말에 철공소의 주인들은 그 유용성을 알지 못하였으며, 석탄 때문에 나무를 포기할 필요성을 느끼지 않았다. 삼림의 소유자는 의심할 바 없이 외국 석탄을 수입하는 것을 방해함으로써 자신들의 수입을 보호하기 위해 정부에 압력을 행사하였다. 더욱이 프랑스 석탄 개발의 자연적인 조건들이 탁월한 상태가 아니었고, 채굴 비용도 영국에 비해 훨씬 비쌌다. 철도 건설 이전에는 어떤 다른 요인들보다도 운송비가 비싼 가격을 유지하고 소비를 제한하는 데 일조하였다. 즉 왕정복고기에 운송비 때문에 탄광에서의 가격이 때때로 8배에서 10배 정도 상승하였다. 19세기 마지막 몇 해 동안도 여전히 석탄의 톤당 평균 가격이 독일에서는 9.16, 영국에서는 8.60, 미국에서는 5.69프랑인데 비해 프랑스에서는 12프랑에 달하였다.

역사가들은 흔히 산업혁명에서 국가의 역할이 매우 중요하였음을 밝히고 있다. 18세기말 기술 진보의 확산을 장려하고, 영국에 새로운 방법을 익히도록 장인을 파견하고, 심지어 공정의 비밀을 훔치는 일마저 돕는 것이 정부였다. 19세기에 행정, 각별히 토목과 광산 업무의 집단이 기술 진보에 적극적으로 공헌하였다. 이러한 국가의 개입으로 기술 혁신에 대한 프랑스 기업인 대다수의 무관심, 즉 흔히 이들의 개인주의에서 비롯되는 무관심이 눈에 띄게 되었다. 더욱이 개인주의는 적어도 19세기초에는 기업의 총수로부터 최하위직 노동자까지 전체 경제체에 침투해 있었다. 즉 이 개인주의는 그 뿌리를 아주 가까운 농민의 과거에 두고 있는 것이다.

1821년과 1822년 법에 의해 강화된 보호관세가 기술 진보를 더디게 하였는가? 몇몇 저자들은 여기에서 대외무역을 심각히 침해하고, 국내 상업에서는 진보와 진취적 기질을 저하시키는 '하나의 암'을 발견하였다. 다른 이들은 반대로 보호관세가 기술혁신에 유리하였다고 주장하는데, 그 이유는 가장 독창적인 기업가들의 실험들이 때때로 보호무역체제의 울타리 안에서 발전될 수 있었다는 것이다.

반대로 투자의 결핍에 대한 동의가 쉽게 이루어졌다. 19세기의 프랑스는 생산 활동에 투자될 수 있을 비교적 상당한 액수를 보유하였다. 그러나 저축의 상당 부분이 공채, 즉 국채 혹은 지방채로, 주택 건설용으로, 혹은 더 빈번하게는 토지 매입용으로 쓰였다. 이 토지 매입은 일정한 사회적 '지위'를 부여하는 데 보다 확실하면서도 보다 가능성 있는 것으로 여겨졌다. 19세기 후반부에 자본 소유자들은 외국 주식에 대한 투자로 향하였다. 그래서 산업 투자보다 토지 재산 혹은 배당금과 같은 더 취약한 수익 투자가, 혹은 더 위험하지만 고수익이 보장되는 외국 채권에 대한 투자가 선호되었다.

한편 국가는 세무체계를 이용하여 투자를 조장하지는 않았다. 프랑스에서는 거의 19세기 전체를 통해 거주자 1인당으로 측정된, 수입 및 지출에 대한 공공 재정의 수준이 가장 높았다. 정부가 취득한 재원이 경제 발전에 할당되었을 때, 이러한 세수(稅收) 수준은 정당화되었다. 그러나 징수 경비로 매년 세수의 상당 부분이 없어졌는데,[3] 이는 지나치게 많은 공무원수의 비효율성을 보여 주었으며, 군사비(여기에는 전쟁 부채의 이자가 포함된다) 또한 예산 수입의 거의 절반을 차지하였다.

그러므로 1820년부터 1900년까지 농업과 산업에 투자된 액수는 5백

억에서 6백억 프랑을 초과하지 않았고, 따라서 연평균 6억 프랑을 초과하지 않은 것으로 계산될 수 있다. 게다가 "프랑스 산업의 성장은 이웃 나라의 성장과 같은 수준으로 유지될 수 없었는데, 이는 프랑스가 투자를 하지 않았기 때문인 것으로 입증될 수 있다."(CAMERON)

한편 인구의 완만한 성장이 투자 노력의 필요성을 뚜렷이 하는 데 공헌하지 않았으며, 다른 한편으로 투자 전개에 필요한 기술조건이 19세기초에는 존재하지 않았음을 인정하는 것 또한 정당하다. 1815년에 파리의 금융시장은 제한된 중요성만을 지녔다. 프랑스은행은 전쟁이라는 비정상적인 환경에서만 여전히 활동하였다. 증권거래소를 재조직하는 1816년의 법은 항구적으로 거래소의 환전업자수를 60명으로 제한하였다. 주식들은 거래인들이 법적으로 인정되지 않은 무허가 거래소에서 다루어졌음에 틀림없다. 이 주식들의 발행가(5프랑에서 1만 프랑까지)는 일반적으로 매우 높았다. 초기에 증권거래소는 거의 독점적으로 프랑스 국채, 그리고 다양한 종류의 보험과 왕립 수송 업무 같은 몇몇 공공 업무, 그리고 한두 개의 가스회사를 담당하였다. 7월왕정하에서 증권거래소는 수로와 교량, 매우 중요한 탄광회사, 일정수의 제련소, 몇몇 섬유회사, 그리고 물론 철도회사의 가치를 평가하였다.

이러한 진보에도 불구하고 19세기 중반의 상황은 어려웠다. 프랑스은행은 전국토에 유통되고 있는 지폐에 대한 일반적인 불신을 물리치기 시작하였다. 그러나 은행은 선결되어야 할 어음 할인 중개인의 서명에 의해 보증되고 3개월 이하의 어음만을 받음으로써, 또 다른 기능인 재할인을 보장하는 데 매우 신중하였다. 은행은 "자본의 고가에 근거한 맬서스적 보수주의"를 선택하였다.(PALMADE) '대규모 은행'은 자본을 기업과 상사 쪽이 아닌 공공 기금 쪽으로 흡수함으로써 국채의 판매를

---

3) 예를 들어 1863년에 국가가 직접세 명목으로 받은 금액은 5억 1천4백만에 달하였는데, 재무부 직원에 대한 예산이 1억 2천6백만 즉 24.5%를 차지하였다. (DELEFORTERIE et MORICE, *Les Revenus départementaux en 1864 et 1954*, A. Colin, pp.36 et 50.)

보장하였다. 이를 위해서 라피트는 1825년 하나의 커다란 '산업합자회사'를 창설할 것을 생각하였는데, 이 회사의 목적은 모든 기업, 모든 기술혁신, 농업·산업 및 상업 개량의 성공에 공헌하고 참여하는 것이었다. 그러나 정부는 필요한 권한을 부여하기를 거절하였다. 라피트는 1837년에 다시 개혁해 일반 상공업은행을 창설하였으며, 파리와 지방에 이를 모방하는 자들이 생겨났다. 그러나 이러한 기금은 1848년의 위기에 대처할 수 없었으며 이내 사라지고 말았다.

자본의 동원과 관련해 결정적인 진보가 있었던 것은 제2제정하에서였다. 즉 대규모 은행은 기업들에 장기 투자를 시작하였으며, 특히 새로운 금융제도가 출현하였다. 1852년 11월에 설립된 크레디 모빌리에는, 일반인들에게 보급되어 있는 채권을 수단으로 프랑스의 저축을 동원하여 기업에 맡기는 것을 목적으로 하는 투자은행이었다. 이 은행은 부분적으로 성공을 거두었으나, 그 균형을 유지하지 못하고 거의 제2제정과 함께 사라졌다. 반대로 지속적으로 뿌리를 내리고자 한 예금 은행들은 다음과 같다. 즉 (1853년에 개인 은행이 된) 파리할인은행, 산업 및 상업은행(1859), 크레디 리요네(1863), 소시에테 제네랄(1864) 등은 여러 가지 위기로 위험에 처하면서도 더욱 야심찬 운용을 중단하지 않은 채 단기 대출을 발전시켰다. 기업의 장기 융자에 더 잘 무장된 기업은행들은 약간 뒤늦게 출현하였다. 즉 방크 드 파리 에 데 뻬이바(1872), 1940년에 방크 드 류니옹 파리지엔이 된 방크 파리지엔(1874), 방크 드 렝도쉰(1875), 그리고 프랑스 상업·기업은행(1901) 등이 그것이었다.

그러므로 19세기말 프랑스에는 만족할 만한 은행 시설과 상당한 양의 가용 자본이 있었다고 볼 수 있다. 이 자본들은 다양한 이유로 점점 더 국내 기업들이 아닌 외국에 투자되는 경향이 있었다. 외국에 대한 투자는 1880년 전체 투자의 약 25%를 차지하였으며, 1914년 전쟁 전야에는 약 45%를 차지하였다. 이러한 자본의 수출은 틀림없이 몇 가지의 경제적·정치적 이익이 있었지만, 미국은 논외로 하더라도 다른 유럽 열강이 도달한 속도로 그 성장을 유지하는 데 필요하였을 자본의 일부를 없앰으로써 프랑스의 산업 발전을 더디게 한 책임이 크다고 생각할 수도 있다. 이제 프랑스의 경제 성장 문제에 접근하는 것이 적절할 터이다.

경제 성장

프랑스 경제 성장에 대한 연구는 여전히 초기단계일 뿐이며, 우리가 사용하고 있는 측정 도구의 취약성으로 인해 어려운 상태이다.

F. 페루의 연구 결과 덕분에 첫번째 접근, 즉 국민소득의 변화에 대한 접근이 이용될 수 있었다. 일관된 방식으로 정의된 국민소득을 연대기적으로 배열·구성하는 것은 불가능하다. 그러나 당대 저자들의 평가를 연구함으로써, 특히 '관련된 평가들', 즉 이들이 구성한 일부 배열을 고려하여 이 변화의 커다란 틀이 식별될 수 있다.

국민소득은 1789년과 1914년 사이에 대체로 기하학적으로 성장하였다. 1789-1850년의 시기 동안 국민소득은 50억 프랑 미만에서 1백억 프랑으로 2배 이상이 되었던 것 같다. 1850년에서 1880년까지 또 2배가 되었으나, 1880년에서 1914년까지는 반 정도 외에는 증가하지 않았다. 1789-1914년의 전시기 동안 국민소득의 평균 비율은 연간 약 2% 미만에서 정착되었다.

국민소득은 제1차 세계대전 이래로 훨씬 비규칙적인 변화를 보였다. A. 소비가 작성한 시리즈(불변 프랑으로 계산된 국민소득)를 이용하였을 때, 전전(戰前) 수준이 1923년에야 회복되었다는 것이 입증되었다. 1923년부터 1929년까지는 38% 증가되었고, 1930년부터 1936년까지는 18% 감소됨으로써 1924년의 수준으로 돌아오게 되었다. 1936년부터 제2차 세계대전까지, 국민소득은 정체되다가 1944년까지 계속해서 대폭 감소되었다. 1938년의 수준은 10년 후에야 회복되었다. 그리고 나서 국민소득이 매우 높은 수준에 도달하는 뚜렷한 진보가 나타나게 되었다. 즉 1948년에서 1960년의 12년간 프랑스의 국민소득은 거의 2배가 되었으며(85%의 증가), 1960년에서 1970년까지 다시 2배가 되었다.

프랑스 경제 성장에 대한 최근의 한 연구(J. MARCZEWSKI)는, 비록 이 연구가 그의 결론에 영향을 미치는 복잡다단하고 공평치 못한 가치를 갖는 자료를 상당한 의혹을 줄 정도로 이용한 것이 분명하지만, 이 성장의 문제를 더 가까이서 파악케 하였다. 제품 생산의 성장은 농산물과 산업 생산에서 10년간 평균을 내는 방식으로 산출되었다.

──총농산물의 통계자료는 생산물의 수량에서부터 도출되었다. 이 생산물의 증가는 일반적으로 완만하였다. 즉 기하학적 연평균율은 예외 없이 연간 1.5%를 넘지 않았다. 가장 급격한 발전은 19세기의 첫 반세

국민소득 추계

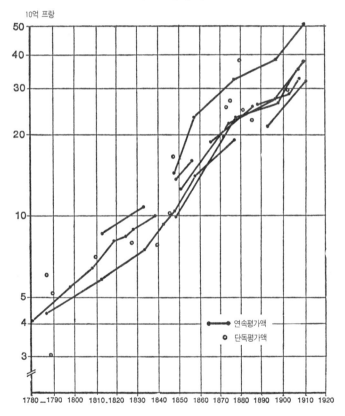

출전: *Cahiers de l'I.S.E.A.*, série D, n° 7.

【표 6】 산업과 가내수공업의 국내 총생산 성장률 (기하학적 연평균율)

1781-90~1803-12	(22년간)	1.98
1803-12~1825-34	(22년간)	2.86
1825-34~1835-44	(10년간)	3.52
1835-44~1845-54	(10년간)	2.45
1845-54~1855-64	(10년간)	2.76
1855-64~1865-74	(10년간)	2.72
1865-74~1875-84	(10년간)	2.75
1875-84~1885-94	(10년간)	2.20
1885-94~1895-1904	(10년간)	2.47
1895-1904~1905-13	(9.5년간)	2.85

기에 있었다. 1855-1864년부터 "농업 생산은 본질적으로 해외 다른 국가와의 경쟁에 영향을 받아 완만해졌다. 1873년부터 농업 대불황이 시작되어 1896년에야 막을 내렸다." 19세기말에 다시 호황이 시작되어 제1차 세계대전까지 지속되었는데, 이는 보호관세의 적용 때문임이 틀림없었다. 그러나 "이렇게 시작된 보호주의 정책은 이 나라 생산 구조의 경화(硬化)에 일조를 할 것이며, 장기적으로는 그 총액을 고려할 때 프랑스 경제 성장을 둔화시킬 것이다."

산업과 수공업의 총생산은 이렇게 성장하였다.

이러한 결과 분석으로 하나의 중요한 문제에 우선적으로 답할 수 있게 되었다. 즉 프랑스는 '전통적' 형태의 경제를 '근대적'(산업이 지배적인) 형태로 나아가게 하는 단계, 즉 미국의 경제학자 W. W. 로스토의 용어에 따른 '이륙' 단계를 겪었는가? 그리고 만일 이륙이 있었다면, 어느 순간에 있었는가?

1781-1790년과 1803-1812년 사이에 산업과 수공업의 전체 생산이 연간 약 2%(1.98) 증가하였음이 입증되었다. 1803-1812년과 1825-1834년 사이에는 2.86%, 그리고 1825-1834년과 1835-1844년 사이에는 3.52% 비율로 증가하였다. 그래서 첫번째 기간의 증가율은 이후 시기에 비해 매우 미흡하였다. 그러므로 '이륙'은 1830년경에 있었을 것이다. 그러나 이러한 해석은 이 연구 당사자에 의해 제외되었다. 마르크체브스키는 "1781-1790년과 1803-1812년의 생산성 증가를 나타내는 곡선이 사실상 U자형 곡선이며, 이 곡선의 최소값은 대략 1796년과 일치

1901년 이래 국민소득의 변화 (불변 프랑)

1938년 10억 프랑

출전: *Annuaire statistique de la France*, 1961.

한다는 것을 잊어서는 안 된다. 그러므로 1796년과 1812년 사이의 산업 생산의 증가는 이 기간 중 평균 증가보다 훨씬 더 급격하였다. 성장은 연간 약 3%에 도달함이 틀림없었는데, 이것은 이후 시기의 성장률과 완전히 비견될 만하다"고 지적하였다. 이러한 상황하에서 19세기 초반 40년간은 연간 3에서 3.5%의 급격한 산업 성장으로 상당히 일관된 기간이었다. 초기에 면과 견직산업은 견인산업이었는데, 이는 바꾸어 말하면 이 산업들이 "상대적으로 무시 못할 비중을 나타내는 동시에 높은 성장률을 나타낸다"는 것이다. 약 1825년부터 면과 견직산업은 견인산업 가운데 늘 첫번째 자리를 차지하였다. 그러나 채탄과 제철업의 역할도 두드러졌으며, 견인산업 가운데 금속제조 또한 포함되는 것을 알 수 있다. 이것은 1825년과 1830년 사이에 금속 대산업이 정착하게 되는 것이며, 이는 더 오래 된 직물산업과의 교대를 확실시하는 것으로 프랑스 경제에 활기찬 추진력을 제공하는 것이었다.

1835-1844년과 1845-1854년 사이에, 산업 총생산 증가율은 2.45%로 떨어졌다. 면직산업은 견인산업 리스트에서 사라졌으며, 견직산업은 계속 유지되었지만 성장률은 둔화되었다. 새로이 나타난 화학산업이 매우 높은 성장률로 주목을 끄나 상대적으로 비중은 아직 낮았다. 금속산업과 채탄산업은 완만한 속도로 증가하였다. "요컨대 이 시기는 이미 그 약동을 잃어가기 시작하는 면직산업과 견직산업의 팽창, 1850년대부터만 그 완전한 영향력을 발휘하는 철도 발전 사이의 과도기적 기간과 관련이 있다."

1845-1854년부터 1875-1884년까지, 성장률은 대략 연간 2.7% 정도로 안정되는 것 같다. 새로운 산업인 황마산업을 제외하고, 직물산업은 견인산업 가운데 더 이상 얼굴을 내밀지 못하였다. 소득의 급격한 증가에 자극받은 건축산업과 식료품산업은 진전이 있었다. 화학산업은 그것이 이미 얻어 놓은 이점을 공고히 하였다. 그러나 성장의 주요 요인은 철도 건설에 있었다. 산업 활동면에서 이 부분과 연관되는 산업들이 상당 부분이기 때문이다. 채탄 · 제련업과 가공금속은 3에서 6%의 성장률에 도달하였으며, 심지어 이제 발달 초기에 있는 강철산업도 10% 이상의 비율에 도달하였고, 비철금속은 약 20% 가까이에 도달하였다.

확실히 철도 건설의 부진 및 경기침체로 성장률이 연간 2.2%로 떨어지게 된, 1875/1884-1885/1894년의 10년 동안의 경기침체 이후 매우 급격한 갱신(2.47%, 그리고 2.85%의 성장률)이 제1차 세계대전 이전 20년 동안 나타났다. 이렇듯 급격한 성장은 본질적으로 기계산업의 발달과 인조 섬유와 인조 견사 같은 신산업의 출현에 기인하였다.

농업 생산물과 산업 및 수공업 생산물을 결합시킴으로써 성장률을 계산할 수 있는 자료가 획득되었다. 이러한 계산으로 다음과 같은 결론에 다다를 수 있다. "가장 높은 성장률은 19세기의 첫 70년과 1896년에서 1913년에 이르는 동안 실현되었다. 1875년과 1896년 사이에 입증된 성장률의 둔화는 상당 부분 농업의 불황에 기인한 것 같다. 왜냐하면 산업 생산 성장률은 1885년 이후에야 감소되기 때문이다. 성장률이 가장 높은 10년치는 성장이 활발하였던 기간, 즉 1825/1834년과 1835/1844년 사이, 1845/1854년과 1855/1864년 사이, 1895/1904년과 1905/1913년 사이 등에 도달되었다. 언제나 여론에 의해서 각별히 신속한 발전 시기로 고려되었던 이 시기 동안에 가속도가 붙었다. 즉 7월왕정과 제2제정의 초기 몇 년과, 1900년대의 벨 에포크가 그것이다."

제1차 세계대전은 프랑스 경제 성장을 완전히 정지시켰을 뿐만 아니라, 너무나 많은 파괴를 야기시켜(1919년의 산업 생산은 1913년의 절반에 불과하였다) 경제 성장이 전전(戰前) 수준으로 회복된 것은 1923-1924년에 가서였다. 그러나 이 시기부터 1930년까지 원료 생산의 상당한 상승선이 관찰되고 있다. 1.8%의 농업 성장률, 4%의 산업 성장률이 그것이다. "프랑스는 유럽 산업 발전에서 수위에 있다. 이러한 결과는 우리의 고유한 역동성 때문만이 아니라, 영국의 답보상태와 독일의 (상대적으로) 완만한 부흥에 기인한다."(Fr. WALTER)

이렇듯 찬란한 시기 이후 갑작스럽게 재앙이 닥쳐왔다. "1929년의 세계 경제공황은 다른 나라들에 비해서 프랑스에 다소 늦게 도달하였지만, 위기는 훨씬 오래 지속되었다. 1938년 프랑스의 강철 생산은 90개의 도(道)에서 1913년의 생산량에 비해 더 적었다. 가공 금속산업은 기껏해야 1913년의 산업보다 2% 앞선 반면, 직물 생산은 17% 감소하였다. 산업 전체로 보아서는 14%가 감소한 반면, 서구 유럽의 나머지 국가에서는 대략 25%의 증가가 있었다."(Fr. WALTER)

제2차 세계대전 기간과 점령기 동안 프랑스의 산업은 서서히 쇠퇴하였다. 1945년의 생산량은 전쟁 전의 60% 미만 수준을 나타내었으며, 1944년초 산업 생산은 기껏해야 1938년의 55% 수준에 도달하였다. 더욱이 산업 설비가 교환과 유지비의 결핍으로 낙후되었다. 한편으로 이러한 상황은 1931년에서 1939년까지 투자가 소홀히 됨으로써 심화되었다.

그러나 해방과 더불어 성장 효과가 상당하였던 하나의 새로운 경제정책이 채택되었다.

　거액의, 더 나아가 적절히 배분된 투자정책과 예산·재정·규제조
치, 특히 가격영역에서의 체계적인 개입에 의해 이들 계획들은……
경제 성장, 특히 산업 성장의 커다란 문제를 그 체계의 핵심에 두고
생산성의 문제와 결합하면서 제기되었다. 대산업 분야들, 즉 석탄·
전기·석유·철강 및 다양한 금속광의 부흥에 우선 중심이 두어진
프랑스의 계획화가 나중에는 철강공업·시멘트산업·화학산업 등의
기간산업 생산으로 확대되었다. 이 계획은 마침내 가공산업, 그리고
특히 가장 활력 있는 산업들, 즉 전기·전파산업·인조·화학섬유산
업·플라스틱산업 등을 포함하였다. 모든 영역에서 계획청은 근대화
와 가격의 하락을 통해 적절하게 분배된 신용대출을 도입함으로써
생산 팽창을 목적으로 하고, 강요는 자제하고 제시하는 것으로 만족
하면서 전통적인 행정관료와 고용주를 대함에 있어 아주 노련하면서
도 설득력 있게 행동하였다. 연속되는 경제 계획의 규범과 지수들은
점점 국가산업의 주요 부분에 의해 받아들여지고 마는데, 이들은 그
들 지도부를 따르는 데에서 자신들의 이익을 발견하였던 것이다. 또
한 하나의 새로운 '질서'가 그때까지 모든 규율을 따르지 않았던 고
용주에게 조금씩 강요되었다. 그리고 이윤 개념 자체가 변화되어 산
업 성장, 결과적으로는 국가 이익에 특별히 도움이 되는 장기 계획을
따랐다. 동시에 수는 적지만 대단히 역동적이고 제1급의 엘리트들로
구성된 경제계획부는, 과학적이고 기술적인 연구에 끊임없이 더 효과
적인 지원을 함으로써 근대화와 경제 발전 사업을 유지하고자 노력하
였다.(P. Léon)

또한 1947년부터 산업 생산은 1938년 수준을 회복하였으며, 1949년
부터는 1929년의 수준을 회복하였다. 1949년 이래로 산업 생산 성장의
기하학적 평균율은 연간 6%에 달하였는데, 이는 프랑스에서 결코 이루
어지지 않았던 것이다. 19세기 전반부에 자리매김될 수 있다고 잘못 믿

었던 '이륙'이 오히려 1950년대에 이루어지지 않았는지 의심스럽다. 국민총생산에서 산업 비중의 증가와 기술 진보의 급속화, 그리고 국가 지도자의 결연한 정치에 기인한 이러한 현상의 결과는 프랑스 사회의 미래를 위해서는 상당히 중요할 수 있다.

I

앙시앵 레짐 말기의 프랑스 사회

절대왕정이 국가의 법질서에 대한 절대적 권위를 공언했음에도 불구하고, 성직자·귀족·부르주아 계층이나 혹은 다른 다양한 계층들은 모두 저마다의 자율적인 법체계를 가지고 있었다. 절대왕정은 아무리 안간힘을 써도 그 체계들을 제거할 수 없었으며, 심지어는 항상 그렇게 하려고 애를 쓰지도 않았다. 교회법, 봉건법, 영지법(領地法), 도시법, 선서수공업조합법(宣誓手工業組合法), 그리고 농촌에서의 집단적 강제가 적어도 부분적으로 존속하거나 또는 공존하였다. 이러한 사회 안에서 개인들은 '자유롭게' 태어나지도, '법적으로 평등' 하지도 않았다.

이 사회의 전통적 구조는 특권과 관습에 기반을 두고 있다. 신분에 대한 특권, 제후령들에 대한 불입권(不入權, franchises des provinces), 집단의 특권(몇몇 사법관직이나 혹은 재정관직 소지자는 타이유에서 면제되었고, 동업조합은 어떤 상업이나 혹은 생산을 독점하였다), 거주의 특권(부르주아 계층의 권리는 그것과 함께 면세를 동반하였다) 등은 각 집단 사이의 불평등을 자아냈다. 사회는 분할되었고, '지역적으로 그리고 사회적으로 분할된' 국민이 존재하고 있었다.

1. 사회의 수직 구조 : 신분

18세기말 프랑스 사회 구조는 프랑스 초기의 흔적을 보유하고 있었는데, 이 시절에는 오랫동안 유일한 부(富)였던 토지를 소유한 자들이 일하고 살아가기 위하여 그 토지가 필요하였던 사람들의 주인이었던 때였다. 비록 군주에 의하여 영주들이 정치력을 잃었다 하더라도(여전히 그들의 사법권의 일부는 보존되었음에도 불구하고) 그들은 특권을 보존하고 있었다. 마찬가지로 성직자들도 왕권에 복종하기는 하였지만, 특별한 권리에 의하여 국왕에 의한 직접 징세를 제외하고는 여전히 하나의 독자적인 범주를 구성하였다. 이러한 두 개의 사회집단 가운데 어떤 것에도 속하지 않는 서민 계층이 나머지 범주, 즉 제3신분을 형성하였다. 관습으로 인하여 이러한 분할이 공고히 되었으며, 이 세 신분의 구분은 왕국의 기본법이 되었다.

성직자

고위직에 있는 신분 가운데 첫번째는 성직자로서, 그는 한편으로 가장 광범위한 특권을 소유하고 있었다.

——명예상의 특권(Privilèges honorifiques)을 갖는데, 왜냐하면 성직자는 다른 신분들에 대하여 상석권(上席權)을 갖기 때문이다. 즉 "명예에 관한 한 성직자는 고등법원과 다른 세속의 궁정 조신들과 같은 평신도보다 행렬이나 종교의식에서 우선권을 갖는다……. 정치적 집회에서 성직자 집단은 귀족이나 제3신분에 앞서며, 왕의 사절단에서 첫번째로 말할 권리를 갖는다."(백과전서, '성직자' 항목)

——사법상의 특권(Privilèges juridiques)을 갖는데, 왜냐하면 성직자는 자신들의 고유 법정인 종교재판소를 보유하고 있기 때문이다.

——세제상의 특권(Privilèges fiscaux)을 갖는데, 왜냐하면 성직자는 어떠한 직접세도 물지 않았으며 그가 국왕에게 매 5년마다 상납하는 '무상기증'을 그 자신이 확정하였기 때문이다. 그는 매 5년마다 여는 정기회의와 고유 행정기관인 총무국을 가질 수 있는 유일한 신분이기도 하였다. 그러므로 성직자 신분은 세 신분 가운데 가장 영광스럽고, 가장 책임질 일이 없으며, 가장 잘 조직되었을 뿐만 아니라 또한 부유한 신분이기도 하였다.

이 부(富)의 근원은 여러 곳에 있다.

——십일조가 그 첫번째였다. 우선적으로 그는 모든 교구에서 토지의 생산물에 대하여 십일조를 거두었다. 십일조는 보편적이었다. 바꾸어 말하면 십일조는 국왕·귀족·평민, 심지어 성직자 자신들 등 모든 이의 소유물에 부과되었던 것이다. 십일조는 수확된 것에는 자연적으로 공제되므로(곡물의 수확물에는 대십일조, 그밖의 것에는 소십일조) 생산

및 농산물 가격과 밀접하게 연결된 그 값어치가 해마다 크게 달라졌다. 십일조의 비율은 정확하게 10분의 1이 아니었다. 일반적으로 징수되는 것은 12다발 가운데 1다발이었지만, 그것은 흔히 그 아래로 내려갔다. 우리가 평가하기에 나라 전체로 볼 때 평균적으로 그것은 13분의 1 정도가 되며, 그렇게 성직자가 얻게 되는 수입은 평균적으로 약 1억 리브르에 도달할 것이 틀림없다.

—토지 소유에 의한 수입은 성직자의 두번째 부의 원천으로 대략 같은 액수로 평가될 수 있다. 이 토지 재산은 농촌과 도시에 양존하였다. 도시에서는 성직자, 특히 수도회 성직자는 농지와 정원이 있는 수많은 고급 주택을 보유하고 있었지만, 누구도 이 재산의 정확한 면적을 알지 못하였다. 우리는 당대인들 자신이 흔히 그 중요성을 과장한 농촌의 토지 면적을 더 잘 알고 있다. 그 면적은 몇몇 지역에서는 상당하고 (캉브레 지방 토지의 40%), 서부 지역과 산악지대에서는 미약하며, 남프랑스에서는 거의 무시할 만하였다. 지방 전체 평균으로 보아서는 10%를 초과하지 않았다. 이러한 토지는 더욱이 잘 유지되지 않았거나 개간·관리되지 않은 결과로 수입이 별로 좋지 않았다. 그들이 하청 경영을 맡기는 것은 한편으로는 토지에 대한 탐욕을 강화하면서도, 일반적인 이익이라는 면에서는 그것을 당연시하는 것 같았다.

—사례금, 바꾸어 말하면 의식·연보금·기부금의 산물이 성직자 부의 세번째 원천이었다. 그 가치를 평가하는 것은 불가능하지만, 틀림없이 도시에서보다 농촌에서 훨씬 더 미약할 것이다.

이러한 부 대신에 성직자는 몇 가지 부담을 떠맡아야 했다.

—재정적 부담 가운데 가장 특징적인 것은 무상기증으로 18세기 마지막 해 평균으로 연간 6백만 리브르에 달하였는데, 이것에 국가 대신에 갚아야 하는 총액이 약 50만 리브르에 달하는 파리시청의 국채이자를 추가해야 한다. 성직자는 성전의 유지를 책임져야 했지만, 교구 당국이 이 일에 가장 빈번하게 도움을 제공하였다. 자선이라는 이름으로 성직자는 공공 부조에 주의를 기울이고 보시를 분배하며 병원을 운영

하지만, 가장 어려운 시기에는 국가가 직접 취로사업장을 조직함으로써 국민을 돕고, 더 일반적으로는 구호소를 관할하고, 양로원을 만들고자 하였다.

——마지막으로 호적의 보지(1787년 이래 프로테스탄트들의 호적은 제외하고)와 성직자에 의하여 보장되는 교육 감독과 같은 몇몇 공공 활동에 대한 책임에 관해서이다. 성직자는 교구에 의하여 운영되는 공립학교와, 개인에 의하여 운영되는 사립학교에 대한 감독권을 가졌다. 성직자는 대체로 자신의 보조금으로 가난한 교구학교를 도왔으며, 성직자 자신이 학교를 세우기도 하였다. 몇몇 성직자들은 초등교육에 심혈을 기울였다. 예컨대 도시에서는 기독학교 형제단('무식꾼'이라고 불렸는데, 왜냐하면 그들이 라틴어를 가르치지 않았기 때문이다), 성 라자로회 수도자, 소녀들을 위해서는 성 우르술라 동정회의 수녀들이 있다. 중학교는 대부분 수도회, 우선적으로 예수회, 오라토리오회, 그리고 분도회에 의하여 창설되고 운영되었다. 여기에서의 교육은 본질적으로 고전과 수학에 기반을 두었으며, 말재주에 능숙하고 명석한 지성의 소유자를 양성하고자 하였다. 혁명기의 웅변가들이 이곳 출신이었다.

국왕이 성직자에게 몇몇 의무를 부과하였다면, 반대로 왕은 성직자를 도와 주고 보호해 주어야 하는 의무를 갖게 된다. 가톨릭이라는 종교는 사실상 국가에 의하여 유일하게 인정되는 종교이며, 낭트칙령의 철회 이후 공공 의식을 요구할 수 있는 유일한 종교였다. 국왕은 이교도를 추방해야만 하였으며, 그것에 대하여 대관식에 서약을 하였다. 그는 종교교육이 변형되지 않도록 주의해야 하였고, 이 목적으로 검열을 행하였다. 예컨대 도서감독국에 맡겨진 왕립 검열, (그 당시 신학대학인) 소르본대학의 검열, 고등법원의 검열 등이 있었다. 국왕은 종교에 반하는 범죄, 신을 모독하는 언사, 신에 대한 불경 등을 응징해야 하였다. 국왕은 종교 축제를 존중케 하면서, 주일의 휴식을 강요하고, 종교 행렬에 대표단을 보내고, 사순절 동안 고기 판매를 금지함으로써 종교 예식의 준수를 보장하였다. 그는 마침내 그의 강제력을 주교에게 일임함으로써 교회 계서제를 존중하게 하였다. 즉 주교들은 말을 듣지 않는 사제들을 그 이유를 말하지 않고 3개월 동안 한 수도원에 보낼 수 있었으며, 그 것을 위하여 공권력의 도움을 얻을 수 있었다.

이 특권 신분(즉 성직자)은 동질적이지 않았다. 즉 "그것은 성직단체에 속함으로써, 혹은 종교적인 신앙고백에 의하여 신에게 자신을 바친 사람들의 집단으로 거기에 속하는 성직자는 재속 성직자와 수도회 성직자로 나뉘었다……. 영국에서는 고위 성직자와 하위 성직자로 구분되었으나, 프랑스에서는 같은 구분이 있지만 다른 명칭, 즉 제1급·제2급으로 구분되었다."(백과전서, '성직자' 항목)

수도회 성직자와 재속 성직자의 수는 대체적으로 균형이 맞았다. 즉 약 7만 명의 재속 성직자와 6만 명의 남녀 수도회 성직자가 있었다. 성직자 전체는 프랑스 인구의 아주 작은 부분(0.5%)을 차지하였다. 고위 성직자와 하위 성직자 사이의 분포가 훨씬 더 불평등한 것은 명백하다. 왜냐하면 우리가 만일 고위 성직자로 수도원장, 주교 그리고 주교좌 성당의 총대리 등을 생각하였을 때 그 수는 전체가 4천 명 이하이고, 하위 성직자는 12만 5천 명 정도였기 때문이다.

——수도회 성직자의 수는 18세기말에 크게 감소되었다. 여론은 그들에게 일반적으로 적대적이었고, 특히 남성의 충원은 고갈되었다. 또한 볼테르식의 논법은 콜베르와 루이 14세가 소중하게 생각하는 것을 비판함으로써, 많은 사람들이 수도사 신분을 무용하고 열매를 맺지 못하는 것으로, 종신서원을 이성에 대한 죄로 간주하는 데 익숙하게 되었다. 예수회의 폐지 이후, 수도자들에 대한 어떤 공격을 두려워한 1765년의 성직자총회는 수도자들을 개혁하고자 하였다. 개혁위원회(Commission de Réforme)는 1789년까지 활동하였으며, 몇몇 수도원을 폐지하고 종신서원 나이를 남성은 21세 여성은 18세로 미루게 함으로써 수도사의 수가 몇천 명 감소하게 되었다. 1790년에 자료에 따라 다르지만, 수도사는 1만 8천 명에서 2만 3천 명, 수녀는 3만 7천 명 정도였다. 수도회 성직자의 물질적·도덕적 상태는 앙시앵 레짐 말기에 전반적으로 개혁을 필요로 하고 있었다. 물질적으로 개혁이 필요했던 이유는 수도원 성직록의 가장 커다란 부분이 왕의 지명에 달려 있었는데, 왕이 그들의

적법한 수탁자인 수도사에게 맡기지 않는 것이 매우 흔한 일이었기 때문이다. 왕은 그 재산을 고위 성직자에게 그들의 수입을 증가시키기 위해서, 혹은 거의 전적으로 귀족들이었던 풋내기 성직자에게 '일시적 성직록으로' 주었다. 일시적인 성직록을 받는 수도원장들이 수입의 반 혹은 3분의 2를 취하고, 나머지는 수도원 유지를 위해서 수도사들에게 남겨두었던 것이다. 도덕적으로 개혁이 필요했던 이유는 교육이 특히 남성 공동체, 그리고 이전의 명상수도회 혹은 탁발수도회에서 해이해졌기 때문이었다. 단지 여성의 새로운 공동체, 각별히 교육 활동과 자선에 몰두하는 여성 공동체는 진정서가 밝히는 불신에서 제외되었다.

——재속 성직자에서 고위 성직자는 1백38명의 대주교와 주교(그 가운데는 피사 대주교에 종속되어 있는 3명의 코르시카 주교가 있다), 2천8백 명의 보좌주교·부주교, 주교좌 성당의 총대리가 있다. 이전 세기에는 고위 성직자의 반열에 여전히 평민들이 있었던 반면, 예컨대 그들 가운데 가장 두드러진 대표자가 보쉬에인데, 18세기에는 평민층에서 주교가 결코 나올 수 없다는 편견이 확고히 자리잡게 되었다. 고위 성직자는 고위 귀족에서만 충원되기조차 하였으며, 몇몇 가문은 교회의 고위직을 겸직하였다. 즉 혁명 전야에는 주교의 명부에서 3명의 라 로슈푸코 가문 사람, 2명의 로앙 가문 사람, 2명의 탈레랑 가문 사람, 2명의 시세 가문 사람, 4명의 카스텔란 가문 사람 등을 볼 수 있다. 귀족 가문의 청년 귀족에게는 앞날이 용이하였다. 예컨대 '수도원 차부제, 사제 2년, 부주교, 그리고 주교'가 되는 것이었다. 34세에 주교가 되지 못하였음을 불평한 탈레랑은 35세에 주교가 되었다. 부주교의 직위는 주교직에 대한 후보자 단계로 이용되었으나, 그들은 여기에서 거의 배우는 것이 없었다. 주교들은 사실상 15에서 20명의 부주교를 임명하였는데, 이들 부주교 집단들로 인하여 교구에서 보내야만 하는 체류가 덜 지루하게 되었다. 그들은 스스로를 동료로 여기는 같은 사회적 배경을 가진 사람들이지만, 일반적으로 교구 행정은 그들 가운데 더 열성적인 사람의 수고에 맡겨졌으며, 이들은 사제 시에예스, 혹은 사제 모리와 같이

평민층에서 발견되었다.

주교가 사는 방식은 그들의 수입 정도에 달렸다. 한 동시대인이 증언한 것처럼 "주교들은 일반적으로 10만 리브르의 수입을, 어떤 주교들은 2,30만 그리고 80만 리브르까지 올렸다"고 평가하는 것이 비록 약간의 과장이 섞여 있다고 할지라도 툴루즈의 브리엔, 오트퐁텐의 디용, 그리고 특히 사베른의 로앙이 과시한 영화로 이 증언이 입증되었다. 확실히 모든 주교가 이러한 방식을 영위하지는 않았고, 고결하였으며 상당수는 그들 직책의 의무를 매우 정직하게 이행하였다. 혁명 초기 교회의 정신적 지도자였던 엑스의 대주교 부아즐랭은 생활에 품위가 있었고, 신앙에 확신이 있었다. 그러나 대중의 관심은 특히 스캔들을 일으키는 사람들이나, 사람들이 '소년 주교'로 치부하는 보좌들에게 행정을 맡겨 놓은 채 그들의 교구에서보다는 궁정에서 지내기를 더 좋아하는 세속의 고위 성직자들에게 관심이 집중되었다. 그들이 설교하는 것은 드물었고, 이따금만 성사를 베풀었으며, 그들이 업신여기는 교구 일반사제에 대한 교구 시찰도 꺼려 하였다. 그들 가운데 한 명이 다음과 같은 편지를 썼다. "나는 지금 민중의 벗들·보호자들·중재자들을 방문하고 있다. 나는 그들에게 많은 찬사를 아끼지 않았다. 페늘롱처럼 말하는 것이 좋을 터이지만, 고상한 것을 말할 수 있다고 해도 이 사람들은 거의 그것을 이해할 수 없다. 그들은 버릇 없고 불결하며 무식하다. 하늘과 땅의 중개자들의 모임을 즐기기 위해서는 마늘의 역한 냄새를 정말로 사랑해야만 한다."

하위 재속 성직자, 즉 6만 명의 사제 및 부제·대행사제의 상황은 고위 성직자의 상황과 어떤 것에도 비교될 수 없다는 것이 사실이었다. 우선적으로 가문을 본다면, 도시나 도시 근교 교구에서는 대다수가 평민·중부르주아 계층 출신이며, 농촌 교구에서는 농민이나 소부르주아 계층 출신이 대다수였다. 그리고 그들의 교육 수준을 본다면, 신학교에서 그들이 학습한 것은 일반적으로 매우 조악하였다. 마지막으로 그들의 생활 수준을 본다면, 우리는 부유하고 연금을 받으며 한가한 고위 성직자 혹은 향락 추구자 그리고 무용한 수도사들과, 경건하고 빈곤하면서 그의 교구 신자들에게 헌신적인 성직을 가진 평민들을 대비시키는 전통적인 이미지를 알고 있는 것이 사실이다. 진정서에서 흔히 보이는 이미지인 것이다. 성직자 환경의 다양성을 강조하는 최근의 연구들에 따르면, 이 이미지는 뉘앙스를 강하게 띤다. 몇몇 사제들은 그들 교구가 부유하기 때문에, 그리고 주임신부의 직(職)에 부속된 아주 상당한 재산 때문에, 혹은 이 사제들이 십일조의 수익을 전부 받기 때문에, 혹은 마지막 예로 사례금이 좋은 수입임이 입증되기 때문에 아주 유복한 생활을 하였다. (코 지방에서 사제들은 2만 리브르의 수입을 올렸고, 메독에서는 생스테프의 사제가 1772-1773년에 1만 1천 리브르를 소유하였으며, 캉트낙의 사제는 1만 3천3백80리브르를 소유하였다.) 그러므로 고위 성직자와 하위 성직자 사이에는 최근의 연구들이 밝힌 대로 아주 많은 수의 중간 계층이 존재하였는데, 이들이 혼란스러운 시기에 중요한 역할을 할 수 있었던 것이다.

이것은 정반대로 빈곤한 성직자가 없었다는 것을 의미하지는 않는다. 십일조의 일부분이 빈번하게 횡령되었던 것은 사실이었으며, '엄청난 십일조 징수자들'은 사제에게 겨우 연명할 만한 수입, 즉 3백 리브르로 오랫동안 고정되어 있다가 1768년에 5백 리브르로, 최종적으로 1786년에 단지 7백50리브르가 된 적은 부분만을 남겨 놓았다. 이 마지막 두 수치는 무시할 수 없다. 이 신분의 연간 수입은 장인(匠人) 세계에게는 실질적으로 상당한 유복함을 보장하는 것이었다. 그러나 사제들은 유지해야 할 또 다른 생활방식(보시, 가정부를 두어야 할 필요성)이 있다. 그것이 겨우 연명할 만한 수입으로 사는 사람이 어렵게 사는 이유였다. 매우 불안정한 상태에 있는 '진정한 교회 프롤레타리아'(H. Sée)인 보좌신부들의 경우(보르도 교구에서 1772년에 약 35%가 소교구에 1년 미만 정도 있었으며, 3분의 2는 3년 미만 정도 소교구에 있게 된다) 또한 비참하였다. 대다수는 주임신부의 직을 희망할 수 없었으며, 단지 3백 리브르의 보잘것 없는 수입만이 있었다. 몇몇 미사로 얻은 수입이나, 기부금으로만 생활하는 대행사제의 운명도 더 낫지는 않았다.

고위 성직자와 하위 성직자 사이의 적대감이 후자의 빈곤으로부터 나오지 않았다는 것은 의심할 바 없다. 혁명 전야에 흔히 매우 활발하였던 사제들의 원한은 다른 원인들, 즉 부분적으로는 사회적이고 부분적으로는 이데올로기적인 원인들에 있었다. 생활방식의 차이와 수많은 고위 성직자들의 추문으로 그들은 대립되었다. 그들 주교가 빈번하게 자리에 있지 않거나, 무능력한 것이 그들에게는 충격이었다. 그들은 본래 목적으로 봉헌된 십일조 덕택에 신도들에 대한 그들의 의무를 어떻게 더 잘 수행할 수 있을까 하는 걱정으로 자주 고무되었다. 마침내 아마 무엇보다도, 공공연히 인정되지 않더라도 매우 뚜렷한 얀세니즘과 리셰리즘의 흔적은 강력한 하나의 동력이었다. 즉 수많은 교구에서 사제들은 행정에 참여하고 적극적으로 활동하기를 원하였다. 우리는 거의 교회 민주주의의 자발성에 대하여 말할 수 있을 것이며, 이것으로 몇몇 지역에서 1782년에 왕에 의하여 서명된 금지에도 불구하고 그들의 청원을 작성하기 위하여 공개적으로 모이게 되었다. 그래서 1789년의 선거 당시, 주교들은 자신들의 후보자를 강요하는 데 성공하지 못하는 경우가 매우 빈번하였다.

부르주아 계층의 아들로 사제인 사람들은 부르주아지 사상의 상당 부분을 받아들였다. 1789년 6월 삼신분회(États Généraux)에서, 그들 대표자들의 일부와 제3신분의 대표자들이 연합한 것은 하나의 우연적 사건, 혹은 전면의 몇몇 사람들의 활동 결과로 나타났다기보다는 필연적 상황으로부터 밝혀진다고 할 수 있다.

귀족

귀족이 단지 국가의 제2신분에 불과하다고는 하나, 그들이 자신의 독창성과 특히 자신의 특권에 대하여 성직자보다 더 자각하고 있었던 것은 분명하였다. 시에예스는 성직자에 대하여, 그것은 하나의 신분이라기보다는 오히려 하나의 직업이라고 말하였다. 사람들은 태생의 권리에 의하여 성직에 들어가는 것이 아니라 자발적으로 소명에 의하여 들어가는 것이 사실이었다. 그들은 평생 이 직업에 종사하며, 어쩔 수 없이 독신으로 지냈던 것이다. 그래서 성직자는 매 세대마다 전적으로 갱신되는 것이다. 반면에 귀족을 특징짓는 것은 바로 출생이었다. 귀족이 평민보다 우월성을 지녔다고 평가하는 것은 혈통 때문이었다. 그 우월성이란 혈통의 우월함이라고 귀족이론가들은 단언한다. 그들의 주장에 따르면, 귀족은 정복에 의하여 갈로-로맨 사람들과 그들의 재산(토지)에 대하여 영주권을 확립하였고, 국가에서 법적인 우위를 확립하였다.

사실상 혈통 귀족은 그렇게 되기 위하여 4세대 동안 귀족이었던 것이 필요하였으며, 그 신분의 아주 극소수만으로 구성되었다. 그러한 주장은 많았으나 증명된 것은 별로 없었다. 예컨대 탈레랑 가문은 위그 카페 시대 사람의 후예임을 자랑하였으나, 프랑수아 1세 치하에서 작위를 받은 선조의 존재를 증명할 수 있을 뿐이었다.

——귀족 서임으로 끊임없이 귀족은 갱신되었다. 그것은 왕의 총애에 의해서나, 혹은 특정한 직무에 종사함으로써 얻어졌다. 왕은 양도 가능한(세습이 가능한), 혹은 일정기간 관직을 보유한 사람이 받을 수 있는, 그리고 개인을 대상으로 한(말하자면 1대밖에 지속하지 못하는) 귀족의 신분을 부여하는 서임증서를 주었다. 그것이 바로 18세기 후반부에 매우 광범위하게 작용된 이후 귀족의 압력하에 더 이상은 거의 이용되지 않았던 것으로서, 프랑스 왕실에 의해 이루어진 엘리트 충원방법이었다. 예컨대 루이 16세 치세에서는 3백 명 미만의 관리, 일부 엔지니어와 의사들, 소수의 도매상인들, 홀커와 오베르캄프 같은 몇몇 기업가들, 혹은 은행가들이 귀족이 되었다. "왕들은 새로운 시대에 체제를 적응시키고, 그 미래를 보장해 줄 마지막 기회 가운데 하나를 놓쳤다."(M. REINHARD)

——작위가 부여되는 직무들이 더 많았다. 예컨대 세습 귀족에게 주어지는 국가의 공직, 상서, 국새상서, 국무대신, 총독, 최고법원의 재판장

과 같은 법관직이 있다. 또한 1대밖에 지속되지 못하는 한시적인 귀족에게 주어지는 고위 사법관직이 있는데, 이 직책들은 실제로 세습적이 되어서 마침내는 그 귀족이 이 직책을 양도하는 것이 가능하게 되었다. 왕의 비서직은 전혀 일이 없는 것이었는데도 비용이 8만 리브르나 들었으며, 숫자가 더 많아져서(네케르에 따르면 9백 명 이상이었다) 부유해진 평민이 귀족 신분에 들어가는 것을 가능케 하였다. 즉 그것은 '전형적인 행실이 나쁜 독직의 일부'였다. 이는 7백40개에 달하는 재무부서와 많은 수의 시·읍·면의 직책에 있어서도 마찬가지였다.

——요컨대 귀족 신분을 횡령하는 것이 흔하였는데, 귀족의 땅을 획득하고, 영지의 이름을 취하고, 그리고 시간이 흘러 효력이 발생하면 그것으로 충분하였다.

왕국의 두번째 특권 신분인 이 귀족 가운데에는 스스로 혈통 귀족이기를 바랐던 대검 귀족과 법복 귀족간에 오랫동안 분열이 지속되다가, 18세기에 그 대립이 완화되었다. 법복 귀족은 그의 부를 유지하였는데, 대검 귀족은 늘 부를 유지할 수 있었던 것이 아니었다. 또한 상류 가문의 젊은 귀족과 많은 액수의 지참금을 가진 법복 귀족의 젊은 처녀간의 흔한 결혼은 두 귀족 신분을 접근시켰다. 사교계, 특히 파리에서의 사교계는 만남의 기회를 증가시켰다. 마지막으로 법복 귀족은 고등법원에서의 발언을 통하여 구사회의 특권들을 옹호하였으며, 혈통 귀족은 그들에게 그것에 대하여 감사하였다. 양자는 서로 자신들의 특권을 위협할 개혁안에 반대하는 공통된 이해를 가지고 있었다. 혁명 직전에 여전히 두 귀족 신분이 있었다면, 그 이동이 거의 눈에 띄지 않는 수많은 중간 범주들이 존재한다고 할지라도 대립은 오히려 궁정 귀족과 지방 귀족 사이에서 나타났다고 할 수 있다.

앙시앵 레짐 말기에 귀족의 숫자가 얼마나 되는지 정확하게 알기는 어렵다. 당대인들 자신들의 평가도 상당한 정도로 나뉘어 있으니 말이다. 시에예스는 11만 명 정도로 보고 있으나, 부이에 후작은 40만 명으로 그를 앞지르고 있다. 일반적으로는 3,40만 명, 즉 총인구의 1.1에서 1.5%로 받아들이고 있다.

그들의 태생이 무엇이었든지간에 귀족들은 그들의 특권에 매우 집착하였는데, 이는 더 오래 된 가문 출신들보다 최근에 귀족이 된 가문의 사람들이 더 심하였던 것이 분명하였다. 이들 특권의 범위는 상당하였다.

──명예상의 특권으로서 대검을 휴대하는 것, 사냥과 비둘기 사육에 대한 권리, (귀족의 신분이 토지와 결합되어 있을 때는) 소교구 교회 내의 영주석 등이 있었다.

──실질적 특권으로서 타이유와 도로 부역이 면제되는 세금의 면제(하지만 귀족 신분은 봉건시대의 인두세와 소득에 대한 20분의 1 과세는 지불한다), 군인 숙박에 대한 면제 등이 있었다.

──또한 봉건적 권리에 속하는 특권이 있었다. 귀족들의 대부분은 봉토의 영주였으며, 이 자격으로 영주의 권리를 향유하였다. 그들은 토지 보유 농민에게 현금이나 혹은 현물 공납을 징수하였다. 현금 공납이 가장 무거운 세금은 아니었다. 예컨대 금전부과세는 화폐가치의 절하로 인하여 매우 저렴한 것이 되었으며, 때에 따라서는 하찮은 것이었다. 그러나 영주가 자유 토지 보유 농민에게 양도한 토지를 매각함으로써 소유권이 이전되는 경우에 징수되는 영내재산취득세(lods et ventes)는 보다 무겁게 압박하는 세금이었다. 영주가 영지에서 추수의 일부를 징수하는 권리와 같은 현물 공납은 화폐가치의 변화를 초월하기 때문에 훨씬 많은 이익을 가져왔다. 영주는 또한 노동이나 혹은 수송의 무료봉사와 같은 부역을 부과하였다. 그는 영주 재판권의 수익과 영주 소유물의 강제적인 이용을 통한 독점 이윤을 얻었다.

이러한 특권 이외에도 귀족 신분은 사실상의 특혜를 누렸다. 대혁명이 일어나기 직전에 국가의 모든 중요한 직무는 실제로 그들에게 할애되어 있었다. 고위 성직자의 지위와 교회의 성직록이 그들 손에 있었다. 요컨대 영지 소유주로서 그들에게 당연히 주어지는 농민들 영토의 완전한 소유 이외에도, 귀족들은 자신들이 경작을 지휘하고 임대차 계약을 하는 토지에 대한 전적인 소유주였다. 귀족들의 토지 소유 문제는 아직도 잘 알려져 있지 않다. 지역에 따라 귀족 소유지는 9에서 44%를 오간다. 서부에서는 북부에서와 마찬가지로 귀족들이 토지를 매우 많이 소유하고 있었다. 그리고 툴루즈, 보르도의 포도 재배지, 릴 지역, 브리 등 대도시 주위에서 흔히 그러하였다. 귀족의 소유지는 중부와 남-동부에서는 상대적으로 적었다. 우리는 일반적으로 귀족이 왕국의 약 20% 정도를 보유하였다고 보고 있다.

귀족계급은 귀족의 특권을 상실하지 않고도 소유지의 일부를 자신이 직접 경작할 수 있었다. 귀족은 또한 대규모 해상무역과 식민무역, 광산 채굴·제철소·유리 공장 등과 같은 특정한 돈벌이 활동을 할 수도 있었다. 대귀족 가문 가운데 몇몇은 대기업에서와 같이 사업으로 부유하게 되는 것을 매우 잘 알고 있었으며, 그 결과 우리는 귀족의 일부는 "이미 '새로운' 경제 '체제' 안에 자리잡았다고 간주할 수 있다."(GOUBERT)

어쨌든 귀족계급은 18세기 후반기 동안에 프랑스 경제 발전에서 주요 수혜자는 아니었다. 오히려 그들의 물질적 조건은 생활비 상승에 의하여 영향을 받는 경우가 잦았다. 그리하여 그들은 자신들의 특권에 집착하였을 뿐 아니라 그것을 더 강화하고자 노력하는 반응을 보였다. 이러한 '귀족의 반동'은 여러 가지 형태를 취하고 있었다.

——우선 봉건적 공납의 강화이다. 그리하여 그때까지 소홀히 징수되었던 세금들이 29년간의 미납금과 함께 즉각적으로 요구되었는데, 말하자면 그 '시효는 30년' 한도였다. 소작료가 적혀 있는 옛 '영지 소유증서'는 이러한 유의 일에 전문인 '위원들(commissaires),' 즉 봉건법 학자에 의하여 다시 만들어졌으며, 이로 인하여 토지세 대상 토지를 더 잘 알 수 있게 되었고, 폐지되었던 권리가 다시 효력을 발휘할 수 있게 되었다. 1786년 칙령에 의하여 토지 보유 농민의 비용으로 영지 소유증서가 개정되었다. 이는 결국 왕이 농민들보다는 귀족들의 편을 든 것이었다. 게다가 왕은 이미 몇몇 지방에서 대소유주가 토지에 울타리를 치는 것과 영주가 공유지의 3분의 1을 부여받는 권리를 갖는 공유지 분할에 호의적인 조치를 취하였다.(droit de triage)

——귀족에게 가능하면 가장 많은 수의 직책을 합법적으로 보장해 주려는 시도는 여전히 귀족의 반동을 나타내는 것이었다. 우리가 살펴 보았듯이 법적으로는 평민들에게 닫혀 있을 수 없었던 교회에서의 고

위 성직자의 충원은 사실상 귀족 신분에서만 행해졌다. 군대에서는 1781년 칙령으로 인하여 이후부터 공병과 같은 '학식 있는' 군대를 제외하고는, 4대가 귀족 가문임을 증명할 수 있는 젊은이들이 아니면(등급을 거치지 않고) 장교계급으로 직접 진입할 수 없도록 미리 정해 놓았다. 이와 같이 하여 최근에 귀족이 된 사람들(신귀족)은 고위 등급에서 제외되었다. 고위 행정관직에서 모든 지사들은 귀족이었으며, 그 대부분이 구귀족이었다. 마지막으로 정부에서 루이 16세의 장관들은, 네케르를 제외하고 모두가 귀족들이었다. 여기에서 또 한 번 왕은 귀족의 반동을 지지하였던 셈이다.

결국 일반적인 변화에 역행하는 방향으로 가고 있기는 하였지만, 귀족의 발전은 이 18세기 말기에 뚜렷하였다. 귀족계급은 다음과 같이 그의 야망을 실현하고자 하였던 것이다. 예컨대 폐쇄된 카스트가 되어, 수세기 이래로 부유해진 부르주아들이 귀족 신분으로 흡수되는 그러한 사회적 상승을 막는 것이 그것이었다.

제3신분

시에예스가 이 나라에서 제3신분이 차지하는 비중을 96%로 평가하였을 때, 그는 여전히 진실에 도달하지 못하고 있었다. 제3신분은 오히려 총인구의 98%로 구성되었으며, 이는 국민의 거의 대다수였던 것이다. 그 안에는 매우 다양한 사회적 범주가 공존하였는데, 가장 부유한 자와 가장 가난한 자들간에는 대립이 매우 강하게 드러나고 있었던 반면, 단지 유일한 연결고리가 존재하였다면 그것은 '천한 평민'에 속해 있다는 감정이었다. 솔직히 말하자면, 인구의 가장 가난한 층이 제3신분에 속한 것으로 간주될 수 있는지에 대하여 의문을 가져 볼 필요가 있다. 한 마디로 그들은 사회적 신분 질서의 밖에 존재하였으며, 그리하여 사회의 '제4신분'으로 나타나기도 하였던 것이다.

그러나 부르주아 계층과 농촌과 도시의 일반 대중간에, '고위(haut)' 제3신분과 '하위(gros)' 제3신분 사이의 경계를 추적하기란 좀처럼 쉽지 않다.

　부르주아지(bourgeoisie)라는 용어는 원래 '부르주아 계층의 권리'를
획득하였던 부르그들(bourgs), 즉 특전을 받은 도시의 거주자들에게 해
당되는 것이었다. 18세기에 그것은 3신분 중에서 가장 부유한 층으로
서, 농업 이외의 직업에서 재산을 획득하였을 때도 똑같이 지칭되었다.
예컨대 부르주아는 "그의 주요한 직업이 충분히 돈벌이가 되는 성격을
가짐으로써 토지에 집착하지 않는 자"였다.(G. LEFBVRE) 세기 내내 부
르주아 계층의 상업적, 산업적 역할은 끊임없이 커져 갔다.

　——상층 부르주아지(haute bourgeoisie)는 본질적으로 그들의 산
업·상업, 혹은 금융 활동을 통해서 그들의 재원을 얻었다. 대규모 산업
시설이 아직 많지는 않으나 유한책임 주식회사나 혹은 합자회사 덕
택에 대담한 기업가들은 대규모 공장을 운영하였다. 예컨대 루비에르에
서 드크르토(A. 영에 따르면 '세계 제일의 양모 공장'), 아베빌의 반 로
베, 주이의 오베르캄프, 파리의 레베이용, 스트라스부르의 디트리히 등
이 수공업에 종사하는 부르주아 계층을 지배하였는데, 그 대부분이 아
직도 가내에서 일하는 장인들에게 원료를 제공하고 완제품을 받아서
유통을 맡는 '도매상인-제조업자'로 구성되어 있었다. 리옹의 제조업이
이러한 구조의 전형적인 예이다. 그러나 막대한 재산은 특히 상업과 금
융에서 이루어졌다. 수지가 높은 '서인도무역'을 하고 있던 보르도·마
르세이유·낭트·르 아브르의 선주들과 같은 대시장의 무역상인들, 그
리고 심지어는 '일반 상인들', 예컨대 대도시의 도매상인들은 18세기
후반부에 생겨난 사업의 놀라운 발전에 따른 커다란 수혜자들이었다.
금융 부르주아 계층의 경우는 국가에 대한 봉사와 국가 덕에 상당한
이익을 올렸다. 예컨대 그 선두에는 일반적인 총괄징세 청부인들, 이어
서 재정공무원, 그리고 심지어는 특히 국채 투자에 종사하는 프랑스 은
행가들이나 혹은 외국 은행가들이 있었다. 더욱이 왕정과 왕의 커다란
채권자는 바로 부르주아 계층이었다. 공채(국채)의 연간 이자는 빚을
제대로 내지 못하는 도시 및 지방, 그리고 성직자 등을 계산에 넣지 않
더라도 1789년에 2억 리브르 이상이었다. 국채 이자로 부르주아 계층

의 또 다른 범주인 금리생활자가 먹고 사는데, 이들 숫자는 전체 부르주아 계층의 10분의 1로 평가되며, 이들의 생활조건은 사회적으로 이상적인 형태를 대표하는 것 같은데, 그 이유는 아무것도 하지 않고 금리로 먹고 사는 것, 그것이 '부르주아적으로 사는 것'이기 때문이다.

——이들 상층 부르주아지는 그들의 웅장한 저택·성·'호화별장'·문화·문예학술의 보호에 대한 관심 등에서 발휘한 호사로 인하여, 관리들·법조인·자유 전문 직업인들인 중간 부르주아지와 구별되었다.

왜냐하면 몇몇의 부르주아 범주가 경제를 지배하였다면 다른 범주는 왕실 행정을 지휘하였기 때문이었다. 예컨대 귀족들에게는 주어지지 않았던 사법 담당직, 재무 담당직 보유자, 수공업 및 공장, 왕령지와 왕 소유의 삼림 등의 감독관, 도시와 읍의 시장, 읍장, 행정관, 시의원과 그들 주위를 맴도는 대소 '서기'들이 그들이었다. 그들이 매직(賣職)한 관리들이건 혹은 임명되어 해임될 수도 있는 공무원이건간에, 그들은 그 당시에 공직의 가장 중요한 부분을 구성하고 있었다. 자유 전문 직업인들 가운데서 의사는 덜 존중을 받았으며, 공증인직도 높이 평가받지 못하였다. 첫번째 열은 고등법원 검사들과 변호사들이었다. 변호사는 수적으로 매우 많았지만, 대도시와 특히 고등법원이 있는 도시에서 명성을 얻은 자들이 그들이 누리고 있는 재산과 존경으로 상당한 지위를 차지하였다. 무니에는 혁명 직전에 그르노블에서 유력한 인물이었으며, 파리의 타르게는 학술원 회원이었다. 그들의 전반적인 문화와 기술 지식, 소송 절차의 태도, 웅변력에 의하여 그들은 제3신분의 주요 고문들이 될 것이었다.

비록 이들이 도시 쪽에 속하고, 도회지의 직업을 통해서 그들의 재산을 확립하였음에도 불구하고 부르주아 계층은 계속해서 토지를 사들였다. 토지 소유는——특히 그것이 영지에 관련된 것이라면, 그리고 프랑스에서 영지의 구매는 평민들에게 전혀 금지된 것이 아니었다——존경을 보증하는 것이었다. 또한 사람들은 토지 소유를 동산(動産) 소유보다 더 안정된 것으로 평가하였으며, 그리하여 기업총수·사업가 등이 그들이 활동하는 동안이나 혹은 말년에 그들 자본의 상당 부분을 토지에 투자하는 경우를 보는 것이 드문 경우가 아니었다. 게다가 점차적으로 농촌사회 출신의 '엘리트'(십일조와 봉건적 공납 징수 청부인, 타이유 징수인 등)가 지주 부르주아 계층을 더 확대시켰다. 지주 부르주아 계층의 규모를 어떻게 어림잡을 수 있겠는가? 그것은 매우 커다란 비율로 다르게 나타나는데, 외진 시골에는 거의 존재하지 않으며 대도시 주변 지역에서는 상당히 많았다. 프랑스 전체로 보아 아마도 평균 25-30%에 이르렀다. 이러한 부르주아의 소유지는 양질의 토지로 구성된 듯이 보인다. 그것들은 때때로 매우 심할 정도로 잘 활용되었는데, 왜냐하면 부르주아는 귀족보다 더 자신이 경작하는 토지에서 최대의 이익을 얻도록 하였기 때문이다.

──부르주아 계층의 하부, 혹은 소부르주아지는 "그들의 직업을 수행하기 위하여 구성원들에게 집단적인 규율을 요구하는 거의 공적인 법적 집단"인 동업조합체제의 존재 때문에 도시 민중계급과 잘 구분되지 않았다. 사실 모든 직업이 다 규제되었던 것은 아니며, '동업조합단체'나 동업조합 곁에 자유 직업도 여전히 존재하였다. 그러나 이 자유 직업들은 점점 줄어들었으며, 동업조합의 정관보다 덜 엄격한 규정('규제동업조합')을 가졌다. 이들 정관은 견습 규칙, 수련공과 마스터를 연결시키는 고용 계약, 마스터에의 도달, 그리고 마스터들 사이의 관계 등을 결정짓고 있다. 직업 공동체는 특히 동일한 직업의 마스터들의 집단적인 독점을 유지하고, 그들 사이의 경쟁 효과를 줄이기 위한 목적을 가지고 있었다. 그리하여 각각의 직업은 다른 조합과 투쟁하는 폐쇄된 단체를 형성하였으며, 그 경쟁관계가 심해 끊임없는 소송을 낳을 정도였다.

그러므로 우리는 직종 내에서 흔히 숙식을 같이하고 보잘것 없는 삶을 공유하는 마스터, 장인이나 혹은 상인과 그의 수련공들 사이에서의 유대관계가 한편으로는 소부르주아지를 구성하는 마스터들과 다른 한편으로는 프롤레타리아를 형성하는 노동자들 사이보다 더 많은 유대관계가 있지 않을까 하는 의문을 갖게 된다. 예컨대 건축업, 식료품 상업이나 혹은 기술직 등에서 매우 유복한 장인들과 상인들이 존재하였던 것은 확실하다. 반면에 수련공들은 마스터들에 대항해 저항조직인 수련 공조합들에 가입하는 경우가 흔하였다. 이들은 자신들의 노동조건을 보호하거나 개선하기 위하여 파업을 이용할 줄 알고 있었다. 더욱이 이러한 고용주와 노동자간의 투쟁에서 국가는 단호하게 고용주의 편에 서서 개입하였다. 예컨대 1749년 1월의 영업 허가장들은, 노동자들이 서면으로 작성된 고용 계약의 해제 없이 그들의 마스터를 떠나는 것을 1백 리브르의 벌금형으로 금지하였는데, 1781년부터는 수첩에 기록되어야 하였다. 수련공조합에의 가입과 같은 모든 결사는 금지되었다. 그러나 노동자들의 투쟁은 물질적 조건의 악화에서 발생되는 일시적인 폭력의 폭발에 불과한 경우가 흔하였으며, 계급의식의 존재를 나타내는 조짐은 드물었다. 리옹에서의 노동 투쟁은 많은 부분이 수공업 구조(structures artisanales)로 인한 노동 대중의 분열 때문이었다. 즉 "계급 투쟁의 요소들은 아직 불완전하고 불명확하였던 것이다."(GARDEN) 그렇다고 해도 운동들은 보르도에서처럼 흔히 폭력적이고 조직적이었는데, 이 운동들에서는 고용 독점과 마스터들에 대한 보이코트 형태가 보였다. "수련공들의 행동은 임금 상승으로 그 효용성이 나타났다."(POUSSOU) 그러므로 만일 흔히 그 고용주와 함께 일하고, 그의 영향을 받으며, 그의 정신을 본보기로 하는 수련공의 이데올로기적 종속이 명백하게 존재한다 할지라도, 이러한 종속이 거의 하나의 규율이 되지는 않았다. 게다가 특정한 산업에서는 새로운 노동 규모와 형태로 "과거의 수련공들 뒤에 근대적인 프롤레타리아가 나타나기 시작하였다."(P. LÉON) 1778년에 스위스인·독일인, 그리고 영국인 주동자들에 의하여 유도되었던 보베의 채색 아마포 공장의 소요, 1788년 리브-드-지에와 몽스니의 광부들의 폭동이 증명하듯이 어려움이 앙쟁·르 크뢰조, 그리고 도피네의 철공소에서도 느껴졌다.

농촌의 장인들은 조합체제에 따르지 않았다. 그러나 그들 중 상당수는 상업 자본주의의 발달로 인하여 자율성에 위협을 받았다. 직물업 장인이나 소규모 금속 장인들은 실제로 점점 더 자주 도매상인들에게서 일하는 원재료를 받아서 그들에게 완제품을 제공하였다. 원칙적으로는 독립적인 고용주들도 이따금씩 그들이 한두 명의 수련공들과 함께 일할 때에 사실상 도매상의 지배하에 떨어지게 되고 삯일꾼·산업 노동자가 되어 버렸다. 다만 산업 노동자라고 해도 이 산업은 독자적인 구조를 보이는 '분산 매뉴팩처(la manufacture dispersée)'라고 불리는 것이었다. 그들은 고립되었기 때문에 약화되었으며, 심지어 도시 노동자들처럼 자신들의 요구 사항을 강요하기 위하여 결합할 수단조차 가지고 있지 않았다.

제3신분 가운데 가장 중요한 부분은 물론 농민이었다. 그들의 수를 어떻게 헤아릴 수 있는가? 최근의 작업에 기초한다면, 우리는 앙시앵 레짐 말기에 총인구에서 농촌 인구에 해당하는 부분을 약 85% 정도로 잡을 수 있다. 그러나 비록 이 인구 가운데 비농업 인구가 흔히 이 시기에 적어도 부업으로라도 농업 활동을 하였다고 할지라도, 이 농업 인구는 농민으로만 구성된 것이었다. 말 그대로의 농민은 총인구의 3분의 2 이상을 대표하고 있었으며, 이는 약 1천8백만 명에 해당되는 것이었다.

이들 농민의 법적인 조건이 상당한 문제를 일으키지는 않았다. 예컨대 농노는 프랑스 동부와 중부의 몇몇 영지를 제외하고는 더 이상 존재하지 않았으며, 왕은 사회정의의 이름으로 그것을 비난하면서 칙령에 의하여(1779년 8월) 그의 영지에서 농노를 없앴다. 그러므로 프랑스 농민은 이제 거의 자유 신분이었다.

하지만 그들이 지주일 수 있었는가? 영주는 그들의 영지에 속하는 토지와 특히 농민에게 양도한 토지에 대하여 확실한 소유권을 발휘하였는데, 왜냐하면 그것들 가운데에서 자유지, 특히 완전히 자율적인 토지는 거의 없었기 때문이다. 그러므로 이론적으로 농민은 이 양도한 토지에 대하여 경작권, 혹은 앙시앵 레짐의 법학자들이 '유용한 소유권 (domaine utile)'이라고 불렀던 불완전한 소유권만을 가지고 있었다. 사실상 농민에게 양도된 토지는 그야말로 세습 토지였는데, 왜냐하면 그것은 보유자의 상속자에게 넘겨지거나 혹은 그에 의하여 양도될 수 있었기 때문이다. 이 토지에는 소작료와 영주가 징수하는 세금이 과해졌다.

농민들은 어느 정도의 토지를 차지했을까? 성직자가 전국토의 10%, 귀족이 20%(어쩌면 조금 더 많을 수도 있다), 부르주아 계층이 25-30%를 소유하였다는 것을 인정한다면, 농민들에게 남는 것은 최대한 40-45%에 불과하다. 때때로 우리는 그들을 동부 유럽과 중부 유럽의 부역 농노와 비교하거나, 자유롭기는 하지만 그들의 임금만으로 생활해야 하는 처지인 영국의 일용직 노동자들과 비교하여 프랑스 농민들은 독립적인 소토지 보유자들로 구성되었다고 추론한다. 그러나 1천8백만 명이나 되는 농민들에게 국토의 절반도 되지 않는 토지란, 각 가정의 가장에게 돌아가는 것이 아주 적음을 나타내는 것이다. 농민의 소유지가 불공평하게 나누어진 경우에는 더욱 그러하였다. 지역에 관한 연구들은 독립적이 되기에 충분한 소유주들, 즉 다른 사람을 위하여 일할 필요가 없는 소유주들이 소수였음을 보여 주고 있다. 예컨대 리무쟁에서는 다섯 가정 가운데 하나도 채 되지 않았고, 갸티네에서는 열 가정 가운데 하나, 플랑드르에서는 스무 가정 가운데 하나였다. "자신의 소유지에서 나온 생산물의 판매자이자 대규모 시장에서 다량의 과일을 판매하여 생활하는 독립적 농민(자영농)은 예외적이었다."(E. LABROUSSE) 일반적인 것은 불충분한데다 계속된 상속으로 한층 줄어든 토지 소유주, 즉 소분할지 소유였다. 그들은 직접 경작하지 않는 특권적인 지주들의 소작을 하거나, 혹은 임금을 위하여 자신의 노동력을 제공함으로써 수입을 보충할 만한 것을 찾아야만 하였다. 이는 또한 전적으로 토지가 없는 농민의 경우에도 해당되었다. 전체 농민 가운데에서 토지가 없는 농민의 비율이 얼마인지 명확하게 알기는 어렵다. 그 비율은 지역에 따라 매우 다른 양상을 보였다. 예컨대 갸티네에서는 5%, 캉브레시스 평야에서는 15-20%, 바스-노르망디의 일부 지역에서는 40%, 플랑드르의 바다에 면하는 평야에서는 75%였다. 그러나 "전임 노동자·계절 노동자·일시적 노동자 등, 다양한 형태의 임금 노동자는 농촌 인구에서 상당히 지배적인 숫자를 차지한 것으로 보인다."(E. LABROUSSE) 18세기 후반부에 있었던 매우 현저한 인구의 증가는 이러한 현상을 더 심화시켰으며, 이로써 대혁명 직전의 프랑스 농촌사회를 특징지었던 토지의 절대적 부족과 같은 농업 위기가 심화되었다.

앙시앵 레짐 사회는 '루이 15세 시대' 동안에 그 번영의 국면을 공고히 한 것으로 보인다. "군주제의 앙시앵 레짐은 정부의 형태가 아니라 단어가 내포하는 그대로의 의미로서 체제, 즉 경제적이고 사회적이며 또한 정치적인 것의 모든 부분이 서로 관계가 있는 사회 질서이다. 즉 명령·행정·경찰과 사법 기능의 할당 및 배당체계와 공적 임무의 배분체계뿐 아니라, 특히 세입의 할당과 배당에 관한 제도이다. 앙시앵 레짐은 결국 그 이상의 것이 아니다."(H. LUTHY) 사실상 특권 신분은 문자 그대로 그들의 지위를 가진 채로 수지가 맞는 경제적 활동을 행할 수 없었다. 즉 그들의 부는 본래 경제적이지 않으며, 특히 경제적이기를 원치 않고, 왕에 대한 봉사의 대가, 어떤 시기 과거의 누구에게 왕이 본래 부여한 명령권, 혹은 영주권과 성직권의 기능에 대한 대가를 대표하였다. 결국 그들의 수입은 부동산 수입과 영주나 성직자로서 받는 세금에서 비롯되었다. 중농주의자들이 단언하였듯이 부는 전적으로 토지에서 오는 것이었다. 특권 신분과 군주의 수입은 '경작자 계급'에게서 얻어낸 농업의 순이익이며, 이 순이익은 경제운동에 결정적인 요소였다. 왜냐하면 그것이 유통되기 전에 그들의 손을 거쳐 가기 때문이다. 즉 "이 군주제 사회의 사회·경제적인 기능은 사회의 순이익을 소비하는 것, 만일 가능하다면 그것을 잘 소비하는 것이다."

그러나 그 체제는 그 내적인 기능과 통합이란 면에서 이중적으로 위협을 받았다. 그 내적인 기능에서 위협받았다는 것은 특권 신분이 순이익을 빼앗고 사회에서 기생하면서 살았을 뿐 아니라, 그들의 면세특권을 포기하는 것을 거부하고 그들 몫의 세금을 내는 것을 거부하였기 때문이다. 그렇기 때문에 생산자들(즉 우선적으로 농민들)은 만일 경제적인 상황으로 인하여 그들이 견디기 어려운 상황에 놓인다면, 그리하여 바로 그들의 생존과 재생산의 욕구가 더 이상 보장되지 않는다면, 그때에는 영주의 지대와 인두세, 그리고 왕에 대하여 바치는 세금 등,

제도의 기능 자체를 문제삼게 될 위험이 있었다. 통합이란 면에서 위협받았다는 것은 동산(動産)과 같은 새로운 형태의 부(富)의 발전에 의한 것이었다. 동산은 구질서를 해체시킴과 동시에 자본주의적인 부르주아 계층의 상승을 촉진하였던 것이다. 실제로 확립된 특권을 완전히 이용하는 데 있어서 이제는 더 이상 출생에 의하여 귀족이 되거나, 혹은 소명에 의하여 성직자가 되는 것으로는 충분치 않았다. 그 이외에도 훌륭하게 보이게 하는 수단을 제공할 견실한 동산을 가져야만 하였던 것이다. 궁정에서와 마찬가지로 군대에서도 사람들은 돈이 없이는 성공할 수 없었다. 18세기말에 신분사회의 구조는 그것과 반대되는 수평적 구조인 개인주의적 형태 뒤로 사라지는 경향이 있었다.

2. 사회의 수평 구조: 다양한 사회적 조건들

"페리고르의 귀족은 그의 진정서에서, 우리 대표들은 몇 개의 계급으로 나눌 수 없는 본질적으로 평등한 귀족 신분을 본래의 품위를 가지고 유지할 것이라고 썼다." 이는 사회적인 실체를 부인하고자 하는 명백한 의지이자 오직 3개의 신분이라는 엄격한 구분에 기초를 둔 허구적 구조를 유지하고자 하는 것으로, 동질성이 위협받는 특권 그룹의 상황을 나타낸다고 볼 수 있다. 18세기말에 재산과 위신, 그리고 문화는 이제 더 이상 이전처럼 배분되지 않았다. 경제적 변동, 현금화가 가능한 자금에 대한 점증하는 중요성, 사상의 변화로 인하여 프랑스 사회가 상당히 다양하고 복잡하게 되었다. 새로운 힘이 돋아남에 따라 법적인 테두리가 깨어질 위험에 처해 있었다.

농촌

우리는 우선 우리가 너무 자주 동질적이고, 거의 분화되어 있지 않다고 믿는 경향이 있는 대규모의 농촌 인구 내에서조차 조건들이 이처럼 다양하다는 것을 알게 되었다. P. 부아가 사르트 도에서의 농촌 인구에 대하여 작성한 표는 이를 잘 보여 준다.

이 도에서 특권 신분 대표들은 사람들이 그러리라고 생각하는 위치를 차지하지 못하였다.

——사제는 매주 일요일 그의 교회에 교구민들이 몰려드는 것을 보았다. "프랑스의 모든 다른 농촌보다 신앙이 더 깊지는 않았지만, 개방경작지로서 집단적으로 몰려 있는 마을에서는 이른바 세속적인 차원에서 사회적 접촉이 매일매일 이루어지고 있던 반면에, 여기에서는 모든 사회생활이 종교적인 색채를 강하게 띠었다. 매주 일요일, 읍(bourg)에 오르는 것——교회에 가는 것——은 그것이 촌락의 상대적인 고립에서 벗어나는 유일한 기회였고, 영적 생활의 싹을 갖는 것인 만큼 더욱더 충실하게 시행되었다." 그러나 주중의 다른 날에는 사제는 혼자였고, 신자들은 격리되었으며, 특히 경작자는 '그의 가족과 마을의 2,3명의 이웃 이외에' 다른 사람을 보지 못하였다. 한편 하위 성직자는 농민들로부터 사랑을 받았던 것으로 보이는데, 이는 '귀찮은 지주로' 간주되고, 또 사제와 부제들 자신도 반감만을 가지고 있던 그 지역의 많은 수도원의 수사들과는 대조적이었다.

——귀족 또한 우리가 이들 서부 지방을 상기할 때 일반적으로 귀족에게 부여된 위치를 차지하지 못하였다. 상층 귀족은 전적으로 존재하지 않았다. 예컨대 거류 귀족(noblesse résidente)은 절반으로 나누어져 있었는데, 일부는 르망에서 살았고 다른 일부는 시골에 있는 그의 성에 거주하였다. "결국 농민들이 있는 시골에서 토지 및 영주와 관련성을 가지고 있던 귀족은 5분의 1에 불과하였으며, 귀족의 5분의 2는 여전히 타지방에 거주하였다. 예컨대 47개 귀족 가문의 가장들이 2백61개 소교구의 토지에 분산되어 있었다. 면 전체와 심지어는 여러 개가 합쳐진 면에 귀족이 전혀 없는 경우도 있었다." 그러므로 귀족은 농촌의 생활에서 큰 역할을 할 수 없었다. 귀족이 있었을 때조차도 그들의 존재는

그리 방해가 되는 것으로 보이지 않았으며, 그리하여 사르트 도의 진정서에서 귀족에 반대하는 불만은 '참으로 미미한' 정도를 차지하였다.

——농촌의 소부르주아지는 거의 모든 소교구에 거주하였다. 예컨대 이들은 법조인들(공증인, 집달리, 왕이나 영주의 검찰관)과 그들의 일부인 귀족이나 교회 토지의 총괄징세 청부인들, 의사들, 그리고 '지주들'과 '부르주아', 즉 이른바 금리생활자들이었다. 이들 소부르주아지는 그 수가 많지는 않아서 각 소교구별로 평균 2,3명 가량이었다. 여기에다 상인들, 조금 더 수가 많고 보다 부유한, 특히 장인들을 데리고 일을 시키는 이들(이들은 다수였다)로서 아마포 상인들과 기업주들이 있었다.

——장인들이 가장 중요한 수를 차지하였다. 농업과 관련된 직종(제철공, 마구제조인, 수레 만드는 목수)이나, 혹은 사회의 기초적인 요구를 만족시키는 것과 관련된 직종(석공, 목수, 구두수선공)은 모든 교구에서 발견되었다. 때로 몇몇 읍에서는 그들이 인구의 다수를 차지하기도 하였다. 삼림지대에서는 나무와 관련된 일(톱으로 켜기, 통제조업, 선반 공장과 특히 나막신제조업)과 불과 관련된 산업들(대장간, 유리제조업, 요업)로 수많은 장인들과 수련공들이 생계를 꾸려 나갔다. 도처에서 아마포 제작을 독자적으로 운영하는 많은 수의 직조공이 종사하고 있었다. 그들은 아마나 혹은 대마와 같은 원재료를 구매하여 다른 노동자가 첫 번째 마무리를 하도록 하고, 그것으로 작업을 해서 아마포를 판매하였다. 그의 지하창고에 자리를 잡은 직조공은 그의 베틀을 작동시키고, 나머지 베틀에서 1,2명의 수련공이 일을 하는 것을 지휘하였다. 보다 더 조건이 좋은 몇몇은 3,4개의 베틀을 소유하였으며 때로는 그 이상의 베틀을 소유하기도 하였는데, 이들은 '일을 시키는' 제조업자 혹은 심지어 상인-제조업자의 신분이 되었다. 그러나 다른 이들은 오직 한 개의 베틀만을 소유하여 그의 부인과 아이들의 도움을 받아 작업하였다. 직조공의 상황은 매우 좋지 않았으며 18세기 후반에는 악화되었는데, 그 이유는 생활필수품과 원재료의 가격이 생산물 가격보다 빠른 속도로 올랐기 때문이다. 직조공은 여름 동안에 농민에게 고용되기 위하여 자신의 일을 멈추었다. 이 일시적인 노동에 의하여 벌어들이는 임금은 그

에게 필요한 것이었다. 그럼에도 불구하고 그의 운명은 비참하였다. "직조공보다 더 가난한 상태는 아마 없을 것이라고 르망의 제조업 감독관이 1780년에 기록하였다. 비록 가치가 별로 없다고는 하지만, 베틀을 가진 번듯한 방이 한 개라도 있다고 말할 수 있는 경우는 아마도 4분의 1도 되지 않을 것이고, 읽고 쓸 줄 아는 사람은 거의 없었으며, 혹은 적어도 아주 극소수에 불과하였다."

——산사람, 즉 벌목 인부·제재공·숯장이 등은 그 궁핍함이 직조공에 못지않은 농촌 인구의 또 다른 범주였다. 벌목을 위하여 단지 몇 주 동안만 한 곳에 정착하고 오두막집에 기거하며 계속적으로 이동하면서 자신들의 임금 이외에 다른 재원을 갖지 못하였으며 곡물 가격의 작은 상승에 좌우되던 그들은, 당대인의 표현에 따르면 "늘 비참하고 반항심이 강한 사람들"이었다. 그들은 관할 당국에서 두려워하였을 뿐 아니라, 심지어는 그들의 이웃인 농민들에게도 두려움을 주었다.

——농민들 내에서의 조건은 농촌에 거주하는 인구들 사이에서 만큼이나 다양하였다. 이 다양성은 당사자들이 완전히 감지하고 있었다. 예컨대 "1790년의 선거인 명부에서도, 타이유의 명부에서도, 혁명 이전의 호적부에서도 우리가 '농부'라는 용어를 발견할 수 없다는 것은 하나의 특징적인 사실이다. 반면에 우리는 자작농(혹은 fermiers), 차지농(bordagers, 혹은 남서부에서는 closiers), 날품팔이 일용직 노동자(jour-naliers) 등의 3개로 구분된 항목을 발견할 수 있다. 때에 따라서는 여기에다 포도 재배자를 추가하기도 하였다. 이와 같이 우리가 호적부와 혁명력 3년·4년의 선거인 명부에서 '농부'라는 언급을 발견하게 되는 것은 국민공회(Convention) 이후의 일이며, 이것은 변화의 한 징표이자 매우 특색 있는 것이다. 이 작성은 농부들이 애착을 가지는 분류를 무시하는 한 도시인에 의하여 이루어졌다."(P. BOIS)

자작농들은 수레를 끄는 말을 가지고 '쟁기질을 하고,' 이러한 노동력을 사용하는 데 필요한 만큼의 토지인 20헥타르 남짓한 토지를 전부 혹은 부분적으로 경작하는 농민들이다. 그들은 지주이거나 혹은 차지농이었으며, 혹은 일부 토지에 대하여 소작료를 지불함으로써 불충분한 토지를 보충할 때에는 지주인 동시에 차지농이기도 하였다. 5인의 농민 가족(아버지·어머니와 어린 나이의 3명의 자녀)의 부양에 필요한 최소한의 면적이 약 5헥타르라고 가정한다면, 이들은 혜택받은 사람들이었다. 실제로 그들은 생산물의 판매자였으며, 그러므로 18세기 후반기에 가격 상승의 움직임으로 이익을 얻은 사람들이었다. 그들은 일종의 농민 부르주아 계층을 형성하였으며, 그들의 위세는 그 부와 동산·능력에 의거하였다. 그들은 주인들이었고, 시골의 명사들이자 '마을에서 가장 멋있는 남자들'이었다.

차지농들(bordagers 및 closiers)은 소분할지 소유농이기도 하고, 차지농이기도 하며, 분익 소작농이기도 한 소경작자였다. 분익 소작이 흔히 차지보다 압도적이었으나, 우리가 자주 단언하는 것만큼 크게는 아니었다는 것은 의심할 바 없다. (흔히 사용되는 métairie라는 용어는 늘 분익 소작에 의한 경작을 지칭하는 것은 아니다.) 분익 소작에 의한 경작은 일반적으로 작은 면적을 가지고 하게 되며, 거의 생산적이지 못하였다. 즉 분익 소작농은 곡물을 아주 빈번히 구매하거나 빌리는 사람이었으며, 그리하여 가격의 주기적인 상승에 노출되어 불안정한 상황에 놓이게 되었다. 게다가 18세기에 비용과 세금이 무거워짐으로써 분익 소작농의 상황은 더 악화되었던 것으로 보인다.

자작농의 조건은 그의 경작 면적과 경제적 상황에 달려 있었다. 만일 수확된 것으로 그가 먹고 사는 것과 동시에 내다파는 것을 가능케 할 정도라면, 그는 장기간의 가격 상승에서 상당한 이득을 취하였다고 볼 수 있다. 그러나 이렇게 판매까지 가능한 농민은 예외적이었다.

대부분의 경우에 수확은 가족의 생계를 보장하기에도 충분치 못하였다. 수확고가 낮았다. 토지의 3분의 1이나, 혹은 그 이상이 휴경지로 남아 있었다. 종자로 남겨지는 것이 평균 총생산량 가운데 비교적 상당한 부분을 차지하였는데, 5분의 1이나 4분의 1 정도였다. 십일조와 봉건적 공납으로 10%를 추가하고, 나머지로 많은 수의 가족을 부양해야만 하는데, 그 수가 너무 많아서 일을 열심히 하여야 했다. 이 모든 가족은 일을 하건 하지 않건간에 더욱이 빵을 크게 축내는 자들이었다. 흉작일 때 얼마나 많은 '지주들'이 구걸을 하였는가?(E. LA-BROUSSE)

18세기말에 국세가 증가하고 십일조가 늘어났으며, 봉건적 공납이 증가하였기 때문에 모든 세금 부담이 견디기 어려웠는데, 흉작일 때는 수익이 감소하는 이유로 더욱더 견디기 어려웠다. 국세, 교회의 십일조와 영주의 부과조세에 영향받는 농민들의 불평은 한층 더 심하였다.

임금 노동자는 농민계급의 가장 아래쪽에 위치하였다. 이 사회적 범주는 그 자체가 매우 다양하였다. 예컨대 생산이 불충분함으로써 노동을 팔아 보충해야만 할 때인 흉작시의 일시적 노동자, 수확작업에 일손을 늘릴 때 필요한 계절 노동자, 분익 소작농, 차지농, 심지어 경작할 땅이 충분치 않는 지주들인 시간제 노동자 등이 그들이다.

토지의 일부분만을 가지고 있는 지주에게 생계의 핵심이나, 혹은 보조 수입을 부여하게 될 것이 바로 임금제도였다. 토지대장이나 지적부(地籍簿)에서 잘 보이는 농민 지주는 대부분의 경우 눈에 보이지 않는 임금 노동자의 위장에 불과하다. 이는 소분할지의 차지농 대다수의 경우에도 마찬가지이다. 소분할지는 여기에서 허울이나 덧붙이는 것에 불과하다. 높은 가격, 즉 18세기 동안에 2배가 되는 가격으로 임대되기 때문에 이 소분할지는 그것을 보유한 사람에게 생계의 일부분만을 가져다 줄 따름이다…… 동일한 농지에서 다양한 소유 형태나 혹은 다양한 경작 형태는 다양한 임금 노동자에 대한 추정을 가능케 한다.(E. LABROUSSE)

일용직 노동자임에도 불구하고 전일제 임금 노동자인 사람은 자기 일 이외에 다른 일을 하나 더 하는 것이 일반적이었다. 그는 주막 주인인 동시에 '산업에 종사하는' 장인이거나 운반업자일 수 있었다. 낮은 계급에서 직종의 다양성은 옛 직업사회의 규칙이었다. 일생 동안 고용주에게 붙어 있는 농장하인도 결국 임금 노동자였다.

결국 "오로지 자신의 노동력만으로 사는 전일제 노동자는, 당시의 매우 다양한 농촌 임금 노동자 가운데 소수만을 차지하고 있다"는 것이 현사회와 크게 다른 점이다.(E. LABROUSSE) 여기에다 가장이 유일하다고 과연 말할 수 있는가? 많은 경우 여성과 아동들이 가계 수입에 그들의 보조 수입을 보태었다. 예컨대 양모 제사공장과 일손 임대차는 아동 노동이 일반적이던 농촌에서는 예외가 없었다. 이러한 보조 활동이 계절적(포도 수확, 곡물 수확)인 것이라 하더라도 그것은 또한 지속적일 수도 있었다. 어린이들은 가족에게 그의 부담을 덜어 준다는 이점으로 인하여 가축떼를 지키기 위하여 고용되기도 하였고, 부인은 빨래를 하거나 혹은 시간제 노동을 하였던 것이다. "결론적으로 활동 형태는 매우 다양하였다"고 드 생-자콥은 쓰고 있으며, "제반 활동이 이미 도시적이었던 읍 근처에 사는 것이 좋았다"고 또한 강조하고 있다. 실제로 이러한 환경에서는 보조 활동의 수가 매우 많았으며, 또한 벌이가 매우 좋았다.

임금 노동제의 이러한 복잡성과 다양성으로 인하여 계급의식을 갖는 것이 다소 방해를 받는 것 이외에도, 이 사회 범주의 중요성에 대하여 명확하게 수적으로 평가하는 것 또한 어렵게 되고 있다. 통계의 부족에도 불구하고 농촌에서 그들의 수적 우월성에 대해서는 의심할 여지가 없다. 그들은 전농촌 인구의 5분의 3을 차지하거나, 아마도 18세기말에는 '인구 증가'와 소경작자의 상황 악화로 인하여 심지어는 증가하였다.

이들 모든 임금 노동자들은 노동력을 팔고 음식, 말하자면 무엇보다도 곡식의 구매자였다. 즉 그들의 물질적 조건은 임금과 물가의 움직임에 따라 결정되었다. 평균 임금률은 의심의 여지없이 18세기 동안에, 적어도 1730년대부터는 증가하였다. 이 상승은 대략 20% 정도인 것으로 산출된다. 그러나 동일한 기간 동안에 생활비의 상승은 훨씬 더 컸다. (식료품의 경우에는 약 50% 정도.) 임금생활자들의 구매력 하락이 매우 두드러졌으리라는 것은 확실하다. 기껏해야 이들 가운데 자신들의 임금의 일부를 현물로 받거나, 혹은 자신들의 고용주에 의하여 숙식이 제공되는 사람들에게만 그 영향이 완화되었다. 하지만 그들의 가족은 제대로 부양되지 못하였으며, 그들이 일을 하지 않았을 때는 그들 자신도 먹고 살지 못하였다. 여기에서 고용의 평균기간 문제가 제기된다. 당대인들은 농업 노동자들이 연간 2백 일 가량 일하였던 것으로 추정하였는데, 이는 결국 1년의 절반에 약간 못 미치는 기간이 실직상태였음을 의미하는 것이다.

또한 농업 노동자는 다른 모든 것보다도 그에게 보조 수입을 제공해 주는 '공동체적 제권리'에 결부되어 있었다. 예컨대 공동 방목지와 공유 재산의 사용으로 그들은 약간의 가축 사육이 가능하였으며, 그럼으로써 가족이 필요로 하는 우유와 유제품을 무료로 얻는 것이 가능하였다. 하지만 대지주는 울타리를 쳐서 그들의 재산을 보호하고자 하였으며, 영주는 공유지를 감시하였다. 18세기말에 일어났던 공동체적 제권리를 둘러싼 싸움의 결과는, 국가의 지원으로 부유한 자와 특권계급에게만 유리할 수밖에 없었다.

농촌의 임금생활자, 특히 일용직 노동자인 날품팔이꾼들의 비참함은 결코 의심할 수 없는 엄연한 사실이었다. 예컨대 "필연적으로 부랑자들일 수밖에 없는 그들과 걸인들과의 경계는 불명확하였다. 심지어 구걸하는 것이 ——아마도 매우 경기가 좋은 해를 제외하고는——정기적이고 정상적인 그들 수입원의 일부를 구성하고 있는 것 같다."(P. BOIS) 흉작이었을 때, 정확하게 말해 식량이 엄청난 비율로 비싸졌을 때, 이들은 실업의 처지에 내몰렸다. 그리하여 농촌을 돌아다니는 일련의 걸인 무리들이 구성되어, 개인적인 자선이나 혹은 공공 부조가 그들에게 필요한 것을 마련해 주는 데 완전히 실패하였을 때 '부유한 자'를 협박해서 필요한 것을 얻었다. J. P. 귀통은 최근의 연구에서 이러한 가난과 방황·유랑 현상들에 대해 분석하였다. 그가 모델로 삼은 것은 우선 리옹 사람들이었으나 그 경향은 일반적인 현상이었다. 사실 도시에서나 농촌에서나 "가난한 자들의 기본적인 특징은 여유분이 없다는 것이었다. 사람들은 일상적인 생활에 필요한 것을 겨우 만족시킬 수 있는 가구와 옷가지만을 가지고 있는 것이 전부였다. 평상적인 해조차 서민은"

생존조건의 사소한 악화에도 좌우되어 "빚의 그물에 빈번히 걸려드는 것 같다." 그리하여 모두가 걸인·유랑자·낭인들의 대열에 합류하게 된다. 더욱이 유랑민의 거의 대다수는 "농촌을 떠난 사람들"(GUTTON)이었으나, 이들 "유랑민들은 농촌과 도시를 방황하였다."(GOUBERT) 두려움과 공포의 근원이자 민중 '소요'의 예비군으로서 항상 소요를 일으킬 준비가 되어 있는 전사들이었던 그들은, 농촌을 두려움에 떨게 하였으며 혁명 이전의 소요에서 매우 중요한 역할을 하였다. 왜냐하면 1780년대에 앙시앵 레짐의 사회-경제적 구조의 경직성의 결과로 평소에도 매우 많았던 그들의 수는, 인구 증가와 특히 경제 위기로 인하여 한층 불어났기 때문이었다. 우리는 파리 지역 농촌에서의 그들의 압력에 대하여 이미 알고 있는데, 여기에서는 군대가 그들을 억누르고 1788-1789년에 수송대를 보호하는 데 지쳐 버렸다. 랑그독 지방에서도 마찬가지의 모습이었다. 예컨대 "농촌에서 약탈과 도적질이 놀라운 규모로 창궐하였다. 이 현상은 새로운 것은 아니었으나 1780년부터 가속화되었다. 피작 지역에서부터 퓌 지역에 이르기까지 도처에서 산적이 조직되었다."

민중 소요 가운데 가장 눈에 띄는 형태였던 유랑민들은 소요를 악화시키는 데 결정적인 방법으로 기여하였다. 그러한 이유로 극도로 혼란하였던 10여 년에 뒤이어서 민중 소요가 1789년 여름 동안에 '대공포'와 복잡하게 얽혀서 절정에 달하게 되었고, 국민의회 의원들이 8월 4일 밤의 결정을 통하여 해결하려고 하였던 농민 문제의 존재가 의원들에게 명확하게 이해되었다.

도 시

사회적 지위는 도시에서 훨씬 다양하였는데, 그 이유는 도시에서의 직업이 커다란 부를 가능케 하였으며, 동시에 부자들은 적어도 1년에 일정 기간 동안은 농촌에서보다는 도시에 사는 것을 더 좋아하였기 때문이다.

그러나 도시들 자체도 그들의 기능에 따라서 다양성을 보였는데, 이것은 5만 명 미만의 거주민이 있는 중간 정도 규모의 도시들에서 선택된 몇 가지 예를 보여 주는 것으로 충분할 터이다.

── 몽토방은 2만 5천에서 2만 8천 명의 거주민을 헤아렸다. 그러나 이 작은 도시는 산업이 매우 활기를 띤 활동적인 곳이었다. 예컨대 대다수가 프로테스탄트인 2백50에서 3백 가구의 손에서 1백여 개의 모직물 공장이 운영되었다. 공직에서 제외된 신교도 실업가들은 언제라도 있을지 모르는 박해에 대한 두려움으로 토지 구매의 유혹에 넘어가지 않고, 그들의 기업 활동을 최대한으로 발전시켰다. 어떤 이들은 그들의 사업에 60만 리브르에 이르는 액수를 투자하기도 하였다. 이들 '도매상인-제조업자'들은 몽토방에서 훌륭한 지위를 차지하고 있었다. 화려한 저택에 살면서 그들은 살롱·음악회·연극·피크닉이나 수렵 등으로 사회생활을 활력 있게 하였다. 훌륭한 그림에 대한 애호가들이었던 그들은 그림을 주문함으로써 '몽토방의 화가들'이 생계를 꾸려 나가게 하였다. 신교도인 상층 부르주아지 위에는 상층 귀족에 속하며 왕의 대리인인 지사와, 7만 리브르의 수입을 가지고 있는 주교가 있을 뿐이었다. 이 두 고위 인물을 제외한 공직자나 성직자들은 사업가 부르주아 계층들과 부를 겨룰 수 없었다. 민중계급에 관하여 말하자면 그들은 산업 활동에 종사하거나, 도매상인-제조업자에 종속되어 있어 지방 상업 또는 좁게는 지역 상업에 관련되어 있거나, 그렇지 않으면 정원사와 양조직공처럼 농촌 활동에서 완전히 벗어나지 못한 상태에 있었다. 몇몇의 마스터들이 상대적으로 부유하였다면(그들 가운데 1천 명 정도가 낮은 부과율이기는 하였지만 인두세 명부에 등록되어 있었다), 동업조합의 수련공이나 직물업에 종사하는 '소년들'의 생활은 비참하였다. 세금을 내지 않는 가난한 자들의 수를 우리는 여전히 알지 못하고 있다. 하지만 그들의 수는 많았던 것으로 추정된다.

── 반면에 렌은 대규모 산업도 없고, 중요한 상업도 없는 도시였다. 그럼에도 불구하고 렌은 몽토방보다 더 많은 거주민(약 3만 2천 명)을 거느리고 있었다. 여기에는 꽤 많은 수의 성직자가 있었으며 ── 6백여 명 가량이었다 ── 도시 부동산의 절반 이상을 소유하고 있었기 때문에

부유하였던 반면 혈통 귀족은 거의 없었다. 렌은 특히 행정도시, 고등법원 소재지인 이유로 법복 귀족과 고위 공직자가 첫번째 위치를 점하고 있었다. 부(富)의 제1순위는 재계 인사들(왕령지의 징세관은 상당한 액수에 달하는 6백 리브르의 인두세를 지불하였다)과 고등법원 판사들이었다. 존경의 제1순위는 법복 귀족과 법조계 인사들, 특히 고등법원의 검사들이었다. 이들 지배적인 범주 아래에는 왕실 행정이나 브르타뉴 신분회 행정 공무원들·자유 직업인들, 그리고 금리생활자들이 중간 부르주아지를 형성하였는데, 그들의 처지는 매우 다양하였다. 상인 부르주아 계층은 거의 중요하지 않았는데, 그들은 아주 부유하지도 않았을 뿐만 아니라 자신의 일을 위하여 거의 전적으로 상층 부르주아지·성직자, 그리고 귀족에 의존하여야 했기 때문이었다. 그 아래 수공업자나 동업조합에 가입되어 있는 장인들은 극히 예외적인 경우를 제외하고는 보잘 것 없는 상황에 있었을 따름이다. 맨 아래 계층에는 어떠한 조합 형태도 취하지 못한 소(小)직종들의 수공업자들과, 특히 여성들의 직종들(세탁부, 수놓는 사람, 뜨개질하는 사람, '스타킹 제조업자,' 헌옷을 수선하는 사람, 야채 상인, 우유 장수)에 종사하는 자들은 수련공들이나 임금 노동자들과 더불어 시가의 옛 지역과 읍내에 모여든 상당히 비참한 인구를 구성하였다. 인두세 명부에 기록되지 못할 정도로 가난한 사람들의 경우, 우리는 그 중요성을 정확하게 평가할 수 없지만 "도시가 아마도 구걸하는 처지에 빠져 버린 수천의 사람을 포함하고 있다고 생각하는 것이 경솔한 것은 아니었다."(H. Séе)

—— 5만 명 정도의 거주민이 있는 도시였던 툴루즈는, "18세기에 산업 활동에서보다는 행정·상업·숙박업으로 훨씬 더 재산을 모았다." 툴루즈의 사회 구조는 상층의 부유한 귀족과 하층의 비참한 군중으로 상당히 대조적이었던 것으로 보인다. 6개의 툴루즈 시 행정관직 가운데 하나를 위하여 1790년에 만들어진 능동 시민의 명부에 대한 분석을 통해서, 실제로 5가구당 겨우 2가구의 가장만이 이 능동 시민의 조건을 충족시키고 있음을 알 수 있다. 이 조건은 적어도 3일간의 노동에 해당하는 세금(약 3리브르에 해당하는)을 지불하는 납세자에 해당된다. 오직

제3신분만을 다루고 있는 또 다른 연구는 프롤레타리아를 54%로 산정하고 있다. 따라서 툴루즈 인구의 약 절반이 연간 3백 리브르의 수입을 갖지 못하며, 거의 곤궁에 처해 있다고 간주하는 것이 전혀 과장된 예는 아닐 것이다. 다수가 수련공·견습공·서기·사무원·가내하인, 그리고 하찮은 일들로 생활하는 사람들로 구성되어 있었다.

'공예'의 마스터 범주에 속하는, 자신들의 생산수단을 소유하고 있는 장인들은 인구의 5분의 1에 약간 못 미치는 정도였다. 그들의 수입은 3백 리브르에서 4천 리브르까지 다양하였으나, 그들 가운데 대다수는 1천 리브르의 수입이 안 되었다. 거의 동일한 숫자의 상인들도 수입이 비슷한 비율로 다양하였는데(3백 리브르에서 4천 리브르), 앞의 예와 반대방식으로 배분되어 있다. 예컨대 그들 가운데 3분의 2가 1천 리브르 이상의 수입을 벌어들였던 것이다. 도매상과 상인들, 또한 여인숙 주인 등이 바로 가장 부유한 자들이었다. 식료품 상인들은 상태가 훨씬 덜 좋았으며, 술집 주인·카페 주인·돼지고기 장수, 그리고 불고기 장수 등은 평균 수입이 5백 리브르 이하였다.

약제사·의사·집달리, (재판소의) 서기와 심지어는 대부분의 변호사들이 일반 상인들보다 결코 상위에 있지 못하였지만, 자유업에 종사하는 부르주아 계층들은 보다 더 부유하였다. 자유 전문 직업에 종사하는 부르주아 계층의 평균 수입은 3천 리브르에 달하였지만, 몇몇 큰 직책의 직함을 가진 사람들은 5천 리브르를 넘었다. 그들은 툴루즈의 상류사회에 거의 근접하였다.

이 상류사회는 귀족적인 것으로서 예컨대 혈통 귀족과 법복 귀족, 혈통 귀족(gentilshommes)과 고등법원 법관(parlementaires)들은 거의 동수(1789년 인두세 명부에 있던 2백4명의 귀족 가운데 1백12명이 고등법원의 관료)였다. 이 시기에 툴루즈의 모든 고등법원의 법관들은 귀족 출신이었다. 두 귀족 신분간의 혼인에 의한 결합은 흔한 일이었다. 예를 들면 수석고등법원장 캉봉은 후작 리케 드 봉르포의 딸과 결혼하였는데, 그 재산이 1760년에 2백만 리브르 이상으로 툴루즈에서 비길 데가 없었고. 고등법관들의 급료는 1년에 3천에서 6천 리브르였으며, 수석고등법원장은 2만 리브르였다. 귀족의 평균 수입은 8천 리브르였다. 그러므로 처지는 거의 비슷하였다. 툴루즈의 귀족이 1년에 8개월을 그의 성 안에서 살며, 그의 영지에서의 수확이 그의 평균 수입의 5분의 3에 해당되는 시골의 혈통 귀족이었다면, 부유한 고등법관은 여름을 시골에서 보내기 위하여 그의 업무를 자발적으로 줄였다. 고등법관처럼 혈통 귀족도 자기 자본의 일부를 도시 혹은 지방 삼신분회가 발행하는 채권, 그리고 법정채에 투자하였다. 즉 툴루즈에서 금융시장은 귀족의 수중에 있었다. 결국 이 모든 것이 겨울철과 3월 생-마르탱 축일의 사교생활을 부추겼다. 사람들이 불신하고 두려워하는 파리 생활과 단절된(파리는 젊은이들을 타락시키는 도시이다) 매우 지방적인 사교생활이었으나, 그렇다고 해서 연극·살롱·연회와 무도회, 그리고 심지어는 도박도 빠지지 않았다. 이는 또한 빚을 지지 않으며, 과도한 소비를 하지 않는 부르주아의 도덕으로 물든 사교생활이었다. 사람들은 훌륭한 가장으로서 그의 재산을 관리하였으며 생활 규모를 제한하였다. 즉 소수의 수행자와 소수의 하인을 썼는데, 6개월 늦게 급료를 지불함으로써 매우 적절한 가격을 지불하였다.

이 귀족적인 도시에서 사회적 격차는 상당하였다. 귀족의 평균 수입은 부유한 상인과 금리생활자, 혹은 변호사의 2.3배는 되었으며, 장인 수입의 16배, 그가 자신의 토지에서 고용하는 시종장(maître-valet) 급료 액수의 60배는 되었다.

이와 같이 귀족계급의 경제력은 압도적이었다. J. 상투는 그의 논문에서 귀족계급이 몰락시에 동산의 실질적인 값어치의 53%, 금리 가격의 68에서 85%, 농촌 재산 값어치의 71%, 주식 가치의 92%를 관리하고 있었다고 강조하였다. 귀족이 부유하다는 것의 필연적인 귀결은 부르주아 계층의 재산이 하찮다는 것이다. "보르도나 리옹 혹은 님에서와 같이 툴루즈에서는 재정적으로나 정치적으로 말해서, 왕당파와 산악파의 제휴에 반대하여 홀로 정면으로 대항할 수 있는 연방주의적인 지롱드의 대부르주아지가 없었다. ……우리는 귀족이 부유하다는 것을 알고 있었다. 하지만 그들이 이 정도였는지는 결코 감히 믿으려 하지 않았다."

짤막하게나마 보르도를 관찰하는 것이 보다 더 흥미로울 것이다. 툴루즈와 여러 가지 점에서 현저하게 대조된다. 여기에서는 도시의 인구 증가가 매우 강하였던 18세기에 인구 정체나 혹은 부분 정체가 전혀 없었다. 그렇기는커녕 꾸준한 속도로 증가되어(연 4% 이상 증가), 보르도의 인구는 1715년에 약 5만 5천 명에서 1790년에 11만 명이 되었다. 이민이 본질적인 역할을 한(그리고 사회적으로 매우 다양한 이민) 이와 같은 2배의 인구 증가는 더 다양한 사회 구조와 관련이 있었다. 확실히 다른 지역과 마찬가지로 여기에서도 귀족과 서민의 격차가 상당하였다. 그러나 여러 가지 점에서 보르도 사회의 이미지는 다른 도시보다 훨씬 더 복잡하였다. 도매업의 중요성이 여러 원인 가운데 하나였다.

툴루즈에서와 마찬가지로 우선적으로 고등법관이며 '성(城)'에 견고하게 의지하고 있던 귀족 계층이 가장 부유하였다. 예컨대 "1782년에서 1784년에 있었던 귀족의 혼인 재산 계약 35건 모두가 1만 2천8백 리브르를 넘어섰다. 그 가운데 4분의 3은 5만 1천2백 리브르를 넘어선 반면, 도매상인의 경우 겨우 21%만을 넘어섰다."(J. -P. Poussou, *Histoire de Bordeaux*, tome V) 그러나 그럼에도 불구하고 주요한 사실은 도매업의 발전이었다. "18세기 중엽 2만 5천6백 리브르 이상을(결혼할 때) 가져온 사람은 도매상이 17명이었던 데 반하여, 변호사는 4명, 고등법원 판사 5명, 귀족이 13명이었다. 1782년에서 1784년 사이에는 도매상의 수가 43명으로 늘어난 반면 변호사 5명, 의원 11명, 귀족은 21명이었다." 결국 보르도의 부는 다른 도시들을 능가하였으며, 파리에 비교해도 거의 손색이 없었다.

이러한 부의 중요성과 성장을 통해서, 아마도 우리는 대조에 의하여라기보다는 사회적 격차의 다양한 정도에 의하여 더욱 강한 인상을 받음을 알 수 있다. 즉 그것은 한편으로 상인·자유 직업인·부르주아·마스터-장인의 일부와 같은 중간 계층의 중요성이며, 다른 한편으로는 다양한 사회집단 사이를 구분하는 어려움인데, 그 가운데 장인 세계는 매우 중요한 부분을 이루며(인구의 45% 정도가 확실하다) 접점, 즉 상층과 하층이 만나는 지점으로써 나타났다. 이 장인 세계는 "안락함, 때로는 심지어 부유함과 가난 사이를 끊임없이 오갔다." 지주인 장인들도 여기에서 빠지지 않았다. 예컨대 우리는 심지어 단순한 수련공들까지도 18세기말에 약간의 땅을 사서 집을 짓는 것을 보았다. 하지만 다른 면에서 보면 불안정과 여유분의 부재가 그들의 몫이었다. 사람들은 그들의 일부(특히 제화공과 재단사)는 부유하다는 것과는 거리가 멀었던 마스터와 장인들에서 소직종의 프롤레타리아로, 그리고 이 프롤레타리아에서 최하층 및 걸인 부류로 아주 뚜렷한 구분 없이 이동하였다. 다른 관점에서 보면, 우리는 보르도 노동자 세계의 전통적인 양상을 관찰하게 될 것이다. 즉 목재 관련 직종과 통제조업이 여전히 지배적이었기 때문에 많은 장인들은 전혀 근대적이지 않았고, 오히려 그 반대였다. 그리하여 이미 진행된 사회 구조는 경제 구조의 변화에 부응하지 못하였다.

——18세기초에 이미 그 교외 지역들을 포함해 약 11만 명을 헤아렸으며, 혁명 직전에는 15만 명에 근접하였던 리옹은 단지 왕국 제2의 도시였을 뿐 아니라 왕국에서 가장 큰 산업도시이기도 하였다. 견직 노동과 견직 상업의 우세는 그곳에 매우 독특한 성격을 부여하였다. M. 가든은 그의 논문에서, 견직 노동자수의 증가가 50년 사이에 약 2배가 될 정도로 매우 빨랐음을 보여 주었다. 이들 견직 노동자들의 상황은 매우 어려웠는데, 그 이유는 가난보다는 불안정성 때문이었으며 '일용품의 부족'보다는 그들 고용의 불확실성 때문이었다. 통상적으로 그들은 매일 고기를 먹었으며, 담배를 사고 가발을 썼다. "분명히 곤궁한 현실이 존재하였으나, 그것은 단지 상황이 어려웠던 일부 기간이었다. 여유분이 부족한 것은 견직 노동자들 가계의 가장 특징적인 점이며, 이것은 아주 작은 위기가 닥쳤을 때 그들의 상황이 극적인 상황이 되는 것을 설명하기에 충분한 것이었다." 그러나 "우리가 적어도 유복하다고 말할 수 있는 일부 견직 노동자의 공동체도 존재하였다. 예컨대 1750년에서 1789년 사이에 그래도 지참금이 2천 리브르 이상이 되는 결혼 계약이 11%나 있었던 것이다."

1789년에 리옹 노동력의 40%를 집결시킬 정도로 견직물업이 지배적이었다고는 하지만 다른 활동 분야도 중요하였다. 예컨대 직물업과 의류업이 노동력의 16%, 모자제조업이 9%, 건축업이 마찬가지로 9%, 제화공과 식료품업이 7%를 차지하였다. 견직물업과 같은 이러한 장인 계층에서는 긴 도제기간에 의하여 양성되고, 세심한 통제에 복종하는 소수 인원의 작은 규모로 된 작업장이 지배적이었다. 마스터의 숫자가 많았던 것은 견직물업에서 뿐이었다. 왜냐하면 "견직물업의 수련공 노동자는 실질적으로 고유하고 자율적인 존재가 아니었다. 그것은 단지 도제기간과 마스터 단계의 과도기적 상태일 따름이었다……. 견직물업의 수련공 노동자는 미래의 마스터였다." 이 생각을 확실하게 하기 위하여, 우리는 반대로 건축업 전체에서 마스터의 수는 이 직종에 종사하는 전체 인원의 5분의 1에 미치지 못한다는 것을 지적할 수 있다. 견직물 제조의 이러한 특색은 리옹의 주요한 독창성 가운데 하나였다.

반면에 마스터의 재산과 수련공의 재산 사이에는 상당한 격차가 있었다. 더욱이 이 차이는 18세기 동안에 더욱 커졌다. 주로 '새로운 리옹 사람'들로 구성되어 있는 서민들의 상황은 다른 곳보다 더 나을 것이 없었다. 일용직 노동자의 4분의 3이 리옹 이외 지역 태생이었으며, 10분의 9가 그들의 혼인 재산 계약에 1천 리브르를 가져오지 못하였다. 결국 다른 지역에서와 마찬가지로 리옹에서도 1만 리브르 이상을 가져오는 혼인 재산 계약의 절반 이상을 구성하고 있는 도매상인 및 상인들은, 10만 리브르 이상을 가져오는 혼인 재산 계약의 28% 이상을 대표하지 못하였다. 보르도나 혹은 툴루즈에서와 마찬가지로 "대자산의 경우, 도매업 세계는 관료 세계와 귀족 세계에 한 단계 미치지 못하였다." 그것이 바로 "리옹의 부의 명백한 모순이었다. 즉 도매상인의 자본 안에는 귀족의 막대한 자산이 있는 것이었다."

파리

그러나 사회적인 격차가 수도에서만큼 큰 곳은 어디에도 없었다. 민중 구역에서 귀족들의 구역인 마레까지, 포부르 생-탕투안에서 포부르 생-제르맹, 그리고 물론 베르사유까지 생활 수준의 단계는 끝없이 펼쳐져 있다.

우리는 "1만 5천 개나 되는 궁정의 정식 직무와, 그와 마찬가지 숫자인 왕실의 은총에 의한 기식자들로 우글거리는 베르사유의 궁정"을 알고 있다. 이 궁정은 일반 사람들의 눈에 비생산적인 쓸모없는 계급이 왕국의 부를 독점하고 있는 상황의 상징이 되었다. 1785년에 1억 3천7백만 리브르의 현금이 왕실 재정에서 지출되었는데 여기에는 기업주에서부터 총괄징세 청부인까지, 왕이나 혹은 관청들의 호의를 얻는 것을 알선하는 궁정 조신들에게 각자가 쏟아부은 웃돈과 '배당'이 추가되어야 할 것이다. 궁정 귀족의 수입은 그것이 아무리 막대한 양이라 하더라도, 그들이 익숙해진 사치스러운 생활을 영위하도록 하는 데 충분치 않다는 것은 사실이었다. 즉 그들은 별 걱정 없이 파산하였으며, 빚에 둘러싸이는 것이 좋은 품위를 유지하는 것이었다.

또한 우리는 파리에서 법복 귀족들과 재정가들이 궁정 귀족과 부를 경쟁할 수 있었다는 것을 알고 있다. 덜 경박하고 훨씬 더 교양이 있었던, 예술가들과 문인들의 후원자였던 그들은 돈을 헤프게 쓰는 사람이 아니었다.

하지만 만일 우리가 이들 잘 알려진 범주를 넘어서서 분석을 하고자 하고 파리에서 재산의 서열을 평가하고자 한다면, 확대된 통계적 연구를 수행해야만 한다. 1749년 한 해 동안 파리의 공증인들에 의하여 작성된 2천5백 개 이상의 혼인 재산 계약을 낱낱이 조사한 것을 기초로 한, 《18세기 파리의 사회 구조와 사회적 관계》의 표를 제시하기 위하여 1961년에 A. 도마르와 F. 퓌레가 하였던 것이 바로 그것이었다. 계약에 명기된 대로 혼인시 가져온 재산을 연구한 바에 따라, 이 책의 저자들은 "1749년에 그 결혼생활을 시작하는 한 세대에 대한 단면을 통하여 파리 사회의 이미지"를 얻었다.

실제로는 재산의 가장 낮은 수준은 잘 나타나 있지 않다. 명백한 이유로 비록 파리 사회의 최하층과 거주지가 뚜렷하지 않았던 주민에 포함된 모든 사람들이 분석에 빠져 있다 하더라도, 다양한 사회-직업적 범주를 구분하는 것은 가능하다.

하층에는 산업 및 상업 임금 노동자가 있었다. 그들 가운데 대다수 (74%)는 혼인시 가져온 재산이 5백에서 5천 리브르였으며 나머지는 5 백 리브르 이하로서, 그것은 단지 옷가지와 몇몇 가구의 가치를 나타내 는 것에 불과하였다. 가장 가난한 사람들은 일용직 노동자들과 파리의 다양한 하찮은 일들을 하는 '도부꾼'이었다. 이어서 가게의 종업원인 '사환'이 뒤를 잇고 있으며, 다음에는 상점 점원과 조금은 혜택을 받은 동업조합의 수련공 다수가 있었다.

가장 낮은 수준의 장인들(임시 고용 재단사 및 가내장인), 그리고 가내 하인들은 수련공들과 잘 구분되지 않았다. 그들의 혼수 재산도 마찬가 지로 5백에서 5천 리브르 정도였다. 반면에 마스터들과 상인은 매우 쉽 게 이 5천 리브르의 한계를 뛰어넘었는데, 그들은 결혼에 막대한 규모, 즉 때로는 5만 리브르에 이르는 커다란 액수를 가져왔다. 파리의 장인 들과 상인들 가운데 부유한 계층은 이러하였다. 하나의 숙련된 기술을 갖거나, 혹은 가게를 소유하는 것으로 여유가 생기는 것이다.

5만 리브르 이상으로는 국채 혹은 사채 수입으로 사는 '파리의 부르 주아', 자유 전문 직종에 속하는 사람들, 의사, 변호사, 왕실 행정업무 종사자, 그리고 그들의 관직을 구매한 관직 보유자 등과 같은 사람들이 있었다. 이들은 때로는 수십만 리브르에서 1백만 리브르에 이르는 상당 한 재산을 소유하고 있었다. 우리는 여기서 평민의 부의 실체를 파악하 게 된다. "일반적으로 관료들과 그들의 아내들은 혼례봉채에 거액의 돈 을 가져오는데, 이는 최고 수준에 있는 파리 제3신분의 가장 부유한 측 면을 보여 주는 것이다."

마지막으로 귀족은 서열의 가장 높은 위치를 차지하고 있었다. 즉 그 들의 4분의 3 이상의 경우, 지참금이 5만 리브르 이상이었다. 이 이하 로는 그들의 자산에 대한 수입으로 '귀족적으로 사는' 몇몇 귀족이 있 을 뿐이었다. 그러나 법복 귀족과 군직(軍職) 종사자들은 모두 다 5만 리브르에서 1백만 리브르와 그 이상에 해당하는 재산을 가지고 있었다. 통계적 연구를 통해서 귀족의 부와 파리 및 보르도·리옹, 혹은 툴루즈 와 같은 프랑스 대도시의 사회 구조에서 그들이 차지하는 위치에 대하여 우리가 이미 알고 있는 것이 입증된다.

3· 결론

　재산 정도와 생활조건이 아무리 다양하다 하더라도, 앙시앵 레짐 말기 프랑스 사회의 몇 가지 일반적인 특징들이 분석을 통해서 밝혀지고 있다.
　——도시와, 특히 수적으로 압도적인 농촌의 대다수 민중은 불확실한 삶을 살아가고 끊임없이 빈곤에 시달리고 있었다. 그들의 생활은 불확실성의 특징을 띠고 흘러가고 있다. 즉 농업 기술이 아직 기후의 변덕에 영향을 받지 않을 수 없었던 당시에 수확과 생계에 대한 불확실성, 농업 위기가 수공업과 산업 분야를 잠식하면서 실업의 전면화를 촉진하게 될 때, 특히 팽창하는 인구가 탄력성 없는 시장에서 노동의 수요를 증가시키는 순간 고용에 대한 불확실성이 있게 된다. 한 마디로 말하자면 어려운 시기에 동요와 불만을 불러일으켰던 생활 수준의 불확실성이 그것이다. 그리하여 다수의 민중은 십일조, 봉건적 공납, 세금 등 그들의 생활수단을 감소시키는 모든 것에 대하여 비난하였다. 그러나 그들은 이러한 즉각적인 요구를 넘어서서 사회 질서를 문제삼지는 않았다. 그리고 그들이 이념적으로 부르주아 계층에 의존하였다고는 하지만, 부르주아 계층들의 모든 열망을 전적으로 공유하고 있던 것은 아니었다. 그들로서는 종종 빈곤에 대한 보호책이 되는 농촌에서의 공동체적 제권리와, 도시에서의 동업조합 조직에 가해질 수도 있는 침해를 두려워하였다.
　——비록 이질적이기는 하였으나 부르주아 계층은 경제의 동력원이었다. 그리하여 그들은 생산력 발달을 방해하는 통제와 구속에 대항하고 나섰다. 예컨대 그들은 자유와 개인주의를 주장하였다. 그들은 사회적 상승에 대한 장애물과 특권층에 대항하고 나섰다. 왜냐하면 부르주아 계층의 불만을 야기시킨 것은 생활 수준의 불확실함이 아니라, 바로

그들의 열망이 억제되었기 때문이다. 폐쇄적인 귀족에 맞서서 '귀족 스노비즘의 악화'에 대항해 싸우고 있던 부르주아 계층은 권리의 평등을 주장하고 있었다. 더욱이 그들은 이념적으로 잘 무장하고 있었으며, 교육의 발전 덕택에 부르주아 계층에게 하나의 철학을 제공해 주는 '지식인들'의 가르침을 받을 수 있었다. 이 철학은 부르주아 계층의 철학이지만 받아들이는 것을 매우 주저하는 사람들을 끌어들이고, 일부 '개화된' 귀족을 합류시키는 것을 가능케 한 철학, 모든 사람에게 다 유효한 것으로서 보편화되고자 하였던 철학이었다.

——귀족은 또한 반항적이기도 하였다. 특권계급이자 부유한 계급이었던 그들은, 자신들의 고유한 이데올로기와 그것을 수행할 수단을 가지고 있었다. 이 이데올로기는 '전제적' 왕정, 즉 귀족계급의 자유를 몰수하고, 그들의 후견에서 벗어나 그들에 대항해서 새로이 작위를 받은 새 지배계급을 만들어 낸 루이 14세의 전제군주제에 대항한 복수의 이데올로기이며, 바로 소송 절차의 전문가들인 고등법원 법관들에 의하여 정리된 행동수단이었다. 왕권을 약화시키고 왕에게 삼신분회 소집을 강요함으로써, 귀족은 1788년 여름 동안에 절대왕정을 파괴하기에 이르렀다. 그러나 권력의 위기로 인하여 그들이 통제할 수 없는 힘, 즉 '귀족혁명'을 부르주아 계층과 민중혁명으로 대체할 힘이 폭발하게 되었다.

II

산업사회를 향하여

대혁명의 커다란 정치적 사건들은 심각한 반목, 즉 앙시앵 레짐 사회의 서로 다른 계층이 참여하는 사회적 투쟁을 보여 주고 있다. 귀족은 군주제의 '전제주의'를 분쇄하려는 시도를 함으로써 최초의 충격을 가하였는데, 대혁명이 1787년에 시작되었고 그 첫 국면이 귀족혁명으로 이루어졌다고 말할 수 있는 것은 바로 그 때문이다. 그러나 귀족은 매우 급속히 한계에 이르게 되고, 추월당하게 되며, 급기야는 패하게 되어 마침내 권력 밖으로 밀려나게 되었다. 이어서 등장하는 것은 부르주아 계층인데, 우선 자유 전문 직업인들과 지식인들이 길지 않은 기간 동안이지만 '법조인들의 혁명'을 이룩하였고, 다음에는 지롱드 당원을 중심으로 한 대부르주아지와 중부르주아지들이, 그리고 마지막에는 자코뱅과 산악파 당원들인 파리의 소부르주아지들이 혁명을 추진하는 세력이 되었다. (농촌에서의 대공포(la Grande Peur) 일화와 도시에서 일시적으로 일어났던 상-퀼로트 운동을 제외하면) 민중 계층은 자율적인 활동을 벌이지 않았다. 여러 부르주아 계층의 다양한 당파들이 조종하는 혁명적 폭력의 도구로 자주 이용되었다.

제국이 성립되자 부르주아들은 나폴레옹을 그들의 보호자이자 지도자로 간주하였다. 나폴레옹은 '모든 당파' 위에 군림하기를 바랐다. 바꾸어 말하면 이는 사회의 모든 계층의 지지를 바란 것으로서, 출신 성분에 상관하지 않고 그에게 봉사하려는 모든 이에게 기대고자 하였던 것이다. 이것이 바로 그가 '정직한 사람들(honnêtes gens)'만을 인정하겠다고 선포하였을 때 의도하던 바였다.

나폴레옹이 이룩한 대제국이 붕괴되고 전통적인 사회의 옹호자인 구(舊)유럽 군주들이 혁명적 프랑스에 승리를 거둠으로써, 반(反)사회혁명의 모습을 취하게 될 가능성이 있는 왕정복고의 길이 갑작스럽게 열리게 되었다. 대혁명의 패배자들에게는 1815년이 복수를 할 수 있는 좋은 기회처럼 보였다. 그러나 외교적·군사적, 그리고 정치적 조건이 그들에게 유리하였다고 하더라도 경제적인 상황과 여론은 이제 더 이상 예전과 같지 않았다. 자유주의의 발전과 산업혁명의 전개로 인하여, 18

세기의 번영에 의하여 오래 전부터 이미 혜택을 받고 있던 부르주아 계층에게 새로운 기회가 제공되었던 반면에, 토지에 기반을 둔 사회로 돌아갈 기회는 적어졌던 것이다.

1. 대혁명의 패배자들 : 귀족과 성직자

제3신분과 특권계급과의 투쟁에서 후자가 패하였다. 즉 특권이 철폐됨으로써 각 개인들은 평등한 위치에 놓이게 되었으며, 이제 법은 그가 프랑스인이라는 점만을 고려하였다. 대혁명은 무엇보다도 시민적 평등을 이룬 혁명이었으며, 조신이나 관리 등의 신귀족 창출과 가톨릭만을 '프랑스인 대다수'의 종교로 인정하게 하는 정교 협약(Concordat)의 적용 등, 제국시대에 역행하는 모습을 보여 주기는 하지만 혁명으로 이룩한 성과를 문제삼지는 않았다. 사회적 서열은 이제 부(富)에만 그 근거를 두었다.

——귀족과 성직자는 그들의 특권을 상실하면서 봉건적 공납이나 십일조와 같은 그들 재원(財源)의 일부도 동시에 잃었다. 성직자는 전재산의 국가 귀속(1789년 11월 2일)으로 인하여 그의 모든 자산까지도 다 잃었는데, 귀족들 중 일부 —— 망명 귀족 —— 도 이와 마찬가지의 운명이었다. 사실 모든 귀족이 다 외국으로 떠난 것은 물론 아니었으며, 상당수의 망명자들은 친척이 프랑스에 남아 있어서 그들의 재산이 몰수당하지 않도록 하는 데 성공하기도 하였다. 마지막으로 성직자의 일부는 국가조직 기본법 조항(Articles organiques)에 의거하여 국가가 그들에게 부여하는 봉급에서 상당한 보상을 얻었다. 그래도 어쨌든 모든 권리를 박탈당한 옛 특권계급은 그들의 재산에 있어서 심각한 타격을 받았다.

——또한 그들은 위신을 일부 상실하였다. 성직자는 성직자 민사기본법(Constitution civil, 1790년 7월 12일) 채택 이후 그들의 분열로 구경거리가 되었으며, 정치적 영역으로 외도를 함으로써 그 위신을 상실하

였다. 선서사제와 선서를 거부한 사제가 대립될 수 있다는 것이 이미 신도들에게는 하나의 스캔들이었다. 선서기피자들이 반(反)혁명주의자들의 음모에 가담한 것이 '애국자들'을 자극하는 것일 수밖에 없었던 한편, 선서사제들의 태도가 혁명을 반대하는 자들에게는 결코 참을 수 없는 비굴한 타협으로 보여졌다. 혁명기간 동안에 성직자의 충원은 고갈되었는데, 이는 그리 놀랄 만한 것이 아니었다. 그러나 정교 협약 이후 몇 년 동안에 구체적인 장애물이 제거되었음에도 불구하고, 충원이 여전히 어려운 상태에 있었던 것은 의심할 바 없이 성직자직의 위신이 땅에 떨어졌기 때문이었다.

그러나 혁명을 거치면서 귀족의 위신은 성직자보다 훨씬 더 심하게 약화되었다. 우선 망명자들은 그들 스스로 민족에서 제외되었다. 즉 국경을 넘음으로써, 그리고 외국의 군주들에게 봉사함으로써 애국자들의 눈에 그들은 반역죄로 비난받아 마땅하였다. 아마도 나폴레옹에 의한 사면이 그러한 가혹한 판결을 경감시켰으며, 결국은 시간이 그것을 해결하여 주었다. 그러나 귀족의 위신은 여전히 다른 면에서도 손상을 입었다. 과거에 귀족은 전쟁의 미덕을 상징하였다. 혁명기간 동안에 귀족의 군직(軍職)과 그 화려함은, 부르주아 계층과 심지어는 민중과 같은 다른 사회계급에 의하여 대체되었다. 일단 군사적 위신이 상실되었을 때, 대검 귀족은 더 이상 그 존재 이유를 갖지 못하였다.

나폴레옹의 패배로 옛 특권계급에게는 그들이 원하던 복수의 기회가 주어졌다. 왕정복고와 지방 귀족 대표들이 대거 득세한 유례 없는 하원의원 선거는 그들이 부활할 수 있는 조건을 창출하였다.

이러한 권력으로의 복귀로 갑작스럽게 귀족계급이 받아들여지지는 않았다. 여러 가지 시련들로 성숙해진 귀족계급은 단순히 앙시앵 레짐으로 돌아가는 것 이상의 복원을 오랫동안 기다려 왔다. 그들은 옛 시절과 유사한 왕정, 즉 소설화된 혹은 낭만적인 역사를 그들에게 보여주었던 중세의 왕정을 꿈꾸었다. 그것은 선한 왕 앙리 때처럼 아버지와 같은 온정이 넘치고 특권집단의 위계질서에 기반을 둔 왕정, 그리고 무엇보다도 특권과 기능을 되찾은 귀족과 그들의 권리와 재산을 회복한 교회에 기반을 둔 전제적이지 않은 왕정이었다. 그들이 볼 때 왕정복고는 단지 정치적이어서만은 안 되고 사회적이기도 하여야 했다. 사회는 자연적 불평등에 바탕을 두어야만 하였는데, 이는 신이 그렇게 권위와 세습을 토대로 사회를 창조하였기 때문이다. 그러므로 사회는 계약적이지 않은데, 왜냐하면 인간은 의무만 있을 뿐 권리는 없기 때문이었다.

그러한 이상을 실현하기 위해서는 그들과 생각을 공유하지 않는 모든 사람들을 권력에서 배제시켜야 하였고, 귀족의 지배를 확고히 해야만 하였다. 이것이 바로 약 15년간의 왕정복고 기간 동안에 다양한 방법을 이용하여 얻은 것, 혹은 얻고자 시도하였던 것이다.

가장 먼저 귀족의 존재를 인정하게 하였다. 예컨대 헌장 71조는 다음과 같이 명시하고 있다. "구귀족은 그들의 작위를 되찾고, 신귀족은 그것을 고수하며, 왕은 임의대로 귀족을 만들 수 있으나 그것은 세금 부담이나 사회에 대한 의무에서 일체 면제됨이 없이 단지 신분이나 명예에 대해서만 인정하는 것이다." 그러므로 이는 특권 없는 귀족, 그리고 심지어는 그 자신의 서열을 존중하도록 할 수 있는 수단조차도 없는 귀족이었다. 구귀족이 왕의 인가장이나 공문서에 의해 정식으로 허가받은 작위를 가지고 있는 경우는 많지 않았는데, 1815년 성년에 도달한 귀족들은 대부분이 1789년에도 아직 어린아이에 불과하였기 때문에 그러한 것을 갖고 있지 못하였다. 그리하여 그들은 왕에 의하여 공식적으로 임명되는 공작의 경우를 제외하고는 자신들의 마음에 맞는 작위를 취하였다. 일부 귀족들은 왕의 새로운 공문서로 신(新)작위를 공식화하였으나 이러한 합법적 방법에 호소하는 것을 소홀히 하는 경우가 많았으며, 법적 근거 없이 단지 '예의상의 작위(titres de courtoisie)'로 불리는 것에 만족하였다. 앙시앵 레짐하에서는 결코 없었던 이름에 de를 붙여 사용하는 것이 의미를 얻게 된 것은 바로 이때였다.

귀족에게 있어서 부의 근원을 이루었던 것은 토지였다. 봉건적 공납에서 오는 수입이 없어지게 되자, 그들은 이제 자신들이 가진 부동산을 고수하고 유지하는 것과 잃어버린 부동산을 되찾는 것에 각별한 관심을 기울였다. 그것은 국유 재산에 대하여 문제를 제기하는 것이었다. 매각되었던 망명자의 재산은 그 옛 소유주에게 반환될 것인가? 왕에 대한 그들의 충성심 때문에 약탈당하였던 망명자들은 그렇게 되기를 기대하였다. 그러나 루이 18세는 귀족들에게 만족을 주게 되면 그들이 왕에 대항하여 일어날 것이며, 그것은 왕정에 대한 요지부동의 적을 만드는 것임을 깨달았다. 그리하여 그는 귀국하자마자 소유권 양도가 불가능하다는 것을 선포하였다. 그러나 희생자들에게 변상을 해줄 방법을 몇 가지 찾는 것이 전혀 불가능한 것은 아니었다. 국가가 즉각적인 환불의 부담을 감당할 수 없었기 때문에(손실을 보상하도록 되어 있는 부동산의 총액은 10억 프랑 정도로 추산되었다), 빌렐 장관은 명목상 자본 10억 프랑의 이자 3%에 해당하는 3천만 프랑을 국채 형태로 옛 소유주들에게 보상금을 지불하는 것을 고안(1825년 2월)하였다. 그런데 실제로는 주식 시세가 하락하면서 이 자본을 국채로 환산할 때 6억 2천만 프랑이 되었다. 그래도 그 총액은 여전히 상당한 액수여서 수혜자가 이러한 목적으로 그것을 이용한다면, 장기적으로 귀족의 대토지 소유를 재건하는 것이 가능할 수 있었다. 그것을 아는 것이 가능하다고 할지라도, 그들이 흔히 그것을 원하였던 것 같지는 않았다. 1815년 이후 귀족의 토지 소유는 혁명 이전만큼 널리 퍼져 있지 않았다. 그러나 그것은 여전히 상당한 규모였는데, 특히 일부 지역, 예를 들면 외르 도와 같은 곳에서 그러하였다. 외르에서는 "대부분의 귀족 가문이 그들의 부와 영향력을 완벽하게 행사하고 있었다…… 각 마을마다 성(城)은 정치적·사회적 중심지였고, 코뮌의 다양한 활동은 성을 중심으로 해서 이루어졌다. 성주의 부인과 그의 딸들에 의하여 베풀어지는 구제(secours)는 사실상 시골에서 알려진 유일한 형태의 구빈 활동이었다. 지역적 전통들은 영주의 대저택에 대한 추억을 간직하였는데, 이 대저택에서는 하인의 전가족이 고용되었으며, 여기에 매우 쓸 만한 극빈자들이 사소한 일들에 대한 대가로 영주의 자비로 보장되는 집과 식기를 제공받았다. 흔히 마을의 장이었던 귀족은 그들의 선조들과 약간 격세지감이 있기는 하지만, 그래도 여전히 정치적 지도라는 오랜 습성을 계속해서 유지하고 있었다."(J. VIDAIENCE)

그리하여 귀족은 그의 작위와 토지 재산으로 인하여 사회적인 영역에 그의 힘을 발휘할 수 있었다. 정치적 영역에 대한 영향력은 훨씬 더 뚜렷해서 그들이 거의 독점하다시피 하였다. 토지세가 선거권을 얻기 위한 납세금액의 핵심을 이루고 있었기 때문에 납세 유권자 선거제도는 귀족들에게 더욱 유리하였다. 프랑스인 중 유권자수는 겨우 9만 명이었고, 그 중에서 피선거권이 있는 사람은 1만 6천 명에 불과하였다. 또한 선거는 행정당국의 압력, 특히 선거가 여러 날 지속될 수 있었기 때문에 더욱 효과적인 압력에 노출되어 있던 극소수의 시민만이 관심을 가졌다. 여기에서 지주 귀족은 주요한 역할을 하였으며, 하원의원에 선출되는 경우도 많았다. 1816년초에 하원을 구성하던 총 3백81명의 의원 가운데 1백76명이 귀족이었는데, 그 중에서 73명이 전에 망명하였던 이들이었으며, 1821년에는 귀족의 비율이 58%를 넘어서기조차 하였다.

귀족계급은 왕정복고 기간 동안 자신들의 동조자와 피보호자, 즉 1814년과 1815년 사이에 나폴레옹 제국을 배반한 정치인들, 자신들의 이해와 신념이 왕정에 연결되어 있는 부르주아와 변호사들의 도움으로 정치권력을 계속해서 통제하였다.

관리직 또한 거기에서 예외는 아니었다. 먼저 고위 관리직의 경우 정부로서는 이 가공할 만한 힘을 확실히 믿을 수 있는 자에게 맡길 수밖에 없었기 때문이다. 또한 이는 하위직의 경우에도 마찬가지였는데, 그것은 정치적인 것과는 거리가 먼 다른 이유 때문이었다. "그들의 지위를 유지하는 데 있어서 이제 더 이상 왕의 은혜를 누리지 못하였던 귀족 가문들은 보수를 받는 모든 것, 심지어 구귀족들이 체면 손상을 우려하여 받아들일 수 없다고 생각하던 직책에 대한 우선권을 얻고자 국가의 예산을 간청하였다. 그리하여 많은 귀족들이 헌병장교·치안판사·세리(稅吏, percepteurs)·수납인·감사관·내각 사무원·도로관리인, 심지어는 우체국장 등의 직책을 담당하였음을 보게 된다. 프랑스 근대사에서 처음이자 마지막으로 출생과 작위에서 비롯되는 위신이 정치력·행정력과 결합되었다."(Bertier DE SAUVIGNY) 이러한 공무원들은 스스로 공복(公僕)임을 보여 주었는데, 우리는 "이 시기보다 적은 정치적·재정적 스캔들이 있었던 것을 결코 본 적이 없다"는 것을 깨닫게 된다. 그러나 우리는 국지적인 차원에서 볼 때 부와 명성, 그리고 국가의 이름으로 말할 권리를 동시에 가졌던 한 사회 계층에게 부여된 힘이 얼마나 컸을지를 상상해 볼 수 있다. 그들이 재판권을 가진 경우도 잦았다. 그 이유는 1830년 혁명에 뒤이은 숙청이 보여 주는 것처럼 사법관의 직책이 정통주의자들(더욱이 그들은 모두가 다 귀족에 속하였던 것이 아니었고, 귀족이 아니고도 정통주의자가 될 수 있었다)에 의하여 지배되었기 때문이다. 새 정부는 74명의 검찰총장과 검사대리, 2백54명의(제국하의) 검사와 검사대리를 파면하였다. 정부가 재판관의 종신적 신분 보장에는 손을 대지 않았으나 약 1백 명 가량이 서약을 거부하고 떠났다. 나머지 사람들은 1830년 이후 그들의 정통주의적 견해를 계속해서 표명하였다.

그러므로 지주 귀족은 정치·행정·사법의 모든 권력에 대한 자신들의 영향력을 공고히 하였다. 그들은 또한 가톨릭이 국교였던 시기에 성직자가 보유하였던 정신적 힘을 이용함으로써 자신들의 우월성에 우호적인 여론을 창출하고 유지할 방법에 전념하였다. 게다가 성직자는 자신들이 필요로 하였던 물질적 활동수단을 국가로부터 기대하였기 때문에 어떠한 동맹이라도 맺을 준비가 되어 있었다. 일부 성직자들은 보다 더 많은 것을 요구하였는데, 예를 들면 툴루즈 주교와 같은 사람은 주교의 서한에서 그가 교회의 정당한 요구라고 평가하는 것을 다음과 같이 열거하였다. 즉 시민법이 아닌 교회법의 적용, 호적을 기록하는 일을 성직자에게 반환할 것, 지방의 교구회의와 종교회의 및 정교 협약에 의해 없어진 종교 축제 휴일, 종교재판소, 수도회, 성직자의 재정적 독립을 보장하는 성직자 기부금제도 등의 부활, 국가조직 기본법 조항의 폐지 등이다. 그것은 곧 앙시앵 레짐의 성직자로 복귀하기를 원하는 것이었다.

왕정복고기의 성직자는 앙시앵 레짐의 성직자와는 달랐다. 하지만 이전처럼 고위직의 성직자는 귀족들로 구성되었다. 1815년과 1830년 사이에 임명된 90명의 주교 가운데 70명이 귀족이었다. 즉 '출세한' 주교가 있었다. 주교직은 혁명 직전처럼 전적으로 명문 귀족 가문의 귀족으로만 구성되지는 않았다. 지방의 말단 귀족은 물론이고 약간의 서민에게도 그 길이 열려 있었다. 그밖에도 그의 위엄 있는 행실, 성직자직의 본분에 대한 열중, 그리고 이미 교회에 등을 돌리고 있었던 인민 대중을 종교의례로 다시 돌아오게끔 하려는 의지 등에서 앙시앵 레짐의 고위 성직자와는 달랐다.

인민 대중을 그리스도교로 돌아오게 하기 위하여 고위 성직자는 주임사제들과 외근사제들의 활동·교육·포교 등 여러 가지 수단을 사용하고자 하였다.

1815년에 하위 성직자는 여전히 매우 어려운 상황에 처해 있었다. 혁명기간 동안에 성직자의 충원이 거의 중단되었으며, 정교 협약 이후에도 매우 완만하게 이루어진 한편(제국하에서 연평균 5백 번의 서품식이 있었다) 당시 총 3만 6천 명이었던 성직자 중에서 대다수는 앙시앵 레짐하에서 양성되었으며, 혁명에 의해 혼이 났고 인민 대중이 교회에 흥미를 잃은 것에 실망하여 용기를 잃어버린 노인들이었다. (5분의 2 이상이 60대였다.) 그러나 부흥을 위한 강력한 노력이 국가의 뒷받침하에 이루어졌다. 즉 1814년 6월 10일 법령(ordonnance)은 교회에 대한 기부를 용이케 하였고, 10월 5일 법령은 주교로 하여금 각 도에서 대학의 통제를 받지 않는 교회 학교를 열 수 있게 하였으며, 1817년 법에 의해서는 교회 시설에 의한 부동산 소유가 허가되었고, 특히 종교 예산이 증가하여 왕정복고 초반에서 말기로 가면서 1천5백만 프랑에서 3천3백만 프랑이 넘음으로써 주임사제·외근사제, 그리고 부제의 보수가 현저하게 증가될 수 있었다. 성직자의 충원도 놀랄 만큼 발전하였는데, 연간 서품식수는 1815년에 1천에서 1820년에 1천5백으로, 1828년에는 2천으로, 그리고 1830년에는 마침내 2천3백57번에 달하였는데, 이것은 가히 기록적인 것으로 이후에도 그에 도달한 적이 없는 숫자였다. 신진사제의 쇄도와 노인들의 높은 사망률의 영향으로 인해서 왕정복고기의 성직자는 괄목할 만큼 젊음을 되찾았고, 이 추세는 19세기 중반까지 계속되었다. 이들 신진사제들은 어떠한 효용성을 가졌는가? 주로 농촌 출신으로 교육 수준이 열악한 신학교에서 양성되어, 소교구 신자들에 의해서 존경받지는 못하였지만 그래도 비교적 타당한 대우를 받았던 이들 19세기 전반기의 사제는 혁명 이념이라는 '시대의 불행' 탓에 종교가 쇠퇴하였다고 자연스레 한탄하게 되었고, 과거로 돌아가는 것, 즉 정교의 결합을 새롭게 하는 것만이 해결책이라고 생각하게 되었으며 결국은 반혁명의 열성지지자가 되었다. 1830년 혁명과 그에 이은 반교권주의의 급성장에 의하여 막막해진 그들은 침묵 속에 피신하였고, 이제 신에 의하여 정통적인 왕조가 복귀하기만을 기다렸다.

종교 교육 활동이 효과를 발휘하기 위하여는 대학이라는 수단을 통하여 국가가 차지하였던 독점을 없애야 하였다. 이것이 바로 일부 가톨릭이 깨달은 바였다. 그러나 대학의 독점을 교육의 자유화로 대체한다는 생각은 주교들을 두렵게 하였는데, 앙시앵 레짐의 교리에 의하여 양성된 그들은 이 자유를 새로운 위험으로 인식할 수밖에 없었다. 오히려 그들은 대학을 교회의 영향하에 두고자 노력하였다. 1822년에 프레시누 주교가 교육부 장관에 임명되었고, 1824년에는 새로이 창설된 '교회 및 공교육부(ministère des Affaires ecclésiastiques et de l'Instruction publique)'가 그에게 맡겨졌다. 프레시누는 '왕립중학교'가 된 옛 고등학교의 우두머리에 성직자와 수도사들을 임명하였다. 교사와 행정직을 사제로 채우고, 사립 기숙학교를 '전과정을 설치한 중학교(collège de plein exercice)'로 바꾸었던 것이다. 그러나 성직자들이 젊은이에게 영향력을 크게 미칠 수 있었던 곳은 특히 소신학교(小神學校)에서였다. 이들 소신학교의 성공, 그 중에서도 특히 교사의 질을 인정받았던 예수회가 운영하는 학교는 귀족과 부르주아의 자제들이 대신학교(大神學校)에 입문하기 위해서가 아니라 질적인 문화수업과 종교 교육을 받기 위하여 가는 중등교육기관이 되었다. 이렇게 해서 지도자 계급의 종교로의 회귀가 준비되었다.

선교를 위한 노력은 여러 방향으로 시도되었다. 1801년에 창설되었다가 제국기에 해산, 왕정복고와 더불어 다시 빛을 보게 된 신앙단체인 —— 그 유명한 성모회(Congrégation) 구성원들에 의하여 창립된 ——

종교단체들이, 1822년 리옹에서 창설된 독자적 단체인 신앙보급협회(So-ciété pour la Propagation de la Foi)가 비슷한 시기에 하였던 것과 마찬가지로, 한편으로는 가장 가난한 사람들을 포섭하려 하거나(자선협회/Société des Bonnes Œuvres) 혹은 젊은이나 학식 있는 시민들을 겨냥하여 구성되었으며(교육협회/Société des Bonnes Études, 후자를 위한 것은 양서가톨릭협회/Société Catholique des Bons Livres로서, 이것은 매해 80만 권의 저작물을 배포할 수 있는 능력이 있었다), 심지어는 일반 대중(가톨릭옹호회/Association de la Défense de la Religion Catholique)에 이르기까지 그 영향력이 미치도록 노력하였다. 그러나 가장 효과적이었다고는 할 수 없다 하더라도 가장 잘 알려지고 극적인 포교 업적을 이룬 것은 '선교활동(Missions)'이었다. 1816년 12월 15일 법령으로 허가를 받은 프랑스선교협회(Société des Missionnaires de France)는, 1816년 5월 5일 낭트에서 첫번째 전도를 시도하였다. 그곳에서의 성공으로 민간당국과 군당국의 도움을 받아 대대적인 대중 시위를 동반하는 원대한 전교운동이 모든 지방에서 시도되도록 하는 계획이 만들어졌다. 선교사들은 종종 종교적 영역에서 정치적 영역으로 벗어나는 것을 두려워하지 않았는데, 예를 들면 혁명으로 인한 능욕과 죄를 속죄하는 의식을 주재하였다. 선교사들의 극단성은 맹렬한 반발을 불러일으켰으며, 이로 인하여 성직자가 왕당파적인 행동의 가장 극단적인 형태에 우호적이라는 견해가 퍼지게 되었다.

그러므로 1830년 혁명은 부르봉 왕가와 가톨릭 성직자 모두에게 심한 타격을 주었던 것 같다. 사실상 성직자는 왕권과 교권이 동맹하였던 시절에 차지하였던 지위를 결코 되찾을 수 없었다. 7월왕정 초반의 몇해 동안에 교회에 대한 정부의 태도는 일반적으로 적의에 찬 것이었고, 왕정 말기에 화해가 있기는 하였으나 그것은 혁명적 소요를 염려하였던 루이 필리프가 성직자를 사회 질서를 유지하기 위한 효과적인 보조자로 간주하였기 때문에 이루어진 것이었다. 제2공화정의 부르주아 보수주의자들이 성직자들의 지지를 추구하였던 것(팔루 법안, 1850년 3월 15일)과, 전제적 제국 시기 동안 나폴레옹 3세가 그들에게 한껏 은혜를 베풀었던 것도 동일한 이유에서였다. 그러나 성직자의 역할은 이제 가톨릭교도들을 기존 질서에 대한 복종과 순응 속에 유지하기 위한 정부의 보조자이자 권력의 대리인에 불과하였다.

게다가 성직자들의 영향력은 1830년 이후 계속해서 약해져 갔던 것으로 보인다. 파리의 노트르-담 성당에서의 라코르데르회의의 성공이 보여 준 1835-1840년의 종교적 부흥은, 교육을 받은 젊은이들의 가톨릭으로의 회귀라기보다는 신앙이 아닌 종교적 감정에 대한 욕구인 지적 불안을 나타내는 것이었음은 의심할 여지가 없다. 어쨌든 그것은 성직자 충원의 점진적 증가를 가져오는 것이 아니었고, 오히려 그 반대였다. 1830년 이후 서품식수는 해마다 정기적으로 감소해 1841년부터는 1817-1818년 수준으로 떨어졌다. 그리고 성직자가 양적으로 잃은 것을 질적으로 되찾았다는 것을 증명해 주는 것 또한 전혀 없었다. 성직자는 종교에 다소 적대적이기도 하고, 혹은 교회의 칠성사(七聖事)보다는 미신과 밀접하게 결합되어 금욕이나 성지순례 등의 몇몇 규칙을 준수하는 것에 훨씬 더 집착하는, 순응주의에 빠진 농민들의 망탈리테(mentalités)에 제대로 대응할 줄 몰랐다. 그들은 산업혁명이 도시로 쏟아낸 새로운 노동계급에는 영향을 미칠 수 없었다. 왜냐하면 주교들은 새로운 사회 문제를 단지 도덕적 문제로만 이해하였고, 가난을 통탄하기만 하였을 뿐 사회부정의(社會不正義)를 지적하지 못하였으며, 무엇보다도 종교인이었던 그들은 자선을 실행하는 것 이상의 해결책을 생각해 내지 못하였다.

1830년 혁명 이후 귀족의 쇠락은 성직자가 겪은 것보다 훨씬 더 현저하였다. 그리하여 다음과 같이 묘사될 정도였다. "그 계급이 그렇게 쉽사리 격리되도록 스스로를 가만히 내버려두었다는 것에 놀라움을 금할 수 없다. 우리는 그들이 어떤 한 시기에 프랑스 사회에서 최고의 역할을 하였던 것을 보았다. 그리고 그 다음 순간에 그들은 이제 더 이상 아무것도 아니다. 그렇게 빠르고 완전하게 사라져 간 예는 역사 속에서 그리 많지 않다. 다른 데에서는 급격한 동요도 있었고, 저항도 있었다. 여기에서는 단지 수락과 체념뿐이었다."(J. LHOMME)

재속 (在俗) 성직자

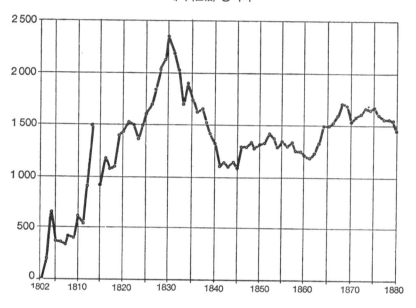

출전: F. BOULARD, *Essor ou déclin du clergé français?* Editions du Cerf.

귀족층은 그들이 자율적 활동을 시도하기에는 혁명으로 인하여 너무 심하게 타격을 받았으며, 그들이 1815년에 권력을 되찾기는 하였으나 그것은 무력에 의한 것, 보다 정확히 말한다면 외국 군대의 힘에 의한 것이었다는 점을 감안할 때 귀족들의 이러한 체념은 그리 놀라운 일이 아닐 수도 있다. 뜻밖의 사건과 민중의 전반적인 무기력의 결과로 그들은 몇 년간 패권을 잡을 수 있었으나, 파리에서 일어난 또 다른 무력 행위인 7월혁명으로 귀족층이 이룩한 것이 무너졌을 때, 지방의 그 어느곳에서도 부르봉 왕조를 지키기 위하여 군대가 일어나지 않았음이 관찰될 수 있었다. 그들의 허약함은 2년 후 베리 공작부인의 음모가 완전히 실패하면서 확실히 드러났다. 이제 귀족은 더 이상 정치권력을 잡을 수 없을 것이었다. 그들에게 유리하였던 1850년과 1873년의 상황에서도 그들의 여러 음모는 실패할 것이었다.

귀족이 단지 다소 고립된 지방세력으로만 남게 되는 것은 바로 1830년 이후였다. 실제로 그들의 영향력은 면(面, canton)의 범위를 넘어서지 못하였다. 이 줄어든 영역 안에서 정통왕조파의 대지주는 보통선거 체제에서 그에게 면의회의원 자리를 안겨 줄 수 있게 하는 정도의 지지자를 가지고 있었다. 그러나 군(郡, arrondissement)의 범주는 그에게는 이미 너무 넓어서 국회의원 의석은 차지할 수 없었다. 단지 서부와 중부의 몇몇 지역만이 이 관례에서 예외적으로 벗어나 있었다. 제2공화정, 제2제정, 그리고 제3공화정 초기의 의회에서 의석을 차지하였던 '정통왕조파' 의원들의 대다수가 이곳에서 배출되었다. 정치투쟁에서 귀족은 이제 현체제를 파괴하는 것이 아니라, 필요할 경우 그에 대한 반대세력을 증가시키게 하도록 기여하는 세력 정도에 불과하였다.

　이와 같은 귀족의 정치력 약화의 가장 큰 요인은 경제적 영역에서 그들이 퇴보한 결과라고 생각할 수 있다. 귀족의 경제력은 그의 부동산에 기초하고 있었다. 그런데 장 롬므가 잘 보여 주고 있듯이 "그들의 부는 절대적인 감소와 상대적인 감소를 동시에 겪고 있는 중이었다." 절대적인 감소라 함은 귀족들이 비교적 오랫동안 그들의 토지에 살기는 하였으나, 그를 개선하기 위한 노력은 하지 않았기 때문이다. 상대적인 감소라 함은 "1830년부터 토지에서 얻어지는 수입은 이제 더 이상 가장 중요한 것이 아니었으며, 그 이외의 것, 즉 기업·은행, 그리고 일반적으로 사업(affaires)을 통한 수입이 나타나고 있었기 때문이다."

　그런데 귀족은 사업에 별로 흥미가 없었다. 그들의 이러한 혐오는 심리적이고 이념적인 유산에서 비롯되는 것이라고 흔히 말하여진다. 즉 앙시앵 레짐에서 귀족이 어떤 일에 종사함으로써 특권이 상실되는 법조항이 철폐되었음에도 불구하고, 귀족들의 사고에서는 아직도 사업 세계는 그들의 모든 이상에 대한 부정을 상징하는 것으로 남아 있었다.

　실제로 우리는 19세기에 어떤 특정 귀족 가문들이 커다란 기업들의 이사회의 명부에 실려 있다면, 그들이 매우 뛰어난 가문일 경우가 매우 드물었다는 점과 그들이 어떤 활동 분야이거나 상관없이 선택하지도 않았다는 점을 주목할 수 있다. 예를 들면 가장 활동적이고 돈벌이가 되는 사업인 금융사업에서는 귀족들을 결코 찾을 수가 없다. 르쿠트뢱스 드 캉틀뢰를 제외하고는 그 어떠한 귀족도 프랑스은행의 창설에 참여하지 않았다. 총재·부총재·이사의 명단을 보면 초반에 제국의 귀족들을 약간 볼 수 있을 뿐이고, 대귀족 가문의 이름은 훨씬 후대에 가서야 보게 된다. 프랑스신용은행(1879), 로마은행(1881), 그리고 특히 그 파산이 커다란 물의를 일으켰던 유니옹 제네랄 등의 귀족 은행들이 창설되는 것은 19세기말에 가서였다. 그러나 귀족은 보험업과, 알자스와 로렌지역의 금속이나 중부와 남부에서의 광산업 등의 사업에 매우 일찍 관심을 기울였다. 귀족이 사업에 뿌리를 내리게 되는 것은 흔히 결혼을 통해서였다. 우리는 19세기말에 부유한 미국인 상속녀들이나 유태인, 혹은 부르주아 계층들과의 이러한 결혼이 매우 유행하게 된다는 것을 알고 있다.

우리는 귀족의 사업 개입이, 요컨대 매우 제한되어 있기는 하지만 앙시앵 레짐의 사업 형태를 고수하고 있다는 것을 알게 될 터이다. 금속과 광산은 귀족들이 특권을 상실함이 없이 관여할 수 있는 활동이었던 것이다. 보험회사들이 이미 1789년 이전에 번성해 있었으며, 귀족들은 거기에 은밀하게 자본을 투자하였던 바 있었다. 당시에 타산적 결혼은 별날 것이 없었다. 사람들은 흔히 법복 부르주아지들이었던 부유한 상속자들과 기꺼이 결혼하였다. 왜냐하면 이들 부르주아 계층은 많은 재산을 보유하고 있었기 때문이다. 19세기에는 사업을 통하여 막대한 재산을 만질 수 있었다. 그리하여 귀족들이 혼인을 통한 결합을 구하였던 곳도 바로 이러한 사업하는 부르주아 계층 가문이었다. 그러나 그들이 재산 상속자들과 혼인을 하였다고는 하나 그것이 그들이 시대에 순응하였다는 것은 아니다. 1830년 이래로 그들은 결코 금융 가문이나, 혹은 기업 가문을 창출하지 않았다. 그들의 눈에는 사업 세계로의 개입은 우연이거나, 혹은 잠정적 필요에 의한 것에 불과하였던 것이다.

귀족들의 이러한 태도는 귀족 자신들에게만 영향을 미치지 않았다. 그것은 다른 사회 계층은 아닐망정 적어도 그것을 존중하고 따라야 할 하나의 모델로서 간주하는 몇몇 부류에 의해서 모방되었던 것이다. 이러한 태도는 그들에게 귀족의 편견을 물려 주었다. (그들이 권력에서 제외되는 순간부터 비롯되는) 더럽고 타락한 활동으로 간주된 정치에 대한 경멸과 사업에 대한 불신, 대기업 자본주의에의 부적응 등이 바로 그것이다.

2. 혁명의 수혜자 : 농민과 부르주아 계층

농민

그 이전에도 그랬지만 대혁명 이후에도 프랑스는 여전히 본질적으로 농업국가였으며, 그 상태로 오랫동안 남아 있게 된다. 왕정복고 말기에 농업 총생산은 공업 총생산의 3배 이상이었고, 제2제정 초기에도 여전히 2배 이상이었으며, 양쪽의 균형이 이루어지는 것은 19세기말에 가서였다. 상속세 연차 통계가 이 수치를 입증하고 있다. 1826년에 부동산이 상속 재산의 66%를 차지한 데 반하여 동산은 33%였으며, 동산이 토지 재산과 균형을 이룬 것은 1896년에 와서였다. 게다가 우리는 농업 인구가 19세기 중반에도 여전히 총취업 인구의 약 절반 이상을 차지하였다는 것을 알고 있다.

대혁명은 그 수적인 면에서 모든 다른 사회 계층을 훨씬 능가하는 계층인 농민의 운명을 어느 정도로 변화시켰는가? 대혁명의 농업 개혁은 널리 알려져 있다. 봉건제 폐지, 국유 재산 매각과 공유지 분할에 의한 토지 소유주의 증가, 공동체적 제권리의 제한과 경작 및 상업 자유의 선포로 인한 소유권의 확대 등이 그것이다. 그렇다면 그러한 개혁의 효과는 과연 무엇이었는가?

——봉건적 공납과 십일조로부터의 해방은 꽤나 절박하였던 농민들의 요구를 반영하는 것이었으므로 우리는 그 수익자들의 만족을 쉽게 상상할 수 있다. 그러나 모든 농민이 다 혜택을 받은 것은 아니었다. 토지세(redevance foncière)의 폐지로 인하여 많은 혜택을 얻은 것은 단지

토지 소유주들이었다. 분익 소작농 및 차지농들은 제헌의회(Constituante) 와 입법의회(Législative)에 의하여 채택되었던 일련의 조치들의 적용 으로 인하여, 임대 계약을 더 심하게 한 토지 소유주에게 더 많은 금액 을 지불해야만 하였다. 임금 노동자들의 경우는 전혀 혜택을 받지 않은 것이 명백하였다.

　——그러나 국유 재산의 매각으로 부동산이 없던 사람들은 토지를 획 득할 수 있게 되었으며, 부동산을 충분히 가지고 있지 못하던 이들은 그들의 소분할지의 상황에서 벗어날 수 있게 되지 않았는가? 중요한 문제는 궁극적으로 대혁명이 농촌에 끼친 사회적 영향력이었다. 여전히 이 문제에서 명확한 대답을 제시하는 것은 불가능하다. 왜냐하면 여러 가치 있는 연구에도 불구하고, 우리는 몇몇 지방 이외에는 매각 활동에 대한 명확한 결과를 알지 못하기 때문이며, 매우 다양한 지역 상황 때 문에 일반화하는 것도 정당하지가 않기 때문이다. 그럼에도 몇몇 특징 들이 이미 나타나고 있었다.

　우선 국유 재산이 모두 매각되지 않았다는 것은 분명하였다. 매각되 지 않은 재산은 제국 시기와 왕정복고기에 반환을 요구하던 옛 소유주 들에게 돌아갔다. 또한 매각된 국유 재산이 모두 농민들에 의해 구입되 지 않았다는 것도 틀림이 없다. 망명 귀족들 스스로가 타인의 명의로 되사기도 하였다. 많은 부르주아들이 구매자로 나섰다. 특정 지역에서 는 그들이 가장 많은 양을 구입하여, 혹자는 부르주아들이 이 매각작업 에서 가장 커다란 수혜자였다고 주장하기도 하였다. 그러나 "부르주아 들이 가장 많은 부분을 차지하였다고 생각하는 것이 금지된 것은 아닐 지라도 의구심은 여전히 남아 있으며, 지역적 다양성이 매우 크기 때문 에 그 의혹을 쉽사리 지워 버릴 수 없을 것이다."(G. LEFEBVRE) 국유 재산의 매각이 부르주아와 농민에게 동시에 이익이 되도록 옛 교회 재 산을 완전히 사라지게 하였고, 귀족의 재산에도 커다란 타격을 입혔다 는 것은 일반적으로 확립된 논의이다. 그러나 농민들 가운데 어떤 부류 에 해당되는 것인가? 매각이 경매를 통해서 이루어졌기 때문에 부유한 자들이 가난한 자들을 제외시킬 수 있는 좋은 위치에 있었다. 하지만 어떤 경우에 가난한 자들은 그것을 구입하기 위해서, 더 나아가서는 다른 입찰자들을 힘으로 제쳐놓기 위해서 결속할 줄 알았다. 때때로 그들은 투기자들이 경매에서 덩어리로 사서 부분으로 재매각하는 것을 이차적으로 구입할 수도 있었다. 그리하여 소분할지 소유농이나 심지어는 약간의 저축금을 가지고 있던 임금 노동자들이, 특히 아시냐 화폐가 급격하게 평가절하되었을 때 아주 싼값으로 토지를 취득해서 보다 높은 계층에 이를 수 있는 상황이 연출되었다. 그렇다고 하여 이것이 농업 프롤레타리아가 사라졌음을 의미하는 것은 물론 아니다. 프롤레타리아의 소멸을 위하여는 국유 재산의 매각이 아니라 국유 재산 분배법령이 공포되어야만 하였다. 혁명 시기의 의회들은 정치적 이유만큼이나 재정적 이유로 그렇게 할 의도는 전혀 없었다.

오히려 혁명 시기의 의회들은 틀림없이 본의는 아니었지만, 소유권을 최대한 확대시킴으로써 이 농업 프롤레타리아의 조건을 악화시켰다. 사실상 이 소유권의 확대는 당시 시행되고 있었던 "공익을 위하여 소유지에 행하는 공동체적 강제(servitudes collectives)"를 유지시키는 것과는 서로 양립될 수 없었다. 경작의 자유화를 주장하고 공동체적 제권리의 소멸에 대비하면서 혁명 시기의 의회들은 임금생활자들이 오로지 임금에만 의존하는 지경에 이르게 하였으며, 소지주들의 생활을 어렵게 함으로써 그들을 프롤레타리아화시켰다. "혁명은, ……가난한 농민의 미래를 어둡게 함으로써 농촌 인구의 대탈주를 준비하였다. 이제는 공장을 세우는 길만이 남아 있었으며, 노동자들이 쇄도하였다."(G. LEFEBVRE)

문제는 소지주들이 매우 많았다는 것이다. 이는 토지 재산 분배에 관한 연구를 하는 데 이용할 수 있는, 최초의 통계자료라 할 수 있는 재무부 발행의 토지세 사정액 통계를 검토해 보면 쉽게 설득이 된다. 물론 그 자료가 우리가 알고자 하는 모든 정보를 제공해 주는 것은 아니다. 왜냐하면 그것은 택지와 그렇지 않은 토지를 아직 구분하지 않고 있으며(이 구분은 1884년에 가서야 행해지게 된다), 사정액 분류도 부동산 규모에 따른 것이 아니라 여전히 부과액(단위는 프랑)에 따른 등급별 분류를 하고 있으며, 등급별 사정총액이 제시되지 않았기 때문이다.

【표 7】토지세 사정액 통계 (1826)

등급별 사정액	건 수	%	총액(평가)	%
20프랑 이하	8,024,987	77.94	40,365,685	16.99
21프랑 ~ 30프랑	663,237	6.44	16,050,335	6.75
31프랑 ~ 50프랑	642,345	6.24	24,865,175	10.46
51프랑 ~ 100프랑	527,991	5.13	36,589,776	15.41
101프랑 ~ 300프랑	335,505	3.26	52,952,754	22.29
301프랑 ~ 500프랑	56,602	0.55	21,680,830	9.14
501프랑 ~ 1000프랑	32,579	0.31	22,671,075	9.54
1000프랑 이상	13,447	0.13	22,362,630	9.42
계	10,296,693	100.00	237,538,260	100.00

(이러한 분류방식은 1858년에만 해당되었다.) 그러나 우리는 1858년의 것과 비교함으로써 최소 근사치로 등급별 사정총액을 평가하여 볼 수 있다. 비록 불완전하기는 하지만 이 통계는 매우 귀중한 것이다. 최초의 것은 1826년의 것인데, 가치평가에 의하여 우리가 보완할 수 있는 위의 표 7과 같은 정보를 제공하고 있다.

토지세 수치가 지주수와 완전히 일치하지 않고 있다. 지주들 중 많은 수가 사실상 여러 코뮌에 토지를 가지고 있음으로써 여러 번 계산(복수평가)되었다. 행정관들은 자산세 1백이 약 60명 정도의 지주와 일치하고 있음을 인정하고 있으므로 이는 약 6백20만 명의 지주를 말하는 것이다. 복수평가가 등급별로 그 숫자의 차이를 보여 주지는 않을 것이므로 등급별 비교는 꽤 유효하다.

우리는 매우 적은 액수의 세금 사정액이 대부분의 사람들에게 적용되었음을 확인하였다. 20프랑 이하의 세금은 아마도 2헥타르 이하이거나 어쨌든 5헥타르 이하인 것만은 분명한, 극히 적은 토지 소유에 해당되었다고 생각할 수 있다. 이와 같은 소분할지 소유가 수적으로 총토지 재산의 4분의 3 이상을 차지하였다. 그러나 그것들은 가치로는 5분의 1도 되지 않는 것이었다. 반면에 높은 액수의 사정액(3백 프랑 이상)은 수적으로는 1%도 안 되지만, 총세금 사정액 가치의 28%를 차지하는 것이었다. 바꾸어 말하면, 6만 명 이하의 소유주들이 토지 재산의 4분의

1826년의 대토지 소유

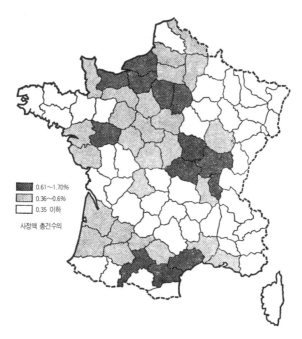

0.61~1.70%
0.36~0.6%
0.35 이하

사정액 총건수의

5백 프랑 이상의 토지세 사정액 비율에 따른 도별 분포.

1 이상을 보유하였던 것이다. 그러므로 왕정복고기의 프랑스에서 토지 재산은 우리가 일반적으로 믿었던 것보다 훨씬 더 불공평하게 분배되어 있었다.

게다가 대토지 소유 자체도 특정 지역에 국한되어 있었다. (위의 지도를 참조할 것.) 특히 브르타뉴 지방을 제외한 북서 지역의 4분의 1, 즉 노르망디·피카르디·일-드-프랑스, 그리고 루아르 지방에 몰려 있음을 알 수 있다. 또한 느베르 지방의 손 계곡, 랑그독 지방의 남프랑스와 가론 강 유역에서도 대토지 소유들을 발견할 수 있다. 반면에 동부 지역·브르타뉴·마시프 상트랄·피레네 산맥, 그리고 알프스 산맥에는 별로 없었다. 대토지 소유 지역은 선택된 지역으로 평원, 특히 풍요로운 평원과 파리 분지의 충적토, 그리고 계곡 등이다. 그곳은 그 넓이에 있어서 뿐만 아니라 질적인 면에 있어서도 훌륭한 지역이었다.

따라서 1826년에 산악파가 열망하였던 독립적 소토지 소유주들의 민주주의는 이루어지기에 아직 요원하였다. 그러나 민법에 의하여 확립된 균등한 상속, 즉 이러한 '땅을 잘게 가는 기계'가 토지 소유주의 수를 증가시킴으로써 토지 재산의 분배에 심오하게 영향을 끼치지 않았던가? 토지세 사정액의 수가 1826년에 1천만에서 1842년에 1천1백50만으로, 그리고 1858년에 1천3백만으로서 약 27%의 진보를 보이고 있다. 상속으로 인한 분산이 이에 영향을 미쳤다. 그러나 이러한 분산은 계층에 따라 불균등하게 영향을 미쳤는데, 특히 매우 적은 세금 사정액과 적은 사정액에 해당되는 계층, 그러나 또한 가장 많은 양의 세금 사정액에 해당하는 계층에도 영향을 미쳤다. 중간 정도의 사정액에 해당되는 수는 매우 미약하게만 증가되었다. 이 중간 정도의 사정액에 해당되는 계층은 중간 규모의 토지 소유와 관련이 되거나, 더 나아가 상속의 재분할을 피하려고 노력하는 중간 토지의 경작자와 관련되는 것으로 보인다.

1884년의 토지세 사정액 통계(택지 이외의 소유지)

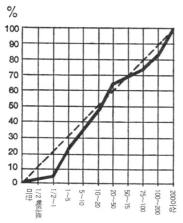

다양한 등급별 사정액의 면적(누적 백분율)

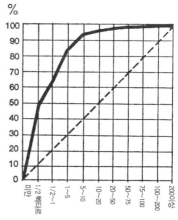

다양한 등급별 사정액의 건수(누적 백분율)

1884년의 통계로 이 시기에 대하여 명확히 하는 것이 가능해졌다. 실제로 그 통계는 사정액 합계뿐 아니라 그 범위를 드러내 주고 있으며, 일반적인 토지세뿐 아니라 택지 이외의 토지의 세금에 대한 자료도 제공하고 있다. 앞의 그래프를 통해, 우리는 면적 등급에 따라 구분되어 있는 사정액은 비록 20헥타르 이상의 사정액이 지배적이기는 하지만 비교적 규칙적으로 간격을 두고 있음을 볼 수 있다.

그러나 사정액수를 관찰하였을 때, 적은 양의 사정액이 지배적인 것으로 나타났다. 1헥타르 이하가 총수의 5분의 3을 차지하며, 5헥타르 이하가 10분의 9를 나타내고 있다. 반면에 정반대로 다량의 사정액은 매우 적은 숫자에 불과하지만 토지의 상당히 중요한 부분을 차지하고 있음을 알 수 있는데, 2백 헥타르 이상이 16%이고 1백 헥타르 이상이 25%나 되고 있다. 이 데이터 전체를 다시 검토해 보면, 우리는 의미있는 하나의 구분선을 발견하게 된다. 즉 20헥타르 이하의 토지가 전 프랑스 영토의 반을 차지하고 있으며, 20헥타르 이상의 소유지가 또 다른 절반을 차지하고 있는 것이다. 그러나 한쪽(20헥타르 이하의 사정액)은 1천3백70만 개의 사정액이며, 다른 쪽은 40만 개만을 차지하고 있다. 바꾸어 말하면, 지주들의 3%가 다른 97%가 가지고 있는 것만큼의 토지를 자신들의 것으로 독차지하고 있다는 것이다. 이와 같은 소유지의 집중은 1884년 토지 구조의 지배적인 특색을 이루고 있었다.

협소한 토지로 밀려난 농민들 대다수가 빈궁한 삶을 살아갈 운명이었다고 추론할 필요가 있는가? 대토지 소유주들 자신이 경작하지 않거나 혹은 하더라도 매우 드문 경우라는 것을 망각하는 것, 대토지 소유주들이 주로 경작할 토지가 전혀 없는 사람들이나 경작할 토지가 충분치 못한 사람들에게 그들의 토지를 제공할 수 있다는 사실을 망각하는 것, 그것은 토지 소유와 경작을 혼동하는 것이다. 소유지에 대한 통계는 경작지에 대한 통계에 의하여 보충되어야 할 것이다. 안타깝게도 경작지에 대한 통계는 신뢰가 덜 갈 뿐 아니라, 특히 매우 늦게 나타났다. 이용 가능한 정보를 사용할 수 있는 것은 19세기 후반부의 대대적인 농업 조사가 이루어지면서인데, 1862년과 1882년의 조사가 그것이다.

【표 8】 농업 인구 1862-1882

	1862	1882
O 토지 소유 경작자		
― 자작	1,812,573	2,150,696
자작 겸 차지농	648,836	500,144
자작 겸 분익소작농	203,860	147,128
자작 겸 일용노동자	1,134,490	727,374
O 비토지 소유 경작자		
차지농	386,533	468,184
분익 소작농	201,527	194,448
O 임금 노동자		
경작관리인	10,215	17,966
일용노동자	869,254	753,313
농장하인	2,095,777	1,954,251
계	7,363,065	6,913,504

그 자료들은 농업 인구(남녀)에 대한 정보를 제공하고 있으며, 표 8이 그것을 보여 주고 있다.

정확성에 대해서는 논의의 여지가 있으므로 총숫자에 지나치게 커다란 중요성을 두지 않기 위해 비율과 변동에 유의할 것이다. 그러면 우선 주목해야 할 것은 두 가구 중 한 가구가 소유지가 없으며, 그들 토지를 소유하고 있지 않은 사람들 가운데 5분의 4가 임금 노동자의 상황에 처해 있고, 나머지 5분의 1은 자작농이나 차지농 혹은 분익소작농이었다는 것이다. 토지 소유농들 가운데는 그들 소유지만을 경작하는, 말하자면 대개의 경우 그들 가족을 부양할 정도가 되는 토지 소유농들과 자신들의 경작 이외에 임대차 계약을 통하여 일부 다른 토지 경작을 추가하거나(자작-차지농과 자작-분익소작농), 혹은 대부분 임금을 덧붙여(자작-일용 노동자) 생활해야만 하는 소분할지 소유농들간에 비교적 수적으로 균형을 이루고 있었다. 그리하여 충분한 토지를 소유하지 못한 사람들은 다른 사람의 토지를 경작함으로써 그들 수입의 부족분을 벌충할 수 있었던 것이다. 그러므로 거의 2백만 명에 달하는 독립 토지 소유농들 외에 약 1백50만 명 정도의 임금생활자가 아닌 경작자들이 존재하였다. 그러나 임금제도가 여전히 농촌에서 지배적인 형태였는데, 3백만 명의 날품팔이꾼과 농장하인, 그리고 1백만 명의 소분할지 소유농들이 날품팔이 일에 매달려야만 하였다.

1862년과 1882년의 자료를 비교하여 보면, 너무 짧은 기간 동안임은 사실이지만 농촌에서 겪은 변화를 일별할 수 있다. 그것은 19세기를 통틀어 계속되는 일반적인 변화의 짧은 시기로서, 여기서 우리는 단지 그 경향만을 감지할 수 있다. 주요한 것은 자신들의 토지만을 전적으로 경작하는 토지 소유농수의 증가와 농장하인 및 날품팔이꾼의 감소로 인한 비(非)프롤레타리아화 경향이다. 아마도 여기서 분석을 조금 더 밀고 나가 살펴보면, 소분할지 소유농수의 놀랄 만한 감소는 거의 절반 가량이 자작농의 수적 증가에 의해서 보충되었다는 것과, 아직도 상당히 많은 수이기는 하지만, 날품팔이꾼과 농장하인의 수적 감소는 그 3분의 1 가량이 차지농의 수적 증가에 의해서 보충되었다는 것을 주목할 수 있다. 그리하여 우리는 소분할지 소유농들 가운데 일정수가 독립 토지 소유농의 상층 부류로 들어갈 수 있었다는 것, 그리고 거의 비슷한 수의 다른 이들은 도시를 향하여 농촌을 떠났다는 것을 상상해 볼 수 있다. 임금 노동자들간에도 비슷한 변화가 이루어졌는데, 그 중 일부인 농장하인들은 아마도 십중팔구 경작자(차지농)로 들어갔으며 다른 이들, 이를테면 날품팔이꾼들은 토지를 떠났던 것으로 보인다. 이와 같은 가장 가난한 사람들의 대탈주와, 보다 솜씨가 좋거나 혹은 보다 운이 좋은 사람들에게 지위 향상으로 나타난 이중적 변화는, 장기적으로 볼 때 우리 농촌의 모습을 심오하게 변화시키게 될 것이었다.

농민들의 물질적 조건은 그들의 법적 지위의 변화와 토지 소유 패턴, 혹은 경작방식의 변화에 의해서 뿐만 아니라 경기에 의해서도 영향을 받았다. 19세기 전반기 동안에 농업은 정확하게 평가를 내리기는 어렵지만 어느 정도의 진보가 있었는데, 그것은 특히 경작된 면적의 증가에 근거한 것으로 보였다. 대황무지 개간이 일정 지역(예를 들면 외르 도에서는 황무지의 5분의 1이 1800-1837년 사이에 경작되었다)에서 이루어지는 한편, 휴경지 감소운동이 1830년경부터 활성화되었다. (1840-1862년의 약 20여 년 사이에 휴경지 면적이 6백70만 헥타르에서 5백15만 헥타르로 감소되었다.) 생산을 위하여 얻은 토지의 일부에는 토양을 기름지게 할 뿐 아니라, 이전에는 구하기 어려웠던 사료를 대신하여 가축들에게 제공해 줄 인공적인 초원을 조성하였다. 이렇게 해서 가축떼의 증가 (1812-1852년에 양떼의 20%, 1830-1850년에 소떼의 30%), 퇴비의 증가, 토질의 최상 유지, 그리고 보다 풍성한 수확의 시기가 시작되었다.

농기구 설비에서의 진보는 그 속도가 보다 느렸다. 농업 도구는 19세기 전반부 동안에도 여전히 원시적이었다. 남프랑스와 산악 지역에서는 아직도 바퀴 없는 쟁기를 사용하였다. 개선된 쟁기는 동부와 북부 지방 및 파리 분지에서만 사용되었을 뿐이었다. 자루가 긴 낫보다는 반달 모양의 낫이 더 많이 사용되었으며, 풀 베는 기구와 파종기·수확기가 나타난 것은 제2제정하에서였다. 농업에서 기술적 진보가 이처럼 느리게 나타난 것은 부분적으로 '증기혁명'이 이 분야에 파급되지 않았기 때문이었지만(탈곡기가 유일하게 증기로 인하여 변화된 기계였다), 또한 많은 농민들이 자본의 부족으로 수단이 없었거나 그들의 장비를 개선할 의지가 없었기 때문이다.

사실 당대인들은 재산을 늘리기를 갈망하던 프랑스 농민들이 느끼는 토지에 대한 열정에 대하여 일치된 입장을 보이고 있다. 그 결과는 분할지에 대한 경쟁이 치열해지면서 가격이 수확고와 균형이 맞지 않아 구매자가 빚을 지게 되었다는 것이다. 농민들의 부채의 양은 잘 알려져 있지 않으나(농민들은 항상 담보로 돈을 빌린 것이 아니었으며, 어음을 발행하는 경우가 잦았는데 그 액수는 거의 알 수가 없다) 상당하였던 것으로 보인다. 농민은 농기구와 비료, 좋은 품종 구입보다는 토지 구입을 선호하였기 때문에, 생산성 향상보다는 토지 구입에 자본을 투자하는 것을 더 우선시하였다. 이러한 태도는 이해할 만하였다. 다시 말하자면 기술 진보가 더딘 시기에, 생산성 향상 노력이 사회적으로는 채산성이 없었다. 사실상 한 농부가 예외적인 경제적 성공으로(예를 들면 그의 이웃 농부들보다 많은 수확을 얻음으로써) 두각을 나타낼 가능성은 거의 없었다. 반면에 토지를 늘림으로써 존경을 얻을 수 있는 가능성은 충분

히 있었다. 당시 농촌에서 사회적 위신은 여전히 토지의 획득에 기초하고 있었던 것이다.'

19세기 농업은 18세기 농업의 특징을 잘 고수하고 있었다. 즉 무엇보다도 생계유지를 위한 농업이 지배적이었다. 그리하여 곡물이 차지하는 비중이 몹시 컸다. 그러나 이제는 그 귀중한 곡물을 다른 것으로 대체할 수 있게 되었다. 호밀 경작이 퇴보하였으며, 브르타뉴에서는 메밀 경작이 사라져 가고 있었다. 이제는 감자가 식품에서 중요한 위치를 차지하였던 것이다. 생산성의 진보가 이루어진 것은 확실하지만, 수확고가 주기적으로 하락하는 추세에서 소비자들을 보호하기에는 아직 역부족이었다. 또한 높은 물가의 경제 위기는 19세기 전반부 내내 여전히 주기적인 현상이었을 뿐 아니라(1816-1817, 1828-1829, 1837-1839, 1846-1847) 그 이후의 시기, 즉 1853-1855년과 1867년까지도 계속해서 나타났다.

19세기 농업은 또한 공업원료를 생산하는 농업이었다. 대마와 아마, 식물성 기름, 염료 식물 등은 농경지의 상당한 부분을 차지하였다. 론 계곡에서는 5만 헥타르 이상에서 누에를 위한 뽕나무를 재배하고 있었으며, 19세기 중엽에 이르러 누에고치의 생산은 20에서 25톤에 이르렀다. 그러나 이 농가의 수입에 적지않은 도움을 주었던 이러한 경작들은, 외국과의 경쟁이나 신상품과의 경쟁으로 인하여 곧 사라질 수밖에 없는 것이었다.

그러나 운송수단의 개량(국도와 지방도, 시골길, 그리고 머지않아서는 철도)은 농민들의 고립에 돌파구를 만들었다. 생계유지를 위한 농업과는 별도로 상업적 농업이 자리를 차지하였다. 농민들은 점점 더 많은 상품을 시장에 가져갔다. 어떤 경우에는 그 생산 품목을 전문화하여 실질적으로 교환경제에 참여할 수도 있었다.

농민들이 상품의 판매자가 됨에 따라(봉건적 공납의 폐지로 인한 생산성의 증가로 유통될 수 있는 잉여생산물이 증대될 수 있었다), 그들은 자신들의 운명이 가격 변동과 밀접하게 연결되어 있음을 알게 되었다. 그런데 19세기초 장기간의 가격 상승은 1817년에 멈추었다. 1851년까지,

즉 19세기의 3분의 1 이상의 기간 동안에 가격 변동은 근본적으로는 하락세를 보이는 경향이 있었다. 이러한 가격의 하락은 경작자의 이윤이나 토지의 임대차 계약을 맺은 지주의 수입을 위협하는 것이었다. 그러므로 이들 경작자나 지주들이 가격 하락의 원인인 외국산 곡물의 수입에 대하여 국가가 나서서 보호해 줄 것을 요청하였다. 1819년 7월 16일 법령은 그들의 요구를 충족시켜 주는 것이었다. 프랑스에서 역사상 최초로 곡물 수입에 제한을 가하였던 것이다. 낮은 가격이 지속되었기 때문에 이번에는 1821년 7월 4일 법령으로 관세의 연동제가 확립되고, 심지어 곡물가가 최저가에 이르렀을 경우에는 수입을 금지하도록 함으로써 이전의 법령을 강화하였다. 그러나 1861년까지 유효하였던 이 법령은 전적으로 비효과적인 것이었다. 가격 하락에도 불구하고 1817년에서 1851년의 기간에 농업 생산액이 올라갔다면, 그것은 전적으로 생산량의 증가가 그 원인이었다.

여기에서 1851년의 전환기는 매우 중요하다. 왜냐하면 농산물 생산이 계속해서 증가하였을 때, 그 가격은 뚜렷하게 재상승을 시작하였으며 이는 1873년까지 계속되었기 때문이다. 그리하여 이러한 이중적인 자극으로 경작자이며 동시에 판매자인 사람들의 수입은 놀랄 만한 도약을 이루었다. 보스와 같은 일부 특정한 지역에서는 자작농의 수입이 30년 동안에 2배로 늘어났으며, 차지농은 2배 이상의 수입을 올렸다. 비경작자로서 지주인 토지의 지대 수입자들 또한 아주 조금이기는 하지만 그들의 몫을 얻었다. 지세가 3분의 2 정도 올랐던 것이다.

이 기간 동안에 자신의 노동력 이외에는 팔 것이 없었던 이들 임금 노동자의 조건은 과연 어떠하였는가? 19세기 전반부에는 농업 노동자의 임금은 거의 변하지 않았던 것으로 보인다. 아마도 일손 부족으로 제국 시기에 늘어난 임금은 줄어들지 않았으며, 심지어는 왕정복고기와 7월왕정기에 약간 더 늘어났던(약 10% 정도의 증가) 것 같다. 한편 생활비가 감소되었기 때문에 우리는 임금 노동자의 상황이 개선되었던 것으로 간주할 수 있다. 그러나 대혁명기 이전에 가지고 있던 보조 수입들을 잃었다는 점을 고려해야 할 것이다. 가정 내에서의 베짜기가 쇠퇴하고 있었고, 공동 목장(울타리 없는 들에서 공동 방목하는)의 사용권이 사라지고 있는 중이었다. 1851년 이후에 임금은 전반적인 흐름을 따랐다. 30여 년 사이에 임금이 반 이상 올랐다. 구매력이 동일한 비율로 증가하지는 않았지만, 생활비 상승을 고려할 때 우리는 1851년에서 1873년 사이에 실질임금이 적어도 3분의 1은 증가하였다는 것을 예상할 수 있다. 농업 노동자가 자신의 조건이 개선되었음을 의식하였다는 것은 의심할 여지가 없다. 하지만 그가 자신의 주위를 살펴볼 경우, 그는 물질적인 안락함을 위한 경주에서 그 자신이 고용주들에 훨씬 뒤쳐져 있음을 쉽게 확인할 수 있었다.

농민들의 물질적인 조건의 개선이 어느 정도로 그들의 지적인 상태와 망탈리테를 변화시켰는가? 일반적으로 우리는 고된 노동에 의하여 기력이 쇠진하고, 농촌에 고립된 농민들은 오랫동안 모든 지적인 생활이나 심지어는 학교 교육에서도 동떨어져 있었다고 간주하였다. 그들의 교육 수준에 관한 비교적 명확한 인식은, 징병 적령자들의 교육 정도를 측정하기 위하여 국방부에서 1827년부터 착수케 하였던 연간 명세서 작성 덕분에 가능해졌는데, 우리는 1832년에 징병 적령자의 절반 정도가 문맹이었음을 확인하였다. 46%가 읽고 쓸 수 있으며, 4%는 읽을 줄만 알았다. 그러나 문맹의 지리적 분포는 매우 불균등하였다. (다음의 지도를 참조할 것.) 몽-생-미셸 만(灣)에서 제네바 호수로 연결되는 선이 교육받은 프랑스, 특히 북동 지역의 놀랄 만큼 교육 정도가 높은 프랑스와 남쪽의 무지한 프랑스로 구분하였다. 이러한 대립은 그 원인을 알기는 어려우나 상당히 오래 된 것이었는데, 왜냐하면 17세기말부터 이러한 경계가 존재하였음을 지적할 수 있기 때문이다. 그것의 예를 들면 경제적 발전의 불균형에 기인하는 것인지, 혹은 프랑스어와 비교적 가까운 방언의 존재에 기인하는 것인지에 대하여 말할 수 없을 것이다.

어쨌든 이와 같은 교육의 불균형은 학교 교육에 관한 여러 가지 법령이 적용됨에 따라 메워지고 있었다. 즉 1833년의 법령은 모든 코뮌에서(하나의 학교만을 유지할 목적으로 이웃하는 코뮌들이 통합될 수 있는 가능성과 함께) 적어도 1개의 남자 초등학교를 의무적으로 유지하도

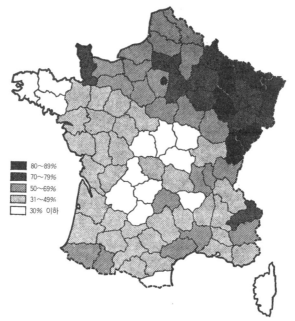

80~89%
70~79%
50~69%
31~49%
30% 이하

출전: *Population*, janvier-mars 1957.

록 하였으며, 각 도별로 1개의 초등학교 교사를 위한 사범학교를 유지
하도록 하였다. 1850년의 법령은 아카데미 심의회가 없는 경우를 제외
하고는, 인구 8백 명 이상의 모든 코뮌(1867년에는 5백 명의 주민으로 최
소치를 내리게 된다)에 여자아이를 위한 학교를 의무적으로 유지하도록
하였다. 1881년의 법령은 초등학교 무상교육제를 도입하였으며, 1882년
의 법령은 6세에서 13세까지의 남녀 아동의 의무교육제를 도입하였다.
국방부의 통계에서 문맹의 감소가 나타나고 있다. 읽고 쓸 줄 모르는 징
병적령자의 비율은 1835년에는 50%였던 것에서 1850년에는 39%, 1861
년에는 32%가 되었다. 이 시기부터는 그 저하 속도가 빨라져서 1868년
에는 22%, 1876년에는 18%, 1882년에는 15%였다. 1881년과 1882년
법령의 효과는, 문맹의 비율이 3% 이하로 떨어지는 제1차 세계대전 직
전에 충분하게 느낄 수 있었다.

농민들은 국가의 정치 활동에서 오랫동안 소외되어 있었는데, 이는 그들의 낮은 교육 수준 때문일 뿐 아니라 토지세 납부자가 유권자가 되는 선거제도가 농민들 대다수를 투표함에서 격리시켜 놓았기 때문이었다. 제2공화정이 그들에게 투표 용지를 주었을 때 그들은 그것을 이용할 준비가 되어 있지 않았으며, 몇몇 정치집단들은 그것을 염려하였다. 그것은 분명 잘못된 생각이었다. 왜냐하면 1848년 4월 23일과 24일의 선거에서 그들은 매우 온순하게 명사들의 권고를 따랐으며, 그들의 읍장(maires)과 본당 신부에 의하여 잘 지도되어서 그들의 표를 정권에 우호적인 후보들인 온건공화파 후보들에게 던졌기 때문이다. 그러나 명사들이 카베냐크파와 루이-나폴레옹파로 나누어졌던 공화국 대통령 선거 때에는 농민들 대다수가 후자를 위하여 표를 던졌으며, 이는 그들의 의식에 '나폴레옹의 전설'이 커다란 영향력을 미쳤음을 나타내는 것이다. 짧은 기간이었지만 농민들 사이에 일체감이 형성되는 순간이었다. 실제로 몇 개월 후, 하원의원들을 선출해야 할 때(1849년 5월 13일) 농민 유권자들은 두 경향으로 나누어졌다. 한쪽은 '부(富)의 평등배분론자'들의 위협에 질겁한 이들로서 수적으로 보다 많았는데, 보수주의 더 나아가서는 질서를 찾기 위한 정당의 후보들로 대표되는 반동세력 쪽으로 기울었다. 다른 한쪽은 '좌익(rouges),' 즉 데목-속(démocrates-soci-alistes)으로 기울었다. 후자는 프랑스에서 손-에-루아르 · 알리에 · 코레즈 · 오트-루아르 · 도르도뉴 · 바스-잘프 등, 가장 전원적인 도들인 16개 도에서 승리하였다. 이 지역에서 도검찰총장들의 보고서는 농민들의 집단적인 지지로 좌익 후보들이 성공을 거둘 수 있었음을 알리고 있다. 이러한 양극단으로의 이동은 1847년의 식량 위기와 그에 연이은 저곡가로 인한 지속적인 위기 등, 잇따른 두 위기에 의하여 촉발된 농민들의 깊은 불만을 나타내는 것임에 틀림이 없었다. 그리하여 농민은 선거에서 혼란을 일으키는 요소로 나타났다. 오래 전부터, 특히 1789년의 농촌 소요 이래로 부르주아 계층은 농민들의 반응을 잘 이해하지 못하고 두려워하였다. 데목-속을 향하여 던진 다수표의 규모를 과대평가하였던 부르주아 계층은 이제 농민들을 공포심을 가지고 바라보았던 것이다.

제2제정의 수립은 이 모든 것을 변화시켰다. 그 이유는 무엇보다도 독재체제의 속박으로 잠시 동안 좌익의 선전 활동이 방해를 받았으며, 심지어 마비되기까지 하였기 때문이었다. 그리고 특히 경제적 번영이 농민들의 망탈리테를 크게 변화시켰기 때문이었다. 한 도지사는 1860 년에 "농민들의 주된 관심사는 농업 생산물에 대하여 아는 것이었다" 고 적고 있다. 그들은 곡물의 시장시세표에 시선을 집중시키고 정치에 는 무관심하였으며, 여당 후보들에게 그들의 표를 던졌다. 그리하여 그들은 조직된 프롤레타리아의 형성으로 새로운 혁명의 위험이 나타났을 때, 부르주아 계층이 의지하게 될 안심할 수 있는 힘인 보수적 대중을 이루어 가고 있었다.

하지만 실제는 훨씬 더 복잡하였다. 농민의 대다수가 제국에 충성하였다는 것은 의심의 여지가 없다. 그러나 그것이 농민 전체는 아니었다. 1869년 선거에서 정부가 '좌익'으로 간주하였던 민주 후보들은 농민 유권자 중에서 무시할 수 없는 부분으로부터 우호적인 지지를 받았다. 그들은 론 계곡과 랑그독·지중해 연안 등은 차치하고라도, 랑드·코트-도르·쥐라·루아르·루아레·욘과 같은 전형적인 농업 지역에서 명백한 성공을 거두었다. 이미 좌파 전통이 일부 특정한 농촌 지역에서 형성되었던 것이다.

그리하여 약 75년 동안에 농촌사회는 중요한 변화를 겪었다. 이전에는 몸을 도사리고 자급자족 경제와 문화에 의하여 자신들의 '지방'에 국한된 사회생활을 하며 살아가던 농촌사회가 이제는 운송수단의 발달 덕분에, 또한 보통선거제도 덕분에 외부 세계에 관심을 가지게 되었다. 그러나 이러한 변화가 도처에서 동일한 속도로 전개된 것은 아니었다. 특정 지역은 이제 막 변화하였으며, 계속해서 여전히 이전 세기의 리듬에 따라서 살았다. 다른 지역, 예를 들면 '신과 지주들의 축복을 받은 땅'인 아키텐 지방은 전통적인 경제가 위협을 받았으며, 번영이 사라져서 1840년 이후에는 '가난해지기도 하였다.' 또 다른 지역들은 자본주의적 형태의 특수 농업의 방향으로, 심지어는 단일 작물 재배로 진로를 돌렸다. 19세기 후반부의 프랑스 농촌은 단일한 모습이 아니었다. 그것

은 "경제 발전의 다양한 단계가 만나는 농촌 지역의 모자이크였을 뿐
아니라, 사회적·정치적 발전의 다양한 단계가 만나는 모자이크"이기도
하였던 것이다.

부르주아 계층

경제적 자유의 원칙을 수립하면서 혁명은 자본주의와 기업 집중으로
의 길을 열었다. 내국 관세의 폐지와 통일적인 도량형제도의 도입으로
전국적으로 시장을 통합함으로써, 그리고 시장의 경계를 합병된 국가들
로, 머지않아서는 나폴레옹의 유럽으로 확대시키면서 혁명은 놀라울 정
도로 확대된 활동영역을 부르주아 계층에 제공하였다.

그러나 부르주아 계층에 의한, 부르주아 계층을 위한 이 혁명이 부르
주아 계층에게 거대한 발전의 가능성을 열어 주었다고는 하나, 그것이
모든 부르주아 계층에게 똑같이 유리하게 작용하였던 것은 아니었다.
재정적 어려움, 특히 인플레이션으로 인한 피해는 고정된 수입을 가지
고 있던 자, 즉 국가나 지방 공공단체의 연금이나 혹은 개인들에게서
받는 수익배당금 등의 수입으로 생활하였던 자들에게는 큰 타격을 가
하였다. 특권층 고객을 상실한 사치품 산업은 대부분 사라졌다. 대륙봉
쇄령은 무역의 흐름을 변화시키면서 대서양과 심지어는 지중해 항구의
도매상인들에게 타격을 가하였다. 나폴레옹의 패배 직후에 범람한 영국
상품의 경쟁력은, 제국의 보호주의 그늘에서 대륙 시장의 지배를 통해
서만 번영할 수 있었던 많은 산업들을 파산시켰다. 18세기 부르주아 계
층 중 상당수가 대혁명과 제국의 소용돌이에 빠져 파멸하였다.

그러나 '졸부'인 신(新) 부르주아 계층이 빠르게 자리를 잡았다. 왜냐
하면 만일 소용돌이가 한쪽을 휩쓸어 갔다 하더라도, 보다 잘 무장되고
기회를 잘 포착한 다른 한쪽이 사회적 상승의 계단을 신속하게 기어오
르는 것이 가능하였기 때문이다.

정화(正貨)와 아시냐를 교묘하게 이용하면서 투기꾼들은 막대한 재산
을 축적하였으며, 궁지에 몰려 있는 정부에 돈을 빌려 주거나 부패한

정치가들에게 근사한 선물을 함으로써, 심지어는 최악의 경우를 예상해야만 하였기 때문에 이민 업무 취급업소에 보조금을 대어 줌으로써 정치적 우여곡절에서 보호될 수 있었다.

굵직한 구매자에게만 유리하였던 국유 재산의 매각은, 일련의 투기자 집단들로 이루어진 '매점동맹(bandes noires)'이 분할 재판매하기 위하여 대토지를 구매하는 것을 가능케 하였다. 사회적으로 볼 때 이러한 투기 형태는 토지 소유의 민주화를 가능케 한다는 면에서 유익하였다. 그러나 그것이 특히 투기자들에게 유리하였다는 것을 쉽게 생각할 수 있다.

경제적 어려움으로 약삭빠른 자들이 커다란 이익을 누리게 되었다. 예를 들면 기근시에 곡물을 '독점하는 자들,' 징발이 불가피하여 상품이 풍부하지 못한 나머지 정부가 공정 가격을 결정함으로써 상품들이 자취를 감추게 되었을 때 암시장의 상인들, 그리고 심지어는 대륙봉쇄령이 적용되었을 때 국경 지역의 밀수입업자 등이 그들이었다.

그러나 부유해지는 주된 원천 가운데 한 가지는, 적어도 가장 빠른 한 가지는 전쟁이었던 것으로 보인다. 정복 지역, 주로 스페인 등지에서 나폴레옹의 몇몇 장군들이 시행하였던 조직적인 약탈에 대하여 말하지 않더라도 가장 파렴치한 활동을 야기하였던 것은 무기 공급이었다. 이것은 그 기원이 오래 된 것이었다. 즉 이미 앙시앵 레짐하에서 군납업자들이 '왕을 등쳐먹었으며,' '그들의 대리인이 병사들에게서 부당이득을 취하였다.' 대혁명기에는 근대적인 전쟁을 신속하게 강화시킬 수 없었던 재정 부족, 간부의 부족, 경제의 약화 등으로 결국 군납업자들의 주도권에 자유로운 장이 마련되었다. 공포정치 덕분에 산악파들이 그들을 엄밀하게 감시하는 데 성공하였다. 그러나 테르미도르파들과 그 계승자들은 효과적인 통제방법을 상실하고 말았다. 나폴레옹 자신도 그들을 혐오하였음에도 불구하고, 군납업자들이 없이는 군(軍)을 먹이고, 옷을 입히고, 신발을 신길 수가 없었다. "그들은 나로 하여금 모든 전사한 병사들의 것까지도 지불케 하였다"고 하였던 것처럼, 적어도 그는 착각을 하고 있지는 않았다.

쉽게 벼락부자가 되었으며, 원칙이 별로 없는 이 신(新)부르주아 계층이 구(舊)부르주아 계층보다 훨씬 거칠었다는 것은 의심의 여지가 없으며, 파렴치하였다는 것은 확실하였다. 왜냐하면 그들은 어려움 없이 약 1세대 동안 프랑스가 겪었던 다양한 체제를 경험하였으며, 그 결과 18세기 부르주아들이 몰랐던 정치적 불신이라는 교훈을 얻었던 것이다.

그러나 혁명의 소용돌이에 의하여 커다란 영향을 받지 않은 계층이 있다면, 그것은 토지 소유주들이었다. 옛 지주들은 국유 재산의 구매와 그들 상품의 판매에 있어서, 19세기 초반의 가격 상승으로 인하여 이득을 봄으로써 그들의 재산을 불릴 수조차 있었던 것이다. 게다가 신흥 부자들 중 상당수는 쉽게 획득한 재산의 일부를 토지에 투자함으로써 대비를 하였는데, 이는 사업의 불확실성에서 벗어나기 위한 것임과 동시에 그들이 갈망하였던 사회적 위신과 존경을 얻기 위한 것이었다. 따라서 토지 소유주의 범주는 1831년 이래로 2백 프랑 이상의 직접세를 내는 모든 시민을 기록한, 선거인 명부의 조사가 이를 증명하듯이 부르주아의 범주에서 가장 많은 수를 차지하였다. 납세 유권자 선거민 가운데에서 토지 소유주의 우위는 그때까지 아직 산업이 많이 침투하지 않은, 당시로서는 인구가 많은 지역에서 특히 강하였다. 예를 들어 A. 아르망고의 연구에 따르면, 남서부 지방의 선거민 총체에서 토지 소유주의 비율은 13개 구(區, arrondissement) 중 11개에서 50%가 넘었으며, 4개 구에서는 70%를 능가하였다. 외르 도에서는 "자신의 수입으로 살거나, 혹은 적어도 의무적 납세금액을 지불하기에 충분한 수입을 자신의 토지로부터 얻는 지주들은 아주 오래 전부터 부르주아 계층에서 그 수가 월등하게 많았다." 이와 같은 토지에 대한 끝없는 관심은, 프랑스 부르주아 계층에게 특정한 '시대에 뒤떨어진' 특색을 보여 주는데 기여함과 동시에, 그것은 부르주아 계층들이 농민 세계의 후견인일 뿐 아니라 대변인이 되어야만 한다는 확신을 강화시켜 주었다. 지대가 신생 산업이 필요로 하는 자본의 일부를 제공해 주었음을 덧붙이도록 하자. 그 숫자나 힘·역할, 그리고 야망면에서 지주 부르주아 계층은 19세기 전반부에 프랑스 사회에서 기본적인 토대를 이루었다.

그렇다고 해서 이 부르주아 계층들이 가장 역동적인 집단은 아니었으며, 정치적으로 지배적인 집단은 더더욱 아니었다. 그 이유는 '지배적인 수입'으로서 "지대가 산업적·재정적·상업적 이윤에 자리를 내주었기 때문이다. 지대는 사회 계층을 결정하는 데 더 이상 결정적인 수입원이 아니었다."(J. LHOMME) 경제적인 힘은 다른 집단, 즉 물론 마찬가지의 부르주아 계층이긴 하지만 대부르주아지에 속하는 사람들의 손에 있었는데, J. 롬므는 대부르주아지를 다음과 같이 정의하고 있다. 즉 "대부르주아지는 1)일하는 사람, 2)특히 보수가 있는 활동에 종사하는 사람, 3)높은 수입을 얻는 사람들"로 구성된 이들이다. 처음의 두 가지 범주는 토지 귀족과 그들을 구분하는 것이며, 세번째 것은 중소부르주아지들과 그들을 구분하는 것이다.

하지만 그들의 힘과 야망(모든 권력을 발휘하고, 그 우월성을 유지하려는 야망)을 의식하고 있음으로써 구성된 이 대부르주아지는, J. 롬므에 따르면 '완전한 동질성'을 보이고 있지는 않다. 그는 다음의 집단들로 그를 구분하고 있는데, 우선 제일 위에는 기업가와 은행가로 이루어진 일련의 이중적 집단이 있고, 여전히 뚜렷한 위치에 있기는 하지만 앞에서 언급한 사람들에 비해서는 약간 뒤처지는 계층이 있는데 곧 대상인, 행정부 공직자, 그리고 재계와 밀접하게 연결된 법조인들이었다. 다음으로 그 아래에 공무원(그들이 꽤 높은 서열에 속한다는 전제하에)·변호사(그들이 많은 재산을 가지고 있다는 전제하에) 등이 있다. 아마도 여기에 대학교수들과 파리 언론인들을 추가시킬 수 있을지도 모른다. 물론 그것은 그들이 대부르주아지의 공덕을 찬양하기 위하여, 그들의 편에서 자신들의 재능을 발휘하는 것을 받아들인다는 전제하에서이다.

7월혁명은 대부르지아지에게 유리하게 작용하였다. 그러나 이 계급은 제공된 권력의 가장 많은 부분을 확고하게 취하면서 그를 즉각적으로 이용할 줄 알았다. 루이 필리프가 다스리는 전기간 동안에 그들의 승리는 완벽하였다.

그러나 우리는 마르크스가 그의 저서 《프랑스에서의 계급 투쟁》에서 다른 해석을 내린 것에 대하여 소홀히 할 수 없다. 그는 다음과 같이 쓰고 있다.

루이 필리프 치세에 지배적인 세력은 프랑스의 부르주아 계층이 아니었으며 그들 중 일부, 즉 은행가, 증권계의 제왕, 철도의 제왕, 석탄이나 철 등 광산의 소유주, 임야 소유주, 그리고 그들과 연결되어 있는 지주의 일부 등 소위 우리가 금융 귀족(aristocratie financière)이라 일컫는 자들이었다. ……말 그대로의 산업 부르주아지(bourgeoisie industrielle)는 공식적인 반대 세력의 일부를 형성하였다. ……그 대립은 금융 귀족의 주도권의 발전이 더욱 뚜렷해지면서 점점 더 확고해졌다.

금융가와 산업가 사이의 대립이 마르크스가 단언하였던 바와 같이 두드러지지 않았던 것처럼 보인다면, 그것은 두 계층 사이에 밀접한 관련이 존재하기 때문일 것이며(델레세르 가·세이에르 가·페리에 가 등은 산업가이면서 동시에 금융가였으며, 금융가 가문과 산업가 가문 사이에 혼인관계로 인한 결합이 종종 이루어졌다), 스탕달에 따르면 '부르주아 계층의 귀족'이라 할 수 있는 금융가들이 7월왕정 동안에 산업가들보다 우세하였던 것 같다.

19세기 전반부는 화폐 부족의 시기로, 경제적으로 돈이 잘못 이용되었기 때문이라고 할 수 있는데(한편으로는 국민들 사이에 빈약한 자본 축적, 다른 한편으로는 전쟁 부채의 상환, 그리고 군비 지출과 호화 소비 등), 그러한 조건하에서는 유일하게 대자본을 움직일 수 있는 사람들의 지위만이 지배적인 것이 되었다.

"재정의 부족은, 처음부터 7월왕정을 상층 부르주아지의 지배하에 두게 하였다."(MARX) 오히려 파리의 대규모 은행이라고 말하는 것이 필요할 터이다. 국채를 일반인들에게 판매하기 위하여 정부는 이 은행의 중재를 거쳐야만 하였다. 그 액수가 상당하였기 때문에 파리의 대규모 은행이 거기에서 얻는 이윤은 적지않았다. 부르봉 가와 절친한 관계를 유지하였던 로트실트 남작은 7월혁명으로 인한 붕괴로 망할 뻔하였으나, 그가 신속하게 자신의 자금을 루이 필리프에게 맡김으로써 효과적으로 회복하는 데 성공하였으며, 국채의 판매를 거의 독점함으로써 그가 소유하고 있는 대규모 은행에 견줄 만한 것이 없었다. 하지만 다른 유태인 가계(아이히탈·풀드), 프로테스탄트 가계(델레세르·말레·오탱게르·베른느·필레-윌), 오랫동안 부유해 온 지방의 부르주아 계층(페리에·다빌리에), 혹은 라피트와 같이 자수성가한 자 또한 이 대규모 은행에 포함되어 있었다.

자금의 교환과 운용으로 유지되는 이 대규모 은행은 여전히 산업에 대해서는 관심이 적었다. 그들은 왕정복고기 초반에 급속하게 발전하였던 보험회사에서 그들 자본의 이익을 올렸다. 도시와 농촌에서 환대받았던 화재보험, 우박피해보험, 상해보험, 그리고 생명보험(최초의 보험회사인 생명보험회사는 1819년에 느플리즈와 말레 은행에 의하여 설립되었으며, 유니옹-비는 2년 후에 설립되었다) 등은 그러나 그 발전이 보다 더 디디었다. 그들은 차(로트실트)·곡식·면(델레세르, 오탱게르)·양모(세이에르) 등 식료품의 수입이나, 직물공업의 1차 원료 수입에 투자하면서 도매업에서 특히 이윤을 얻었다. 7월왕정하에서 그들은 철도 건설에 관심을 가졌으며, 더욱이 국가보다 더 적극적이어서 토지 수용과 기초 공사 지출 비용을 부담하였다. 로트실트 가·풀드 가·필레-윌 가·오탱게르 가 등은 많은 회사 창립에 참가하였다. 그리하여 은행이 최초로 국토 개발에 대한 투자에 관여하였다.

루이 필리프 시대에 은행이 자신들의 자본을 산업에 투자하는 데 관심을 덜 가졌다면, 사실 그것은 부분적으로 기업가들이 기꺼이 그 수요자가 되지 않았기 때문이었다. 기업들은 근본적으로 상업이나 토지의 경작에서, 혹은 기업이 오래 된 것일 경우는 그 기업 자체에서 축적된 자본을 사용하는 가족적 성격으로 남아 있었다. 기업은 이윤의 체계적인 재투자를 통하여 자체 자금을 조달함으로써 발전하였는데, 이것은 한편으로 생산품이 흔히 비쌌다는 것을 말하는 것이며, 다른 한편으로는 기업가들이 생산보다는 이윤에 대하여 더 몰두하였다는 것을 나타낸다. 이는 결국 보호주의에 대한 그들의 애착과 생산 제한적인 태도를 드러내는 것이었다.

그러나 산업의 형태는 매우 다양하게 남아 있었다. 가장 오래 된 분야인 방직업이나 소규모 금속업 등은 분산된 구조를 고수하는 경우가 흔해서 가내 작업이 공장에서 행해지는 작업을 훨씬 능가하였다. 특히 아마·대마·견 등의 직조업이 그러한 경우였다. 반면에 알자스의 면산업을 특징짓는 것은 대규모 공장제였다. 즉 알자스의 대공장주는 "노르망디인 동업자들을 낮게 평가하고 그들을 상인으로 간주하였던 반면에, 그들 자신은 가장 고상한 의미로의 기업가로 여기고 있었다."(G. DU-VEAU) 한 단계 높이 나아가 기업 집중이 특정 분야에서 이루어지고 있었다. 예를 들면 금속업(Société des forges de Châtillon et Commentry)·광업(Compagnie d'Anzin, Compagnie des mines de la Loire는 1845년에 만들어졌으며, 9년 후에 정부의 압력하에 분할되고 만다)·화학산업·유리제조업 등이 그것이다. 게다가 이러한 집중 현상은 19세기 동안에는 여전히 많지 않았다. 건축업이나 특히 직물산업(그 생산량이나 노동력의 중요성에 있어서 제1순위의 프랑스 산업이었던)과 같은 가장 중요한 산업들에서 이러한 현상이 거의 이루어지지 않고 있었다. 1851년의 인구 조사에 따르면, 매우 넓은 의미로 정의된 대규모 산업(10명 이상의 노동자를 거느리는 기업)에 종사하는 노동력은 약 1백50만 명 정도였다. 반면에 3백만 명 정도가 여전히 소규모 작업장에서 일하였다.

산업의 발전과 기업수의 증가로 인하여 고용주들은 경쟁의 위험을 쉽사리 감지하였다. 자유경제의 옹호자였던 그들은 자신들의 노동자들이 임금을 위해서 결사하고 결합할 권리를 부정하고, 국가의 모든 개입을 전적으로 부인하였으며, 노동조건에 대한 모든 규제를 거부하였다. 그런데 그들 자신의 기업을 보호하고 경쟁의 영향을 제한해야 하기에 이르자 그들은 더 이상 그렇게 하지 않았다. 그들은 신속하게 그들의 이익 공동체에 대한 자각을 하고 이익을 보호하기 위하여 조직되어야만 함을 인식하였던 것이다. 왕정복고 말기부터, 특히 7월왕정하에서 기업가연맹(associations patronales)이 공권력의 암묵적인 동의와 더불어 구성되었다. 직물업에서는 1825년경에 리옹에서 견직물 제조인들에 의하여 '제조업자연합(Réunion des fabricants)'이 조직되었으며, 1837년에는 아마산업에서, 그리고 1839년에는 면직산업에서 '협회'가 조직되었다.

식품산업 분야에서는 1832년에 릴에서 사탕무 설탕제조업자들이 사탕수수 설탕의 경쟁에 대항하기 위해 '국내제당업자협회(Comité de fabricants de sucre indigène)'를 조직하였다. 금속 분야에서는 1840년에 제철소 경영자들이 1864에 세워진 '제철협회(Comité des forges)'의 전신인 '금속공업이익옹호협회(Comité des intérêts métallurgiques)'를 결성하였으며, 결사에 관한 1884년의 법은 법인격(法人格)의 획득을 가능케 하였다. 같은 해인 1840년에 최초의 '탄광협회(Comité des houillères)'가 창설되었다. 특히 경쟁으로부터 자신들을 엄격히 보호하기 위하여 구성된 이러한 협회들은 가격 수준을 보호하고, 시장을 분할하기 위하여 모든 협력과 결사를 허용하였다. 때로는 지배적인 기업간의 단순한 협약이 동일한 결과를 얻을 수 있게 하였다. 예컨대 크리스탈산업에서 2개의 대제조업자인 바카라와 생-루이간에 시장을 통제하기 위하여 구성된 카르텔은 족히 사반세기 동안(1830-1857)이나 유지되었다.

이와 같이 모든 수단을 동원하여 자신들의 이익을 도모하고자 한 의지가 산업 대부르주아지들의 전형적인 특징적 태도임은 의심할 여지가 없다. 그들이 경제의 진보와 생산의 발전에 공헌할 줄 몰랐던 것은 아니었으나, 그것은 단지 자신들의 즉각적인 이익이 관계되었을 때뿐이었다. 그렇지 않을 경우 그들은 그것을 방해하는 것을 두려워하지 않았다.

우리는 매우 심각한 것으로 드러나는 기업가들의 소극적 태도에 대하여…… 검토하고 있다. 즉 철 생산을 위한 목탄의 대체에 있어서의 그 굼뜬 정도는 기업가들이 통찰력과 안목이 넓지 않다는 것을 보여 주는 것이다……. 이 계급이 때때로 기술혁신에 공헌하였음은 분명하다. 그러나 그러한 태도가 지속적이었다고 말해서는 안 되며, 그렇게 믿도록 내버려두어서도 안 된다.(J. LHOMME)

위의 저자는 또한 대부르주아지의 소극적 태도에다가 "그들이 자신들의 이익을 옹호하기 위하여 쏟았던 격렬함, 바로 토크빌이 이미 지적하였던 그 냉혹함," 그리고 "자신들의 즉각적인 이익을 넘어서 그 이상을 볼 줄 모르는 무능력"을 덧붙였다. 그들이 권력을 잡은 이후로 정부는 공익에 따라 행동할 수 없었으며, 그들이 이익에 반대되게 행동하는 것을 기대할 수 없었다.

이러한 것들은 세기의 전환기에 나폴레옹 3세의 권력이 도래하면서 바뀌게 되었다. 단순히 체제와 권력의 변화가 사회세력간의 균형을 완전히 변화시키기에 충분하지 않았지만, 이 사건은 황제 자신이 이용하고자 하였던 경제적 상황의 새로운 방향과 일치하는 것이었다.

실제로 나폴레옹 3세는 완숙된 계획은 아니었다고 할지라도 적어도 '확고한 의도를 가진 계획'을 가지고 있었는데(M. BLANCHARD), 여러 가지가 있었지만 무엇보다도 프랑스 국민에게 물질적 번영을 제공해 주겠다는 것이었다. "영국의 산업이 갑작스럽게 부유해진 것을 목격하고, 영국이 급격하게 진취적인 단계로 변화되었음을 일별하면서, 망명 시기 동안에 그는 프랑스가 풍부한 재원과 부를 가지고 있는 강하고 방대한 나라이긴 하지만 잘못 운영되어 후진적이라는 인상을 받았다. 그리하여 그는 마치 게임에 들어가듯이 프랑스에서 근대 경제의 형태로의 길을 서둘러야만 한다고 간주하였다." 프랑스인에게 번영이 오게 된 계기가 상황의 급변에 의한 것이었음은 의심할 여지가 없다. 그러나 그것은 황제가 대담하게 이 기회를 포착하여 경제와 사회 분야에 개입하는 야심 있는 정치를 실행함으로써, 루이 필리프의 자유주의 원칙을 멀리하면서였음이 또한 분명한 사실이었다.

경제적 상황의 개선은 그 출발점이 1850-1851년으로 장기간의 물가 상승, 즉 거의 사반세기 가량 지속되었던 것으로 프랑스에만 해당되는 것이 아닌 전세계적인 물가 상승과 더불어 나타났다. 이 상승의 기원은 여러 가지 이유가 있지만, 그 가운데에서도 캘리포니아·오스트레일리아·뉴질랜드의 광산 채굴에서 촉발된 금의 증가 때문이었다. 예컨대 20여 년간(1850-1870)의 전세계의 금 생산이 아메리카 발견 이래로 축적된 전체 양과 거의 맞먹는 것이었다. 느리지만 비교적 적절한 물가 상승(1851년에서 1873년 사이에 약 30% 정도)은, 물가보다 훨씬 더 높은 이윤을 토대로 해서 모든 생산에 강한 영향을 미치면서 이 시기의 모든 경제생활을 지배하였다. 같은 시기에 연간 상속세에 대한 통계로 짐작해 볼 수 있는 재산의 증가는 가속화되고 있었다. 예를 들면 1829-1831년에서 1849-1851년 사이에 연간 상속세의 가치는 30% 증가하였는데, 동일한 20년의 기간 동안, 즉 1849-1851년에서 1869-1871년 사이에 그것은 50%나 올랐다.

이러한 경제적인 발전, 보다 정확히 말하자면 자본주의적 발전이 이루어진 데에는 세번째 요소인 생-시몽주의(Saint-Simonisme)가 기여한 바 컸는데, 그것은 생-시몽주의가 "전망·방식·열정·인물 등을 제공하였기 때문이다."(G. PALMADE) 생 시몽 자신은 "가장 가난한 계급의 도덕적·육체적인 생활을 가능하면 가장 신속하게 개선시키기를" 바랐던 반면에, 생 시몽의 제자들 사이에서는 하나의 생산 원리, 오로지 생산에 관한 원리가 되어 버린 생-시몽주의는 생산자의 뛰어난 유용성을 강조하고 '생산자계급'을 '사회에 영양을 주는 계급'으로 축복하였던 것이다. 그것은 인류의 황금시대는 과거에 있는 것이 아니라 미래에 있다고 선언한 것이다. 생-시몽주의자들이 매우 구체적으로 실현할 줄 알았던 것은 바로 진보의 이상이었다. 금융계의 앙팡탱과 페레르 형제, 콜레주 드 프랑스에 있다가 황제의 고문관이 된 미셸 슈발리에, 철도업계의 탈라보와 같은 이들이 새로운 열정으로 경제 발전을 전도하던 사람들의 일부였다.

롬므의 표현을 빌리자면, 생-시몽주의자들의 자극하에 '모태산업'이 된 것은 바로 금융기관이었다. 당시는 대기업들이 많이 존재하던 때였기 때문에 일반적으로 가족 자본은 그들의 재정을 충당하기에 충분치 못하였다. 예컨대 새로운 자본주의는 이제 더 이상 가족적이지 않았으며, 금융과 관련되고 투기적이었다. 이러한 변화가 가능하였던 것은 경제 번영으로 증대되었지만, 그때까지 고갈되었거나 혹은 잘못 사용되었던 저축이 동원된 덕분이었다. 이러한 '국민 자본(plébiscite des capitaux)'은 페레르 형제와 같은 생-시몽주의자들에 의하여, 1852년 크레디 모빌리에 은행이 창설되면서 처음으로 실현되었다. 이 은행은 대기업들이 그들이 필요로 하는 자본을 마음대로 이용하게 하면서 산업 투자를 용이하게 할 목적으로 이루어진 것이었다. 예컨대 크레디 모빌리에 은행은 채권을 일반인들에게 판매함으로써 그 자본을 모았던 것이다. 이 금융기관은 자본을 회사들에게 대출해 주어 이 회사들을 하나의 '연합체'로 결집시키기를 바랐으며, 그 결과 가장 견실한 회사가 보다 불확실한 회사에 대하여 일종의 보증이 되기를 바랐다. 3년 후에 페레르 형제에 경쟁하는 은행가들이 협회를 조직하였으며, 그것이 1864년에 소시에테 제네랄(Société Générale)이 되었으며, 그것 역시 기업의 재정을 보증하는 예금은행이었다. 산업은행과 상업은행(1859), 그리고 크레디 리요네(Crédit Lyonnais, 1863)와 더불어 새로운 은행조직의 설립이 완성되었다. 그러나 제2제정하에서 구(舊)은행 스스로도 그들의 활동 가운데 일부를 동일한 방향으로 돌리기 시작하였는데, 즉 자신들의 산업 투자를 신용 대출이나 회사의 출자 분담, 그리고 어음 발행 등의 형태로 발전시키기 시작하였던 것이다. 그것이 어떤 형태였든지간에 은행은 기업가들에게 크게 개방되었다.

기업가들 중에서 제련산업가들과 특히 '철의 왕'인 탈라보 가·슈네데르 가, 방델 가 등이, 이제 부르주아 계층 가운데 가장 역동적인 측에 속하는 산업자본가의 제1순위에 올랐다. 철도의 비약적인 발전, 육·해군의 주문, 건설 등은 철강 상품에 놀랄 만한 출구를 제공하였다. 생활 수준의 상승은 뮐루즈의 귀족계급, 노르 지방의 귀족계급, 리옹의 견직물 제조업자, 노르망디 가문 등 직물산업의 거물들에게 이익을 주었다. 과학적 발전과 기술의 진보는 '화학공업의 선구자'인 쿨만 가와 기메 가, 뫼르트 지방의 도이치 가·데마레 가 등에게 길을 터주었다. 산업 부르주아지들은 경제적 상황의 유리한 흐름에서 최대한 이득을 보았음과 동시에, 그들은 기업의 집중을 통해서 그 힘을 발전시켰다. 즉 대기업들이 주기적인 위기로 인하여 나쁜 상황에 빠지게 되는 부실 기업들을 되사거나 혹은 통합하는 재정 집중, 소규모 작업장이나 혹은 가내노동을 대신하는 대규모 공장에서의 기술 집중, 마을이나 혹은 광산 근처에서의 지리적 집중 등을 통해서였다. 이러한 집중의 형태는 특히 제련산업(방델의 공장은 제2제정 말기에 9천 명 이상의 노동자를 거느렸으며,

슈네데르 공장은 1845년에 2천5백 명, 1860년에 6천 명, 1870년에 1만 명을 거느렸다)과 철도(1851년에 42개의 회사에서 1860년에 6개의 회사로)에서 급속히 발전하였다. "수공업 구조, 가족 구조와 전통, 그리고 관습 때문에 다른 세계"였던 직물산업에서는 그 정도가 보다 덜하였지만 그래도 기업 집중은 '실제적이고 효과적'이었다.(C. FOHLEN) 1850년대와 특히 1860년대에는 장인 세계가 붕괴되었으며, "그 기본적인 성격이 한 세기 동안 고정되는" 근대적인 직물산업이 탄생되었다.

산업 대부르주아지는 기업 집중에서 한 걸음 더 나아갔는데, 즉 "자본주의의 지칠 줄 모르는 성격을 최대한 두드러지게 나타내면서" 그들은 할 수 있는 최대 한도로 동일인이 겸직을 하였다. 프루동의 협력자였던 조르주 뒤셴은, 1862년에 페레르 가가 19개의 회사를 다스리고 35억의 자본금을 운용하였다고 단언하였다. 그는 회사 중역의 직이 1백83명에게 분산되어 있었는데, 그 중에서 약 30여 명(모르니 · 로트실트 · 탈라보 · 페레르 가 등)이 인상적인 겸직을 하였다는 것을 보여 주었다. 이 1백83명이 2백억 프랑 이상의 주식과 채권을 관리하였으며, 그야말로 산업 '제국'을 이루었다.

이와 같이 소수의 손에 경제력이 집중된 것은, 프루동주의자들과 다른 사회주의자들에 의해서 뿐만 아니라 자신들의 이해 때문에(상인이나 소기업가의 경우), 혹은 신념 때문에(지식인들의 경우) 자유주의에 대하여 깊은 애착을 가지고 있던 일부 부르주아 계층들에 의해 빈축을 샀다. 부르주아 계층은 분열의 위험에 처해 있었는데, 부르주아 계층에게 더욱 심각한 것은 경제적 번영이 대부르주아지에게 큰 도움이 되었다고는 하나, 이 경제적 번영으로 인하여 공직에 마련되는 직업수의 증가와 기술자에게 점점 더 넓어지는 고용 가능성만큼이나 기업수의 증가(영업 허가의 통계가 나타내고 있듯이)로 중소부르주아지들이 또한 강화되었다는 점이다. 이미 정치력과 경제적 힘을 보유하고 있던 대부르주아지가 독점을 열망하였지만, 그들은 종속적 입장에서 벗어나고자 하는 희망까지 자신들이 없애게 될 사람들, 즉 중소부르주아지들과 맞서게 될 위험에 처해 있었다.

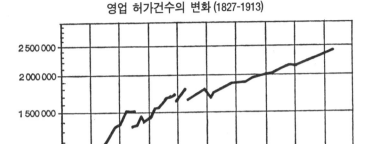

영업 허가건수의 변화 (1827-1913)

1845년, 1859년, 1863년의 단절 부분은 영업 허가의 법안 변경(다양한 면제)을 나타낸다.

출전: *Annuaire statistique*, 1961.

이 시기부터 대부르주아지는 특권층으로 구성되는 경향이 있었던 것으로 보인다. 실제로 역사가들은 "가족간의 다양한 연계가…… 고용주 자본가의 결합을 강화하였으며, 또한 그를 봉쇄하기도 하였다. 결혼은 거의 항상 그 집단 내에서 이루어졌으며, 결혼하기 위해서는 '연기나는 하나의 굴뚝'이 필요하였다. 만일에 동일한 직업에 속하지 않는다면, 적어도 동일한 경제적 엘리트에 속함으로써 비교할 만한 수준의 가문 사이에서 결합이 맺어져야만 하였다"고 적을 수가 있었다. 그러나 고용주로의 길, 심지어는 대고용주에 이르는 길은 쉽지는 않았지만 어쨌든 가능하였다. G. 뒤보는 1870년 이후에는 더 이상 이전과 같지 않을 것이라고 지적하였는데, "사촌들 중 한 명에게서 주물 제조의 도제를 하였던 제련업계의 거물 장-프랑수아 켈," 코르베이의 대제분소의 창립자인 다르블레 형제, 그리고 파리의 대(大)금은세공품 상인 크리스토플 등의 예를 들었다. 우리는 이러한 명단에다 신산업이었던 화학산업의 기업 창업주들의 이름과, 상당한 재산으로 인하여 직물업 고용주의 제1순위에 놓여지고, 그에 맞먹는 야망이 놀랄 만한 정치적 경력 쪽으로 돌려진 노르망디 제사공장주 벼락부자 푸이에-카르티에의 이름들을 덧붙일 수 있을 것이다.

후보자들이 사회적 상승이 가능할 수 있도록 대부르주아지가 아무리 오랫동안 문을 반쯤 열어두었다 하더라도, 대부르주아지는 다른 부르주아 계층 가운데 가장 정력적인 이들이 개인적인 성공을 통해 대부르주아지의 대열에 진입하려는 희망을 포기하지 않는 한, 그러한 부르주아 계층에게 커다란 어려움 없이 자신들의 우위를 인정하게 할 수 있었다. 자신들의 힘을 자각하고, 일부에 의해서 부러움을 사고, 모두에게 존경을 받던 대부르주아지는 오로지 자신들의 영향력으로 인하여 머지않아 전형적으로 부르주아지적인 것으로 간주하게 될 태도와 망탈리테를 부르주아 계층 전체에 강요하였다.

부르주아지적 태도는 가족생활에서 잘 나타났다. 큰 행사는 결혼이었으며, 가장(家長)의 커다란 공포는 신분이 낮은 사람과의 결혼이었다. 균형이 맞아야만 하는 것으로는 재산조건 이외에도 각각의 배우자가(혼인) 계약에 가져오게 될 '상속 재산'이 고려되었으며, 학식과 교육 수준 등이 비슷해야만 하였다. "젊은 남성 부르주아에게 라틴어가 차별을 나타내는 특징이었던 것처럼 젊은 여성 부르주아 계층에게는 피아노가 그러하였다."(R. PERNOUD) 그 자신은 종교에 집착하지 않는 경우가 흔하였던 남성들은 종교가 여성 교육의 일부여야만 한다고 생각하였는데, 그 이유는 종교가 가정의 도덕과 안정을 위한 확실한 보증이었기 때문이었다. 일단 결혼하면 부르주아(남성)는 그의 집에서 절대적인 주인이었으며, 그는 그를 둘러싸고 있는 사람들에 대하여 무제한적인 합법적 권력을 행사하였다. 즉 "여성은 문자 그대로 민법전에 존재하지 않았다. 여성은 앙시앵 레짐하에서보다도 더욱 아버지의 보호에서 남편의 보호로 이어지는 영원한 미성년자로 남아 있었다……. 민법전은 어린이를 무시하였다. 어린이는 오로지 법률가들만이 관심을 갖는 미래의 소유주들이었다."(R. PERNOUD) 가족은 우선적으로 부부의 공동 취득 재산으로 이루어진 사회였으며, 감정은 이해관계 뒤에 오는 것이었다. 어린이에 대한 사랑을 부르주아 계층의 독특한 특징으로 보고자 하였으며, 이 점에 있어서 19세기 부르주아 계층들과 자발적으로 하녀의 손에 아이들을 맡겨 버렸던 앙시앵 레짐의 귀족을 대립시킨 작가들에 대하여, R. 페르누는 그들 자신의 자녀들이 아니라("그들은 재산을 구성하고 있는 모든 것에 애착을 가지는 것과 마찬가지로 자녀에 애착을 가졌다") 일반적인 아동에 대한 부르주아 계층의 태도를 대립시켰다. 페르누는 아동노동법(1840-1841)에 관한 하원에서의 논쟁의 발췌를 예로 들고 있는데, 그것들은 산업 부르주아지 대표자들의 무정함·위선, 그리고 무시무시한 양심을 명확히 드러내고 있었다.

부르주아 계층에게 있어서 사회의 기초는 오직 재산이었다. 왜냐하면 그것은 이윤을 낳게 하고, 안전을 가져오기 때문이었다. 그러므로 부르주아의 덕목은 부의 증가에 의하여 보답받는 것들, 즉 실질적이고 계산적인 지혜, 신중함, 질서, 절약, 일에서의 정확성 등이었다. 가장 품위를 떨어뜨리는 악덕은 사업을 방해하는 것들, 즉 불성실함·도둑질·사기·속임수 등이었다. 방탕함으로 인하여 가족의 파멸이나 사회적 지위의 실추를 초래하였을 때 가혹하게 비판받았는데, 그것은 일정 한도 내에서는 가벼운 죄였다. 부유해지는 데 이르기 위하여 죄책감은 적당하지 않은 것이었다. 즉 "임금의 지급시에, 고용주에게는 그가 지불해야 하는 쥐꼬리만한 임금에서 지불을 조금이라도 더 줄이기 위한 모든 수단이 좋은 것으로 보였다. 예를 들면 상품 결함에 대한 벌금, '기계의 감가상각비'를 위한 임금 공제, 심지어는 틀린 측정, 은으로 지불하는 '환전'을 이용함으로써 고용주는 여전히 임금의 1,2%를 공제하는 것이 가능하였다."(J. LHOMME) 더 일반적으로 말해, 부르주아 계층은 부유해지기 위하여 하나의 계급 전체를 착취하는 것이 필요하였는데, 이 계급은 또한 끈기 있게 자신의 운명을 받아들일 것이 요구되었다. 그의 고유한 표현에 따른다면, 그에게는 '고통을 참아내는 수단'이 필요하였다.

이러한 계급이기주의에도 불구하고, 부르주아는 때로는 평화와 자유의 애호가였던 것처럼 전해진다. 부르주아가 전쟁이라는 모험의 적대자라는 것은 의심의 여지가 없다. '부르주아' 왕 루이 필리프의 신중함과, 제국이 재건되기 직전 로트실트가 한 걱정 등이 바로 그 예임을 우리는 알고 있다. 그러나 그러한 평화주의가 그들의 부를 평화롭게 만끽하고자 하는 열망보다 더 강한 것이었는가? 자유를 향한 애정에 관해 말하자면, 자유는 단지 고용주를 위해서만 요구되었으며 임금 노동자들에게는 거부되었을 뿐 아니라 경제의 독점(보호주의), 부의 독점(기업 집중), 교육의 독점(중등 교육은 부르주아의 자제를 위한 것이었다) 등 독점의 열망 앞에서 자주 무릎을 꿇었던 것이다.

그러나 부르주아적 망탈리테의 가장 전형적인 특징은 의심할 여지없이 자신들의 정당함에 대한 확신이었다. 부르주아 계층의 사상가들은 사회에서 마땅히 그들에게 돌아올 자리인 첫번째 자리를 차지하였다고 그들 동료에게 납득시키는 데 별 어려움이 없었다. 그리고 그들이 이러한 가정에 대하여 정당화를 요청한 것은 바로 역사였다. "나로서는 입헌 사상의 승리에 기여하고자 하는 강렬한 열망에 사로잡힌 나머지, 나의 정치적 신념을 뒷받침하기 위한 증거와 주장들을 역사책에서 찾기 시작하였다"고 1817년 오귀스탱 티에리는 적고 있다. 그리하여 기조가 인식하는 바 역사는 중세의 프랑스에 자유 도시(commune)를 형성하였고, 18세기 영국에서 의회의 승리를 확립하였던 부르주아 계층 최고의 우위를 누리는 것이 마땅하다는 것을 나타내었다. 기조로서는 프랑스 역사는 당연히 헌장(1814)에서 그 절정을 이루는 것이었다. 부르주아가 아니었던 토크빌만이 거의 유일하게 부르주아 계층의 승리가 역사의 종말을 나타내는 것이 아님을 깨달았다.

3. 프롤레타리아 노동자의 형성

길드(corporations)를 폐지하고 노동의 자유를 도입함으로써, 대혁명은 산업혁명이 프랑스에서 그 효과를 충분히 느낄 수 있도록 하는 조건들을 창출하였다. 한편 완만하였던 혁명은 영국보다 매우 느렸다. 예컨대 '베틀이나 공작기계 · 증기기관 사이의 대대적이고 일반적인 연결'이 실현된 것은 19세기 초반부에 와서였다. (19세기초에 프랑스에서 이용된 산업 에너지의 4분의 1 정도는 여전히 수력이었는데, 영국에서는 그 비율이 단지 2% 정도였다.) 그리고 운송수단의 혁명이 이루어진 것은 1850년 이후에 가서였는데, 이는 이웃인 영국처럼 산업혁명과 동시에 이루어진 것이 아니라 그 이후였다.

결국 근대 경제사회의 탄생은 훨씬 늦게, 그리고 어렵게 이루어졌던 것이다. 그러므로 19세기의 상당 부분 동안 프랑스 산업을 특징지었던 것은 공장주와 수련공이 나란히 생활하며 18세기 형태, 즉 준(準)장인적 노동력으로 분산 가내공업의 구(舊)형태와 집약 생산을 하는 근대적 형태가 공존하는 것이었다. 후자는 널리 퍼져 있지 않았으며, 그렇게 되기에는 아직 멀었다. 1848년에도 여전히 대규모 공장에서 고용하는 노동자들은 산업 인력의 4분의 1 정도에 불과하였다. 새로운 산업 프롤레타리아는 여전히 구(舊)수공업 노동자들 사이에 묻혀 있는 소수로서, 이들은 소수의 가내공업 장인들과 더불어 하나의 '민중계급'을 구성하였으며, 아직 노동계급을 이루지는 못하였다.

구(舊)수공업 노동자는 19세기 프랑스에서 독창적인 사회적 유형을 대표하였다. 우선 무엇보다도 견습기간을 거쳤기 때문에 그는 숙련 노동자였다. (대규모 공장의 노동자는 이런 기회가 없었다. 그는 매우 젊어서부터, 심지어 때로는 유년시절부터 공장에 덥석 잡혀와서 그에게 맡겨지는 일에 따라 '작업중에' 그의 일을 몸에 익힐 수밖에 없었던 것이다.) 숙련 노동자는 일반적으로 교육을 받았으며, 교육에 상당한 중요성을 부여하여 자기의 자식들이 그 혜택을 받기를 바랐다. 그러므로 학교 문제에 관심을 가졌는데, 그는 학교에서 모든 편견이나 외부적 영향, 특히 성직자의 영향을 제거하기를 원하였다. 그의 가족생활은 나무랄 데가 없었다. 예컨대 엄격한 도덕관념을 가지고 있어서 그의 여가를 술집에서 낭비하지 않고 '가정'에 남아 있는 그의 아내와 자식 등, 가족 구성원과 보냈다. 많은 자녀를 원하지 않았기 때문에 품위 있는 생활을 유지하고, 심지어는 보다 나은 생활 수준에 도달할 수도 있었다. 그는 독서와 토론(예를 들면 우리는 제화공의 작업장이 고객이 기다리는 동안 토론의 장소가 되는 것을 자주 보게 된다), 그리고 깊이 생각하는 성향이 있어서 자신이 살고 있는 시대의 문제에 관심을 두었다. 이러한 특성들이 훌륭한 노동 투사를 만들었으며, 그 결과 적어도 제3공화정 초반까지의 노동 투사들은 대규모 공장의 노동자들에서보다는 인쇄공·기능공·고급 가구세공인·목수·재단사·모자제조인 등에서 충원되는 경우가 더 흔하였다.

이러한 대규모 공장 노동자들은 매우 다른 부류인 농민 출신이었다. 많은 토지 소유 농민이 그들의 경작을 포기하였던 것이 아니며, 소분할지 소유농도 공장에서 일자리를 찾는 것보다는 한 뼘의 땅이라도 구매하는 데에다 더 그들의 희망을 두고 있었다. 그러나 농업 노동자들과 기계제 공장과의 가차없는 경쟁을 겪고 있던 분산 가내공업 노동자들은, 도시에 다다름으로써 실업에서 벗어나고 보다 덜 비참한 임금을 받기를 기대하였다. 이러한 농민들이 어떻게 도시에 동화되었는가? 지역에 관한 전공 논문의 부족으로 우리는 그 동화과정에 대하여 잘 알지 못한다. 로렌 지방에서 거대한 제련공장 단지에서 일하기 위해 시골 마을을 뒤로 한 농민은, 즉각적으로 광산이나 제철소에 고용되는 것을 꺼렸던 것으로 보인다. 오히려 그는 배달원, 식품점 점원, 푸줏간의 심부름꾼, 토목공사나 혹은 도로공사 일꾼 등을 하였으며, 이와 같은 대단위 공장에 대한 주저가 사라지는 것은 다음 세대에 가서였다. 그리하여 오로지 이주자들의 자식들만이 "방델 공장에 덥석 물려 있었다." 반면에 루아르에서는 만일 우리가 1848의 설문조사에 응한 리브-드-지에의 광부들을 그대로 믿는다면, "농촌의 노동자들이 개간할 땅을 놓아둔 채 이 지역에 정착하기 위하여 도처에서 왔다……. 그들은 (우리) 공장을 선택하고자 하였는데, 왜냐하면 다른 곳보다 견습기간을 그리 오랫동안 강요하지 않기 때문이었다." 어쨌든 농민들의 유입은 산업도시에서 심각한 주택 위기를 초래하였다. 예컨대 빌레르메·블랑키·게팽·뷔레와 같은 당대의 관찰자들이 증명하고 있듯이, 노동자들은 불결하고 지저분한 방에서 붐비며 살아야만 하였다. 주택의 상태는 노동자들에게 가장 견디기 어려운 고통을 야기시켰다.

물질적인 성격이 아니라 대공장의 새로운 노동자들이 겪었던 심리적 성격의 고통 또한 만만치 않았다. 공장에 편입된 노동자는 자신의 기술적 자율성을 상실하였다. 가내에서 일을 하거나, 혹은 밭에서 다양한 일을 하던 것 대신에 그는 오로지 한 기계의 종복이 되었던 것이다. 즉흥적이고 무질서하고 일관성 없는 일에 익숙해져 있던 신출내기 노동자는 조직적이고 지속적이며 규칙적인, 그리고 아주 흔히 단조롭기까지 한 일을 마지못해서 하였다. 그는 그의 고용주에게 자신의 노동력뿐 아니라 자신의 자발성, 자신의 행위와 활동, 자신의 시간을 마음대로 사용할 자유까지도 팔았던 것이다. 전통적인 그의 환경에서 떨어져 나와, 그는 이제 고립, 도덕의 퇴락, 불안정성, 사회적 규율이 없는 곳에 노출되었던 것이다.

공장에 모여든 프롤레타리아에게 영향을 미친 도덕적 타락은 잘 알려져 있다. 예를 들면 이 계층에서 알콜리즘이 증가되었다는 것은 잘 나타나 있다. 예컨대 "대공장에서 일하는 사람은…… 그의 지루하고 천편일률적인 생활을 잊고자 하였기 때문에 더욱더 술을 마셨다."(G. DU-VEAU) 그러나 기계화의 결과로 여성과 아동이 노동에 투입되면서 상황은 더욱더 악화되었다.

실제로 기업가들, 특히 직물 분야의 기업가들은 특정 기계를 작동하거나 지켜보기 위하여, 혹은 끊어진 실을 연결하는 것 같은 매우 단순한 작업을 실행하기 위하여 육체적인 힘이 필요하지 않다는 것을 발견하였다. 여성과 아동을 남성과 쉽게 대체하였으며 임금도 더 저렴하였다. 여성들은 남성들보다 2배, 심지어는 3배나 더 적은 임금을 받았으며, 아동은 극히 적은 임금을 받았을 뿐이었다. 그리하여 1847년부터 우리는 10명 이상을 거느리고 있는 공장에서 일하는 67만 명의 남성 노동자와 나란히, 25만 4천 명의 여성과 13만 명의 아동이 일하였던 것을 셀 수 있었다.

때이른 노동이 아동의 건강에 미친 영향은 쉽게 상상이 가는 것이었다. 예컨대 "영양상태가 좋지 못하고 옷도 제대로 입지 못한 채, 새벽 5시부터 먼 거리에 떨어져 있는 작업장으로 달려가서 저녁에 다시 그 작업장에서 돌아와야만 하였던 6세에서 8세 사이의 아동들에게 가해지는 것은 차라리 고문이었지 삶일이 아니었다. 이는 과도한 아동 사망률을 초래하였다."(VILLERMÉ) 게다가 아동 학대도 적지않았다. 예컨대 노르망디의 몇몇 공장에서는 "소의 힘줄로 만든 채찍이 작업 도구로서 중요한 역할을 하였다." 마지막으로 이 아동 노동자들은 작업장의 혼숙에서, 때이른 도덕적 타락을 배우는 것 이외에는 전혀 견습을 받지 못했다.

여성들의 운명도 더 나을 것이 없었다. 협소하고, 급하게 마련되어 습기나 혹은 먼지로 가득 찬 건물에서의 위생상태 결여, 장시간 서서 노동해야 할 필연성, 특정 기계들에 의하여 가해지는 반복적인 충격 등은 여성 노동자들의 건강을 심각하게 악화시켰다. 남성들과 혼합되어 있는 작업장에서 여성 노동자들은 십장의 강요가 아니라 할지라도 관리자나 혹은 고용주로부터의 모든 유혹에 노출되어 있었다. 예컨대 "1855년에 콜마르의 상고법원(Cour d'appel) 검사는 공장들을 염치없는 방탕의 소굴이라고 쓰고 있다." 형편없는 임금을 보충하기 위하여 일부 노동자들은 노동 일과를 끝마치기 전에 작업장을 떠나서 매춘에 몸을 맡겼다. 그녀들은 소위 우리가 '시간외'라 부르는 것을 하는 것이었다.

그러므로 우리가 산업화의 부패시대라 부르는 이 시대의 공장 프롤레타리아들은 경제적 발전의 효과를 비싸게 치렀다. 영양실조(19세기 중반에 루아르 도에서 평균 수명은 경작자가 59세, 장식끈 제조인이 42세, 그리고 광부가 37세였다)와 도덕적 타락(풍기문란, 알콜리즘, 심지어 탐욕 —— 이는 노동자의 임금이 아무리 보잘것 없다 할지라도 자식들을 공장으로 보내 임금을 받아 오도록 교육시키는 것을 거부하는 경향이 흔히 있었기 때문이다)이 뚜렷하였다.

그러나 여기에 일정한 차별성을 제시하는 것이 적절할 터이다.

——우선 지리적 차이를 들 수 있다. 대규모 산업이 프랑스 영토에 균등하게 분포되어 있지 않았다. 브르타뉴와 남프랑스 대부분 지역과 같이 지역 전체에서 대규모 산업을 찾아볼 수 없는 곳이 있다. 대규모 산업은 특히 공장이 가내공업을 압도하고, 로렌 지역(제련업)과 알자스 지역(직물업), 노르 지역과 중부 지역(리옹, 생-테티엔 분지, 르 크뢰조 분지, 몽뤼송-코망트리 지역), 그리고 센-엥페리외르처럼 노동자들의 응집이 거대하게 이루어진 지역에 국한되어 있었다. 파리에서는 적어도 19세기 동안에 매우 숙련되고 활동적인 노동자 엘리트들과 더불어 소

기업과 작은 작업장들이 증식하였던 반면에 대규모 공장은 거의 발전하지 않았다. 대공장은 특히 교외에 자리잡았다.

——사회적인 차이 또한 있다. 뒤보는 19세기 중반에 네 가지의 기본적인 유형이 있었다고 구분하고 있다. 우선 시골 노동자인데(분산 가내공업이 일손을 시골에서 충원할 때 한해서, 이들 시골 노동자들은 분산 가내공업 노동자와 동일시될 수 있다) 이들은 일에 덜 매여 있었으며, 도시 노동자보다는 더 건전하게 삶을 살아가지만 격리되어 있고, 세련되지 못하며, 원초적인 반응을 보였다. 다음은 대공장이 없고 직업적 전문화가 뚜렷하지 않은 중간 정도 규모의 도시에 사는 노동자로서, 그들의 직종이 무엇이든지간에 임금이나 생활태도가 거의 동일하고 삶이 단순하며 평온하였다. 그리고 대공장에 의해 압도된 작은 마을의 노동자(예를 들면 르 크뢰조와 같은)가 있는데, 그는 '사방으로 뻗어 나간 공장'과 '절대적인 고용주'에 거의 전적으로 몸을 맡기고 있었다. 마지막이 파리나 리옹과 같은 대도시 노동자로서 '상대적으로 자유로운 지적 분위기를 맛보던' 노동자가 있었다. 장인, 소작업장의 노동자, 공장 노동자는 모두 동일한 희망과 동일한 분노를 경험하게 되었다. 즉 "마을을 형성하는 일체감이 작업장이나 공장을 형성하는 일체감을 능가하였던 것이다."

마지막으로 시기적 차이가 있다. 왜냐하면 경제적·정치적 상황이 변화를 겪음에 따라 19세기 내내 노동조건도 변하였기 때문이다.

일단 우리가 적당한 경계로 고정시킬 수 있는 1815-1848년의 상황은 그리 유리하지 않았던 것으로 보인다. 예컨대 정치적인 면에서는 노동문제에 대하여 별다른 관심을 가지지 않았던 토지 귀족이나, 혹은 신념이나 이해 때문에 노동자에 대한 모든 보호에 대하여 훨씬 더 냉혹하고 굳게 반대하였던 산업 부르주아지가 체제를 지배하였는데, 산업 부르주아지들은 노동자를 마치 다른 상품과 마찬가지로 신성한 경제 원칙에 따르는 하나의 상품으로 간주하였다. 경제적인 면에서는 장기간의 금 가격 하락과 1817-1818년의 위기와 더불어, 1851년까지 지속된 공산품 가격의 붕괴는 기업가의 이윤을 위협하였으며 원가를 줄이고 가장 짜내기 쉬운 요소, 즉 임금을 압박하도록 부추겼다.

게다가 임금률의 변화는 모든 분야에서 동일한 것이 아니었다. 건축과 같이 기계화에 커다란 영향을 받지 않은 구(舊)직종은, 약간의 높고 낮음의 변동이 있기는 하였으나 임금이 그런 대로 유지되었다. 확장 추세에 있던 광산에서는 오히려 임금이 오르고 있었다. 그러나 제련업이나 특히 직물업과 같이 기계화된 직업에서는 임금 감소가 일반적이었으며, 그 감소폭이 상당히 큰 경우도 허다하였다. (1810-1850년에 직물 산업에서 남성 노동자의 임금을 보면 그 인하율이 40%나 되었다.) 대체적으로 보아 우리가 이용할 수 있는 정보가 불확실하다고는 할지라도 임금률의 하락 경향은 반박할 수 없는 사실이었다.

그러나 노동자의 물질적 조건은 단지 임금률에만 관계된 것이 아니었다. 그것은 취업 여부·생활비·노동시간 등과도 상관이 있었다.

당시 정부에서 별다른 관심을 보이지 않았던 실업 통계의 부재로 인하여, 우리는 계속되는 인구 증가와 그 당시 시작되었던 농촌에서 도시로의 인구 유입이 일손의 공급량을 십중팔구 증가시켰으며, 만일 그렇다면 그 비율은 수요의 증가보다 훨씬 더 큰 것이었다는 것만을 입증할 수 있다. 전후 사정으로 보아 이와 같이 일자리를 요구하는 사람의 증가로 인하여, 고용주가 원하는 임금 하락이 보다 더 쉽게 이루어졌다는 것을 믿을 수 있을 것이다.

——노동자의 생활비는 식료품 가격(노동자 가계의 약 4분의 3을 차지하는), 특히 빵의 가격과 밀접하게 연결되어 있다. 실제로 빌레르메는 노동자들이 "일당을 받은 날이나 혹은 그 다음날, 말하자면 1개월에 2번만 고기를 먹거나 술을 마셨다"고 단언하였다. 그런데 1817년에서 1827년 동안에 매우 낮았던 빵의 가격이 이 시기부터 1847년까지 상승하는 추세에 있었다. 주택 임대 가격(가계의 10에서 20%를 차지하였다) 또한 식료품 가격보다 더 올라서, 19세기 전반부 동안에 생활비가 거의 10%에 해당하는 비율로 올랐다. 명목임금이 하락하는 결과가 되어 실질임

금, 혹은 구매력도 동일한 경향을 보였는데 그 폭이 약간 더 컸다. 게다가 1817-1850년 동안 실질임금의 장기간의 변화는 중요하였다. 1817년, 1828-1832년, 1838-1840년, 1847년의 식량 위기와 일치하는 실질임금 폭락의 주기적 변화가 더 극적으로 나타났다. 실제로 이러한 위기 때에 임금 노동자는 빵 가격의 놀랄 만한 상승(50에서 100%로)뿐만 아니라 동시에 명목임금의 급속한 하락, 실업의 확대를 견뎌내야만 하였는데, 이는 농업 부문에 타격을 가한 위기가 산업 부문으로 확대된 결과라 할 수 있다. '구(舊)유형'이라 일컬어지는 이와 같은 위기시 노동자의 구매력 폭락은 19세기의 특징이었는데, 이는 1860년이 지나서까지 더 지속되지는 않았다. 이 이후의 경제에서는, 경제 위기시에 명목임금의 하락과 식품 가격의 폭발적인 상승이 동시에 발생하지는 않았으며, 19세기의 전반부 3분의 2 동안을 특징짓는 지독한 빈곤이 밀어닥치는 것도 동시에 끝나게 되었다.

──기술적·경제적 요인의 영향으로 노동시간이 늘어나는 경향이 있었다. 기술적 요인들, 즉 하천 유량의 불규칙성으로 인하여 작업이 비연속적일 수밖에 없는 수력기관이 연속적인 작업을 가능케 하는 증기기관으로 대체된 것과 인공 조명의 사용 등이 그것인데, 그때 사용하기 시작한 가스 조명이 노동 일과를 끝없이 늘리는 것을 가능케 하였다. 경제적 요인, 그것은 기업가로서 그가 설비에 투자한 자본이 최대 한도로 생산적이 되게 하기 위하여, 그리고 당시의 어려운 시기에 점점 더 강력해지는 다른 생산자들과의 경쟁에서 이겨내기 위하여, 그의 기계를 최대한 이용해야 할 필요성이 있었다. 이러한 요인들은 여전히 기계화되지 않고 있던 구(舊)직종에는 별 영향을 미치지 못하였으며, 거기에서는 하루의 노동시간이 당시에는 정상적인 것으로 간주되고 있던 하루 12시간으로 고정되어 있었다고 보인다. 그러나 그러한 요소들이 전적으로 영향을 미쳤던 대공장에서는 노동시간이 증가되었다는 것이, 때로는 기업가 자신들에 의하여 증명되고 있다. 렝스의 직물업 작업장에서는 실제 12시간에서 12시간 30분이었으며 노르와 생-캉탱에서는 13시간, 그리고 오-랭에서는 적어도 13시간 30분이었다.

——그리하여 적어도 대공장에서 노동조건의 악화는 모두 똑같이 적용되고 있지는 않지만, 위의 모든 요소들에서 뚜렷한 모습을 보이고 있었다. 이 문제를 해결하기 위하여 노동자들은 그들 자신에 의지할 수밖에 없었다. 왜냐하면 그들은 국가의 보호를 기대할 수도 없었을 뿐 아니라, 법이 그들에게 매우 불리하게 적용되고 있었기 때문이다. 그들에게는 모든 항구적인 조합(association)이나, 심지어 일시적인 결합(co-alition)조차도 금지되어 있었다. 파업시에는 주동자는 체포되어 법의 판결을 받고 징역을 선고받았다. 군대가 노동자들이 강제로 일을 재개하도록 하기 위하여 고용주들 마음대로 이용되는 경우도 흔하였다. 일상생활에서 노동자는 의심의 대상이었다. 예컨대 그는 일련번호가 적히고, 경찰서장이나 시장(읍장)의 서명이 있는 작은 수첩을 가지고 다녀야 하였으며, 매 거주지 변경시에는 그것을 알려야 하였는데 위반시에는 부랑아로 간주되었다. 고용주는 노동자들이 그렇게 되지 않도록 주의하였으며, 노동 수첩에 고용주가 노동자에게 빌려 줄 수 있는 대부금(貸付金)을 적었다. 노동자는 그의 수첩을 제시하지 않고는 고용주를 바꿀 수 없었다. "그 어느 누구도…… 노동자가 속해 있는 고용주에 의하여 발행된 계약 완수 증명 수첩을 지니지 않는 노동자를 받아들일 수 없을 것이다."(1803년 4월 12일 법 제12항) 이러한 노동 수첩의 의무가 그리 엄격하게 지켜졌던 것은 아니었으나, 그것은 항상 법적으로 노동자를 제약하고 있었다.

그리하여 19세기 초반에 노동자의 활동은 좁은 영역에 국한되어 있었다.
——수련공조합의 오래 된 관행은 법적으로 금지되어 있었음에도 불구하고 존속되었으며, 실제적으로는 관용되었다. 수련공조합은 가입자들의 취직을 용이케 하였으며, 프랑스 편력 덕분에 수련공들이 자신의 솜씨를 완성시킬 수 있었고, 심지어는 질병이나 실업 때 도움을 주면서 지역의 직업적인 상호부조의 역할도 담당하였다. 그러나 수련공조합은 산업혁명 이전의 일부 직업에서만 실시되었고, 오직 독신자들과 젊은이

들만으로 이루어졌으며, 특히 특색을 고수하려는 특정주의와 때로는 경쟁 습관 혹은 경쟁 '의무'로 피비린내나는 다툼을 벌이며 대립하던 경쟁심에 의하여 약화되었다. 내부의 개혁을 위하여 애썼던 아그리콜 페르디기에의 노력은 실패하였으며, 7월왕정 말기부터의 수련공조합의 쇠퇴는 명백한 것이 되었다.

──수련공조합 이외에 공제조합이 또 다른 조합의 유형을 이루었다. 왕정복고 시기에는 어느 정도의 상호부조 설립이 허용되었으며, 심지어는 직업 공제조합의 설립도 마찬가지였다. 행정조사 이후에 허가된 이 공제조합은 경찰서장이나 혹은 시장(읍장)의 참석하에서만 그들의 회합을 가질 수 있었으며, 가입자수도 제한되어(일반적으로 1백 명 미만) 있었다. 그들의 기금은 오직 노인과 병자, 혹은 불구자의 고통을 덜어주는 데에만 이용될 수 있었다. 공제조합 설립운동은 먼저 파리에서 발전하였고(1823년말에 파리에는 1백32개의 직업 공제조합을 헤아렸다), 지방에서는 특히 리옹에서 발전하였으며 루이 필리프 치세에 상당한 발전을 하였다. 7월왕정말에 그 숫자는 2천 개를 넘어섰음에 틀림없다. 이들 노동자 공제조합은 특히 숙련공들을 규합하였는데, 그들 상호간에는 별다른 관계를 맺지 않았으며, 그리하여 상호부조주의는 분할된 운동으로 남아 있었다. 프롤레타리아는 극히 소수만 제한적으로 이 운동에 참여하였다.

──그러나 진정한 '저항'단체, 전통적인 질병·사망·사고의 위험만을 보상하는 것이 아니라 투쟁의 위험, 특히 파업으로 인한 실업도 책임지는 투쟁단체가 일부 공제조합 뒤에 본성을 숨기고 있었다. 그 중에서 가장 강력한 것은 의심할 여지없이 1828년 리옹에서 20명 이상의 단체는 인가를 받아야 했던 형법 291조항을 피하기 위해 20명씩 분할되어 비밀결사단체의 형태를 띤 것으로서, 견직 공장 종업원들에 의하여 형성된 '상호부조회(la Société de devoir mutuel)'였다. 다른 것들은 왕정복고기에 마르세이유·로안에서 조직되었는데, 그것은 파리는 물론이고 지방에서도 7월왕정 동안에 증가되었으며 1840-1848년 사이에 열정적으로 조직되었다. 무엇보다도 임금과 노동조건에 대한 개선을

제안하면서, 이들 단체는 때로 한 직업에 종사하는 모든 사람에게 유효한 최저 임금 '가격'을 고용주에게 강요하였으며, 이는 마치 단체 협약의 기초와 같은 것이었다.

임금표의 문제는, 프랑스에서 1831년의 리옹 폭동과 같은 최초 대중 노동운동의 기원이었다. 도지사였던 부비에 뒤 몰라르의 중재 노력 덕분에 생산자, 작업장 주임, 그리고 견직 공장 종업원들 사이에 자유롭게 협약된 바 있는 임금을 몇몇 고용주들이 준수하기를 거부한 데서 촉발되어, 리옹 시는 '노동하면서 살거나 그렇지 않으면 투쟁하면서 죽자'는 유명한 슬로건 뒤로 모인 수천 명의 시위자들에 의해 며칠 동안 폭동에 내맡겨졌다. 그러나 승리자들은 그들의 승리를 이룰 줄만 알았지, 작업장으로 복귀함으로써 정부의 진압에 내맡겨지게 되었다. 도시는 군대에 의하여 점령되었고, 임금표가 취소되었으며, 달갑지 않은 인물로 간주된 약 1만 명 가량의 노동자들이 추방되었다. 자발적이고 국지적인(다른 산업 도시의 프롤레타리아는 움직이지 않았다) 운동이었고, 이질적인(이니셔티브가 작업장 주임과 노동자에서 거의 비슷한 비율로 이루어졌다) 운동이었던 이 리옹 봉기는, 프롤레타리아가 그들의 주장을 지지하기 위해 감히 행동할 수 있다는 것을 보여 주었으나 임금표 문제 이외에는 뚜렷한 프로그램이 없었다.

이는 노동계급이 그들만의 이데올로기를 여전히 가지고 있지 않았기 때문이었다. 이에 관한 한 노동계급은 별도의 독립된 계급이기는 하였으나 부르주아지의 보호에서 아직도 벗어나지는 못한 계급이었던 것이다. 어떤 사람들은 기계와 인간의 문제, 물질적 부의 급속한 증가와 그 부를 생산해 내는 사람들의 조건 악화 사이에서 나타나는 모순의 문제 등을 제기하였다. 즉 이러한 대립이 자유주의 경제체제 안에서 치명적인 것으로 드러난다면, 이 경제 구조를 바꾸는 것이 낫다고 그들은 생각하였다. 하지만 이들 생-시몽주의자로부터 프루동주의자·푸리에주의자에 이르는 사회개혁자들은 부르주아 지식인들이었으며, 노동계급에 커다란 영향력을 미치지는 못하였다. 게다가 그들은 자신들이 추천하는 해결책들이 받아들여지게 하기 위하여 특별히 노동자들에게 기대하지도 않았다. 왜냐하면 그들은 모든 사람들에게 호소하였으며, 사회적 전환은 자발적인 개선과 성공적인 모범의 효과에서부터 나올 수 있는 평화적인 것이리라 간주하였던 것이다.

그러나 노동자들의 활동은 7월왕정하에서, 때로 다양한 상황의 영향을 받아 정치적 양상으로 발전되었다. 예컨대 1833-1834년 파업의 물결에서 나타나는 직업상의 동요는 그 목적이 파리에서는 노동시간을 10시간으로 감축하는 것과 임금 상승, 리옹에서는 새로운 임금표로써 임금 인상 등이었다. 1840년 파리에서의 파업은 총파업의 분위기에서 일어났으며, 1844년 루아르 지방에서 있었던 파업은 리브-드-지에의 비극적인 사건들과 관련이 있었고, 마지막으로는 1847년의 파업이 있었다. 하지만 정부는 고용주들에게 협력하였으며, 조합에 1834년 4월 10일 법령에 의하여 형법의 규정이 강화되었다. 예컨대 "형법 291항의 규정은 20명 이상의 조합에 적용될 수 있었으며, 설령 그 조합이 더 적은 수의 인원을 가진 섹션으로 분할되었다 하더라도 마찬가지였다. 그 조합들은 매일 혹은 특정한 날짜에는 회합할 수 없었다." 새로운 법령이 모든 노동조직을 파괴하지는 않았다 하더라도 그것은 상대적인 관용체제를 독단적인 체제로 바꾼 것이었다. 왜냐하면 "정부에 의하여 주어진 허가는 항상 취소될 수 있는 것이었다." 이후에 당국은 노동조합들(sociétés ouvrières) 가운데에서 비공격적으로 보이는 것들을 골라내었다. 그리하여 가장 활동적인 노동자들이 지하 활동으로 도피할 수밖에 없었으며, 그들은 거기에서 비밀단체들과 조우하였다. 정치운동(공화파)과 노동운동 사이의 접합은 이렇게 시작되었으며, 그 최초의 시위들이 1834년 4월의 리옹의 새로운 봉기와 파리에서의 트랑스노냉 가의 에피소드였으며, 1848년 혁명 때에 새로이 모습을 나타내게 되었다.

그 혁명은 노동자 세계로서는 하나의 커다란 희망이었으며, 임시정부도 노동계급의 조합적 요구에 영감을 받아 노동보호법을 준비함으로써 실망시키지 않으려 애썼다. 그러나 이 작업이 어떻게 몇 주 만에 손상되었으며, 그리고 6월에는 2월의 환상이 어떻게 파괴되었는지를 우리는 알고 있다.

그리하여 우리는 1815-1851년의 시기를 사회주의의 이념적 힘을 노동운동의 처절함과 대조시키면서 '이념의 위대함, 운동의 허약함'으로 특징짓고 있다. 반대로 경제 국면의 전환과 정치체제의 변화가 동시에 일어난 19세기 중반 이후에 하나의 새로운 시기가 열리는데, 이는 1851년부터 1871년까지의 노동운동의 도약이다.

1851-1873년의 경제적 번영은, 상품의 가격과 양의 이중적 상승으로 인하여 막대한 이윤을 취한 기업가들에게 우선적으로 도움을 주었다. 예컨대 기업 이윤은 이 시기 동안에 거의 4배로 뛰었던 것으로 보인다. 또한 경제적 번영은 임금 노동자에게도 도움을 주었는데, 경제가 번영하는 상황에서 기업주가 노동자의 요구를 더 쉽게 양보하였기 때문이었다.

명목임금이 새로운 방향, 즉 상승으로 접어든 것도 바로 이와 같은 이유에서였다. 건축에서는(1851년에 지표가 1백이었는데) 1873년에 지표 1백40이, 금속산업에서는 지표 1백50이, 광산에서는 1백60이, 직물산업에서는 1백78이 되었다. 산업화가 미약한 지역과 작은 마을에서보다는 노동자의 압력이 보다 효과적이었던 대도시에서, 구직종보다는 대규모 산업에서 임금 상승이 더 많이 있었다는 것은 의심할 여지가 없다. 그것은 평균 40이나 45% 정도였던 것으로 추정된다. 이것은 임금이 거의 정체되었던 전(前)시대와 비교하면 엄청나게 발전한 것이다. 물론 생활 수준의 관점에서 보면 실질임금이 더 중요하다. 그럼에도 불구하고 노동자들은 실제 벌어들인 임금의 양에 중대한 의미를 부여하였고, 임금 상승을 분명히 환영하였다.

그러나 어떤 대가가 이 명목임금 상승에 따라 지불되었는가? 노동시간이 증가되었는가? 제2공화정하에서 임시정부는 노동자의 요구에 응해야만 하였다. 예컨대 1848년 3월 2일 칙령은 노동시간을 지방에서 11시간, 파리에서 10시간으로 고정하였다. 하지만 1848년 9월의 법은 기계제 공장과 수공업적 생산 작업장에서 실제의 최대 노동시간 12시간으로 복원하였으며, 규정집은 법안보다 여전히 한 걸음 더 퇴보하였다. 제2제정 동안에는 일반적인 규칙이 지방에서 12시간, 파리에서 11시간 노동이었다. 이 기준은 확실히 특정 직종과 가내노동자들에게는 초과되고 있었다. 그렇지만 19세기 전반기를 특징지었던 체계적인 노동시간 증가 경향은 사라졌다.

노동자들은 훨씬 더 엄격한 규율에 복종하였다. 기업가의 압력하에 대도시의 특정 노동자들이 취하고 있던 월요일에 일하러 오지 않는 습관(그들은 '성(聖)월요일'을 기념하였다)은 이제 더 이상 관용되지 않았다. 그러나 노동조건의 현저한 악화는 노동자들의 건강 악화를 초래하였을 것이지만, 그러한 건강 악화는 인구 통계에 나타나지 않는다. G. 뒤보는 그와는 반대로 "공장에 고용된 노동자들의 건강이 뚜렷하게 개선되었다"고 지적하고 있다.

명목임금 상승에 대하여 임금 노동자들이 지불해야 하는 진정한 반대 급부는 바로 생활비의 상승이었는데, 그것은 명확하게 숫자화하기가 더욱이 쉽지 않다. 1851년에서 1855-1856년 사이에 매우 많이 상승하였으나 곧이어 완화되었고, 1866-1867년부터 다시 상승하였다. 그리하여 1860년대까지 생활비 상승이 임금 상승을 흡수해 버림으로써 노동자들의 구매력은 거의 변하지 않은 채 그대로였다. 이 시기 이후에 와서야 임금 상승이 생활비 상승보다 더 커서 20-30%의 구매력 상승을 가져왔다. 이와 같이 실질임금이 오르기 시작하였고, 이는 1914년까지 계속됨으로써 이전의 모든 변화를 상쇄하였다. 이와 같은 임금의 새로운 경향은 노동조건의 지속적인 개선으로의 길을 여는 중요한 현상이었다. 이미 서민의 소비에서 빵이 차지하는 부분은 감소 추세에 있었으며, 고기의 소비는 커지는 경향이 있었다. 1867-1869년에 파리에서 육류의 소비는 19세기 가운데 가장 높이 오른 수치에 이르렀다.

그러므로 노동계급은 사회가 진보함으로써 그것에서 자신들의 몫을 취한 것이었다. 그러나 그 몫은 극히 적은 부분이었을 뿐이다. 여기에서 새로운 개념, 즉 다른 사람의 수입과 비교된 임금인 상대적 임금과 비교하는 것이 적절할 터이다. 고용주의 수입, 즉 막대한 이윤 증가에 비하면 노동자의 실질임금의 증가는, 그것이 아무리 많다 하더라도 거의 하찮은 것이 분명하였다. 수입을 둘러싼 사회적 격차는 크게 벌어졌던 것이다.

노동자들은 그들의 생활 수준 향상과, 사회적 빈부 격차의 심화 앞에서 과연 어떻게 반응하였는가? 제2제정하에서 노동운동은 어떻게 되었는가?

여기에서는 정치적 상황이 중요한 역할을 하였다. 첫번째 국면, 즉 전제적인 제국하에서 노동운동은 정부의 공세에 직면해야만 하였다. 두번째 국면인 약 1860년경부터는 위치가 변해 노동자가 공세적인 모습을 보이게 되었다.

쿠데타 직후에 노동조직은 바짝 몰리게 되었는데, 비정치적인 조합들을 허가하는 1848년 8월 2일 칙령이 무효가 되었고, 이전의 법률(형법 291항과 1834년의 법)이 다시 효력을 발휘하였다. 정부에 의하여 '허가된' 공제조합들은 철저하게 통제되었으며, 그것들 각자는 1852년 3월 26일 칙령의 적용으로 지사가 임명하는 조합장을 받아들였다. 조합간의 결사가 금지되었으며, 노동자들은 노동자 수첩을 여전히 지녀야만 했다. 1851년 5월 14일 법이 고용주들이 노동자들에게 지불하는 대부금(貸付金)을 기재하는 것을 금하였다면 1854년 6월 22일 법은 광산, 공공 토목공사 작업장, 가내공업 노동자들에 대하여 노동자 수첩을 지녀야 하는 의무를 확대하였다. 이와 같은 조건하에서 노동자들의 태도는 진정으로 말하자면 수세적 형태로서, 오로지 이미 획득한 지위를 유지하고자 시도된 집요한 파업에도 불구하고 체념의 태도였던 것이다. 1848년의 실망이 대중의 의식 속에 지속되었던 것으로 보이며 단지 몇몇 투사들, 즉 일부 '신념을 가진 자들'만이 감히 행동하려고 시도하였다.

이탈리아와의 전쟁과 영국과의 상업 협상이 체결된 직후에 정치적 상황이 변하였다. 제국은 민중계급과의 화해를 시도하였으며, 노동자들의 지지를 얻으려고 애썼다. 런던에서 열리는 박람회에 방문하고자 하는 2백 명의 노동자 대표단에 대한 공식적인 자금 지급은 그 열의를 최초로 증명하는 것이었다. 영국에서 노동조합(Trade-Unions)의 효력을 발견한 노동자 대표들은, 그 여행에서 돌아와 조합결성의 권리(le droit d'association)와 결사의 권리(le droit de coalition)를 주장하였다. 또한 결사의 권리 문제는 같은 해에 파리의 식자공들의 파업에서도 제기되었는데, 법정에서 유죄 선고를 받은 파업 노동자들이 황제에 의하여 사면되었다. 이는 이미 결사를 인정하는 관용이었다. 1864년 5월 25일 법에 의하여 그것은 법적으로 허용되었다. 조합결성권에 관하여 말하자면, 그것은 1868년 3월 31일에 《모니퇴르》지에서 노동조합의 허용을 알리는 포르카드 드 라 로케트의 보고서가 발행된 이후에 노동자들에게 실질적으로 인정되었다.

국가의 호의는 아니라 할지라도 적어도 불개입에 대하여 확신한 노동계급은 그들의 입지를 강화하고, 고용주에게 그들의 직업적 요구에 대한 만족을 얻어내려고 하였다. 실제로 1864년 법의 통과 이후 파업의 재연이 두드러졌다. 예컨대 생-테티엔의 장식끈 제조인과 파리의 마부들, 노르 지역의 모자 제조인들, 청동 주조 노동자들, 광부들의 파업이 있었고, 1869-1870년에(1869년 6월 16일에 리카마리에서의 유혈사건이 일어났던) 루아르의 광산에서 새로운 파업의 쇄도, (1869년 10월 7일에 또다시 군대가 발포를 해 여러 명의 희생자를 냈던) 오뱅의 제철소, 그리고 외젠 슈네데르가 광부들을 항복시켰던 르 크뢰조에서의 파업 등이 있다.

파업운동과 함께, 때로는 그와 연관을 가지면서 오래 된 공제조합이나, 혹은 노동자들이 채택한 새로운 표현인 '샹브르 생디칼(chambres syndicales)'의 형태로 직업의 조합 구성이 다시 시작되었다. (왜냐하면 한 파업이 성공적일 경우 그것이 조합원 충원에 유리하기 때문에.) 제국의 마지막 몇 년 동안에 많은 샹브르 생디칼이 만들어졌는데, 특히 오랜 장인적 전통을 가진 직종에서 그러하였다. 예컨대 건축과 피혁, 모자 제조, 인쇄, 기계 등이 그것이었다. 그 생디카들 중 일부는 파리·리옹·마르세이유 등에서 지역 조직의 기초가 되는 '샹브르 페데랄(chambres fédérales)'을 구성하기 위하여 모이기도 하였으며, 전국적인 규모로 직종연맹(fédérations de métiers)을 만들려고까지 하였다. 그러나 오직 모자 제조공들만이 1870년에 이를 성취하였다.

이 조합운동은 1864년에 프랑스의 주도로 런던의 세인트-마틴 홀에서 이루어진 제1인터내셔널의 창립으로 절정에 달하였다. 그것은 각국

별 지부가 형성되기 전에 위에서 구성된 국제적 조합이었다. 톨랭의 활동으로, 그리고 리샤르·브누아 말롱·바를랭에 의하여 재개되어 1865-1868년에 마침내 프랑스 지부가 형성되었는데, 이는 2년 내에 수만의 가입원들이 집결되었다. 인터내셔널의 투사들은 그때까지 폭력적 투쟁보다는 중재와 협상의 생디칼리슴이었던 프랑스 생디칼리슴을 혁명적 활동으로 기울도록 애쓰게 된다.

1860-1870년의 노동자 공세는 단지 직업적인 영역에서만 발전된 것이 아니었다. 경제적 활동은 정치적 각성으로 확대되었다. 가장 변화된 요소는 노동계급의 정치적 자율성의 문제가 제기된 것이었다. 1863년 선거에서 노동자를 잘 알고 그들의 이익을 보호하기 위하여, 그 어느 누구보다도 가장 적합한 사람이 바로 노동자라는 원칙의 적용이 제기되면서 최초로 2명의 노동자 후보를 보게 되었다. 톨랭에 의하여 작성된 60인 선언(Manifeste des Soixante, 1864년 2월 17일)은 노동계급의 자율적 행동의 필요성을 주장하였다. 다음해에 이 주제는 프루동에 의하여 그의 '노동계급의 정치적 능력(Capacité politique des classes ouvrières)'에서 재개되었다.

제국이 붕괴된 이후 코뮌(파리 코뮌)의 중앙평의회(Conseil général)에 24명의 노동자가 선출된 것, 이 혁명적 운동에서 인터내셔널 구성원들에 의한 역할, 그리고 더 나아가서 《프랑스의 내전》에서 마르크스가 가한 해석 등은 노동자 국가를 마음에 품었던 노동자 권력의 신화를 창출하였다. 코뮌이 비록 순수한 노동운동 이외의 다른 것이었다 할지라도 그것은 인민에 의한 인민의 정부를 만들려는 시도였으며, 그것은 파리 노동자들이 단지 몇 주 동안이기는 하였으나 새로운 유형의 권력을 만들 수 있음을 보여 주는 것이었다.

4. 결론

1815년에서 1870년까지 프랑스는 왕정에서 공화정·제정을 거치면서 여러 체제를 겪었다. 이러한 변화는 19세기 초반부터 그들 자신의 이익과 힘을 인식하고 있던 대부르주아지들이 그들의 우월권을 견고하게 확립하는 것을 막지는 못하였다. 아니 오히려 그 반대였다. 19세기 말에 대부르주아지가 성직자들의 동맹세력인 귀족세력 아래로 다시 들어가는 것을 여전히 두려워하는 체하였다면, 그것은 단지 인민 대중에게 특권층에 대한 증오와 1789년의 원칙에 대한 애착, 즉 모두에게 부르주아지 자신의 이데올로기를 강요하고 선거를 보다 쉽게 조작하기 위하여 이용할 수 있는 감정들을 유지하기 위해서였다.

다른 두려운 것이 그들 눈앞에 나타났는데, 그것은 바로 그들이 가혹하게 착취해 왔던, 그리고 조금씩 자신들의 존재에 대하여 의식하기 시작하는 노동계급이었다. 사실 그 의식은 매우 느리게 나타났는데, 코뮌의 폭발 이전에는 거의 나타나지 않았으며, 단지 파리에서만 나타났을 뿐이었다.

사실상 대부르주아지의 우월성을 압박하는 가장 긴박한 위험은 노동계급에서 온 것이 아니라 부르주아지 자신의 일부분에서 온 것이었다. 설제로 경제적 발전으로 분열의 시작이 초래되었다. 예컨대 많은 소부르주아지들이 기업 집중의 움직임에 위협을 느꼈던 것이다. 불안하게 마음 졸이던 이 소부르주아지는 혁명의 평등적 국면이나 자코뱅 전통의 그 어느것도 잊지 않았던 것이다. 그들은 머지않아 급진주의(radicali-sme)에서 그들 나름대로의 이념의 요소를 찾게 되며, 농민층에서 귀중한 동맹군을 발견하게 된다. 머지않아 그들 또한 권력에서 그들의 몫을 요구하게 될 것이다.

3

코뮌에서 벨 에포크까지

"프랑스 사회가 19세기의 마지막 반세기만큼 그렇게 급격하게 변화하였던 적은 결코 어떤 시기에도 없었다." 역사가 샤를 세뇨보는 1921년에 간행된 그의 저서 《제3공화정의 발전》에서 이와 같이 표현하였다. 토론 없이는 받아들일 수 없는 의견이기는 하지만, 그의 눈앞에서 그가 경탄할 수밖에 없는 굉장한 규모로 변화가 일어나는 것을 보았음을 고려할 때 그리 놀라운 것은 아니다.

19세기 중반에 과학과 기술의 상호 결합으로 생산에 놀라운 활기를 띠게 되었고, 전기·석유·가스와 같은 새로운 동력원의 활용으로 우리가 종종 '제2차' 산업혁명이라 부르는 것이 초래되었다. 여기서 더 장관이었던 교통 통신수단의 발전은 20세기가 시작되면서 프랑스인들을 놀라게 하였다. 불과 몇 년 사이에 자전거·자동차·비행기·전보·전화 등의 사용이 널리 확산되는 것을 본 사람은 누구나, 그와 동시대인들의 생활조건이 대격변하고 있다는 것을 의심할 수 없었다.

또한 세뇨보가 단언하였듯이 "이 시기의 특징적인 발전인 재화와 서비스의 엄청난 증가로 프랑스인들의 물질적인 생활이 보다 편안하고 다양하게 되었다"는 것 또한 사실이었다. 몇몇의 수치들은 소비의 증가가 전혀 의심의 여지가 없음을 나타내기에 충분하였다. 우선 식품을 보기로 하자. 밀의 소비(1860년경에 연간 주민 1명당 2.5헥토리터, 1885년경에는 3.23헥토리터, 1910년경에는 3.25헥토리터를 소비하였다)가 감자의 소비(1860년경에는 1백33킬로, 1882년에는 1백41킬로, 1892년에는 1백81킬로, 1910년에는 1백92킬로)와 거의 마찬가지로 크게 증가하지 않았다면, 그것은 프랑스인들이 전통적인 식료품 소비로부터 방향을 바꾸어 먹거리를 매우 영양가가 많고 다양한 것으로 대체하였기 때문이다. 1862년 1인당 26킬로에 지나지 않았던 육류 소비가 1882년에는 33킬로, 1892년에는 36킬로, 1914년에는 40킬로에 이르렀다. 설탕의 소비는 1860년대(6.5킬로)에서 1900년대(14킬로)에 거의 2배 이상 증가해서 제1차 세계대전 직전에는 17킬로를 넘어섰다. 특히 '식민지 식품'이 점점 더 높이 평가를 받았다. 예컨대 커피의 소비는 50년 사이에 3배로, 카카

오의 소비는 3배 이상이 증가하였다. 불행하게도 알코올에 대한 소비도 마찬가지로 증가하였다. 순수 알코올 1리터로 계산하였을 때 주민 1인당 연간 평균 소비량은 1875년경에 2.8리터, 1880년경에 3.6리터, 1890년에는 최대 4.5리터에 달하였다.

의류의 발전 또한 소비 통계를 통하여 측정되었다. 예컨대 프랑스인은 1865년경에 연간 양모 2.6킬로와 면 1.9킬로를 이용했을 뿐이었다. 20년 후에 그것은 2배 이상이 되었으며, 제1차 세계대전 직전에는 양모 소비가 6.6킬로, 면의 소비는 더 빠른 속도로 증가해서 6.7킬로가 되었다.

생활비가 상승한 것은 명백하지만, 아직 저축할 여유는 있었다. 오히려 저축은행의 예금고는 제3공화정 초반 동안에 약 5억 5천만 프랑이었는데, 이는 1884년에 20억, 1891년에 30억, 1913년에는 60억 프랑으로 증가하였다. 더욱이 여기에서 우리가 고려한 것은 오직 서민들의 저축만이며, 그 규모를 알 수 없는 다른 투자에 대해서는 전혀 언급하지 않은 것이다.

생활에 있어 물질적 조건의 개선이, 세뇨보가 나타내고자 하였던 프랑스 사회의 그렇듯 '급속한' 변화를 인정케 하기에 충분한 결과였는가? 이웃나라로 눈을 돌려 보면, 우리가 가지고 있는 통계가 부적합함에도 불구하고 우리는 이러한 추론을 하는 데 보다 더 신중해지게 된다. 예를 들면 주요 산업 분야의 취업 인구 변화를 관찰해 보기로 하자. 프랑스에서 제1차 산업은 30년 사이(1876-1906)에 12% 감소하였는데, 동일한 시기 독일에서는 18%, 스위스에서는 27%, 영국에서는 38% 감소하였다. 제2차 산업은 프랑스에서 6% 증가하였으나 독일에서는 8%, 스위스에서는 9.5% 증가하였다. 제3차 산업의 경우 프랑스에서는 13%, 영국에서는 16% 증가를 보였다면, 독일과 스위스에서는 그 폭이 훨씬 더 빨라서 각각 25%와 28% 증가하였다. 우리가 미국의 발전을 고려의 대상으로 한다면, 변화의 정도가 훨씬 더 깊다는 것을 분명히 드러낼 수 있을 것이다. 예컨대 제1차 산업의 현저한 후퇴(36포인트), 제2차 산업의 확실한 증가(29포인트), 제3차 산업의 비약적 발전(42포인트)을 보이고 있는 것이다.

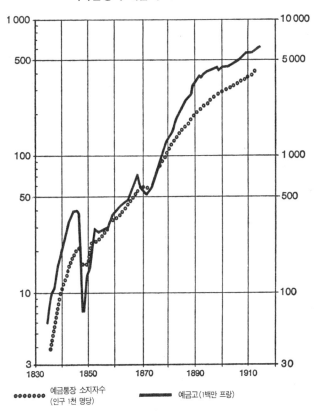

저축은행의 예금액 1835-1913

●●●●●● 예금통장 소지자수
(인구 1천 명당)   ━━━━ 예금고(1백만 프랑)

19세기말의 프랑스는 여전히 농민이 지배적인 국가였다. 1891년의 인구 조사에 따르면(이러한 종류의 정보를 제공하는 마지막 문서인) 농업으로 삶을 영위하는 인구, 말하자면 가장이 농업 활동에 종사하는 가구 전체는 1천7백50만 명으로 증가했는데, 이는 총인구의 거의 절반(46%)에 해당한다. 이어서 중요한 것이 산업에 종사하는 인구(9백50만, 약 25%), 상업과 운송(5백만, 13.5%), 자유 직업(2백50만, 6.6%), 금리생활자(2백만, 5.7%) 등이었다. 농업에 종사하는 사람은 1891년 여전히 다른 모든 활동에 종사하는 사람들을 부양하였다.

취업 인구의 변화를 알기 위해서는 1872년과 1911년의 인구 조사 결과를 비교해야 할 것이다. 그러나 안타깝게도 이 조사는 동일한 원칙에 따른 것이 아니어서 그 결과를 비교하는 것이 어렵다. 1866년과 1906년의 결과를 택하는 것이 차라리 나으며, 이 분야에서의 변화가 항상 완만하기 때문에 이 결과가 이 변화에 대하여 충분한 정보를 제공한다는 것을 인정하는 것이 필요하다. 다음의 표 9에 재편성된 결과가 있다. 퇴보하고 있는 두 분야는 농업과 가사노동이었다. 게다가 이 둘은 서로 연결되어 있는데, 그들 중 상당수가 농부의 아들이나 특히 딸들에게서 충원되었기 때문이다. 발전하고 있는 분야 가운데 산업은 가장 덜 급속하게 발전되는 부문이었던 반면에, 유통 분야(상업이나 특히 운송과 같은)는 점점 더 노동자들을 유인하고 있었다. 이러한 변화에도 불구하고 총인구 구조가 이 40년 동안에 커다란 변화가 있었다고 간주하기는 어렵다.

고용주 혹은 임금 노동자(사무원, 노동자 혹은 가내고용인)인 근로자들의 지위 변화에 있어서도 마찬가지였다. 1866년부터 인구 조사는 '직업상에서의 지위'에 대한 정보를 제공해 주며, 여기에서 1876년과 1911년의 비교가 가능하다. 그것은 다음과 같은 결과를 제공하고 있다.

가내고용인의 범주를 제외하고는 절대적인 숫자가 도처에서 증가하고 있었으며, 이는 노동 인구의 증가를 나타내는 것이었다. 변한 것은 특히 비율이었으며, 주목할 만한 현상은 사무원층의 증가였다. 그러나 노동자 전체와 고용주 전체의 불균형은 천천히 줄어드는 경향을 보였다.

사회 구조가 상대적으로 안정을 보인 이유는 여러 가지이다. 우선 혁명기의 특징이었던 토지의 대이동이 더 이상 일어나지 않았음에 주목

【표 9】 취업 인구의 변화

	1866	1906	지　수
농업 · 어업 · 임업	49.8%	42.7%	86
공업	29.0%	30.6%	105
운수 · 창고업	1.7%	4.3%	253
상업 · 은행 · 보험	6.4%	9.9%	155
가사 노동	6.4%	4.6%	72
자유업 · 공직	6.7%	7.9%	118

1866년 = 100

【표 10】 지위별 취업 인구

	1876	1911	지 수
고용주	6,393,000(40.5%)	8,582,000(42.2%)	104
사무원	772,000(5.0%)	1,869,000(9.3%)	186
노동자	7,653,000(48.0%)	8,933,000(44.0%)	92
가내고용인	1,015,000(6.5%)	929,000(4.5%)	69

1876년 = 100

하자. 농민의 목표는 항상 그의 토지 재산을 불리고 귀족과 부르주아 계층의 재산을 침식하는 것이었으나, 그것은 매우 느리게 인내를 가지고 서서히 이루어진 파괴였다. 제2제정 시기의 괄목할 만한 번영이 1873년경에 멈추고 상대적인 정체 시기가 되었으며, 이것이 19세기 후반까지 계속되는 것에 또한 주목하자. 1873-1896년 사이에 약 40% 물건값이 하락하자 생산자들은 낙담하였다. 산업 성장은 매우 완만한 비율로 계속되었지만, 신생국에서 낮은 가격으로 생산되고 상선의 발달 덕분에 싼 가격에 운송되는 외국산 밀과의 경쟁, 1876-1890년 사이에 포도 재배지를 휩쓴 포도나무 뿌리진디의 참해로 인하여 농업은 심각한 위기를 겪었다. 상황이 바뀌어 1896-1914년 동안은 번영기였다. 그러나 포도 재배자들이 이 새로운 번영에 참가하는 행운을 잡지 못하였다는 것은 말할 것도 없고, 이 새로운 번영이 '제국의' 번영과 마찬가지로 풍성한 수확을 가져올 수 있었던 것도 아니었다. 시미앙은 '고용주 1인당 이윤'이 농업에서 13%, 산업에서 57% 증가되었다고 계산했다. 그러나 1850-1880년 사이에 농업에서는 그 이윤이 2.5배 증가되었으며, 산업에서는 4.2배 증가되었다.

경기 변동은 여전히 또 다른 결과를 낳았는데, 그 영향력을 정확히 측정하기는 어렵지만 그것이 프랑스 사회의 경직화, 즉 보호무역주의에 기여하였다는 것을 우리는 부인할 수 없다. 프랑스의 경제를 높은 관세의 보호 아래 놓아두는 것을 선택함으로써, 멜린과 그 계승자들은 사회 안정의 보증인 독립 소생산자와 판매자의 사회를 유지하고자 하는 것에 찬성하였으며, 프랑스는 외국인들이 부러워하는 조화와 균형의 경지에 도달하였다는, 당시 매우 널리 공유되었던 감정을 강화시켰다. 이렇듯 행복한 자기 만족은 관행을 강화시킬 뿐이었다.

경직화의 또 다른 요소는 앵글로-색슨 역사가들에 의하여 강조되었는데, 그것은 프랑스 기업가들의 정신상태가 적어도 제1차 세계대전까지는 기업의 가족적 형태에 크게 매어 있었다는 것이다. 편협한 정신상태는 모든 침입자를 멀리하였고, 그리하여 가족 외적인 것에 기원을 둔 모든 투자를 거부("나의 잔은 작지만 나는 나의 잔으로 마신다")하였으며, 심지어는 유산을 보호해서 후계자에게 고스란히 넘겨 주기 위하여 기업의 확장을 모두 거부("사람은 너무 벌기를 원하면 모두를 잃을 위험이 있다")하였다. 확장 의욕이 전혀 없었던 것이다. 프랑스가 새로운 것을 추구하고, 위험을 무릅썼던 산업의 선구자를 인정하지 않았던 것은 아니었다. 심지어 프랑스는 레이온·알루미늄·전기 건설·자동차·영화 등의 선구적 분야에서 선두적으로 유리한 지위를 확보하고 있었다. 그러나 이 선두 지위를 곧 잃어버렸다. 1914년에 프랑스 산업은 여전히 인력의 3분의 1 이상을 거느리고 있는 직물·의류업과 같은 '구' 산업이 지배하고 있었으며, 매우 작은 규모의 소기업이 지배적이었다. 1906년에 산업 노동력의 절반이 단지 1-5명의 임금 노동자를 고용하는 공장에 속해 있었다. (5백 명 이상의 노동자를 고용하는) 대공장은 노동자의 10분의 1만을 고용하였을 뿐이었다.

이러한 사정으로 인하여 19세기말과 20세기초에 프랑스 사회의 변화는 그 정도를 측정하기 위하여 다른 각도에서 고려되어야만 한다. 중요한 것은 경제 부문들 사이의 인구 분포의 변화가 아니라 권력에 도달하기 위하여, 혹은 주도권을 잡기 위하여 다양한 사회 계층이 전개하는 투쟁들이다. 그르노블의 연설(1872)에서, 강베타가 "그 전임자들보다 틀림없이 조금도 열등하지 않은 새로운 사회 계층이 정치권에 들어와 존재함"을 선언하였을 때, 그는 새로운 계층들에 의한 지배 계층의 교대 문제, 즉 제도들의 형태 자체의 문제를 훨씬 능가하는 본질적인 문제를 제기하고 있는 것이었다.

1. 새로운 계층

일부러 모호한 이러한 표현을 사용하면서 강베타는 정확히 규정된 어떤 사회 집단을 안중에 둔 것이 아니었으며, 그것은 부정확한 윤곽의 복합적인 총체를 고려한 것임에 틀림없었다. 새로운 계층은 이미 특정한 사회적 위신을 누리던 옛 범주와 새로운 혹은 다시 새로워진 범주가 혼합된 것인데, 이 범주는 제국기간 동안의 경제적 발전과 새로운 기술의 발전, 혹은 분업의 촉진 등에 의하여 이 새로운 계층에 도달되었다. 이들은 모두 공통적으로 물질적 · 지적으로 독립적이었기 때문에 대부르주아지의 세력에서 벗어날 수 있었던 계층이었다.

전문직 종사자

과학의 위력이 절정에 달하였고 인간 진보의 수단으로서 교육에 대한 신뢰가 일반적이었던 때에 학식 있는 사람들, 학위증이 있는 교육받은 사람들과 오래 전부터 이미 우리가 '전문직 종사자'라 불렀던 데 속하는 사람들이 사회에서 차지한 지위가 커지는 것은 놀라운 일이 아니었다.

—— 전문직 종사자들 가운데 가장 오래 된 이가 자유 전문 직업인들로서 그들은 문화와 독립성에 기반을 둔 상당한 위신을 누리고 있었다. 선두에 있는 법조인들은 흔히 구(舊)부르주아 계층 가계에 속해 있고, 취향 때문에 혹은 직업적 필요에 의하여 자발적으로 일상사의 부침(浮沈)과 단절되어 사는 사법관들이라기보다는 활동적이고 보다 정력적이며 도시 사회에 보다 잘 동화된 변호사들이었다. 말의 기술자들인 그들은 정치생활에 활기를 주고, 선거 활동을 지휘하였으며, 당시에 정당의 역할을 하였던 '협회'를 이끄는 데 필수불가결하였다. 국회의원 선거 때에 변호사들은 훌륭한 후보자였으며, 만일 자신들이 당선되면

낙선시에 어려움 없이 다시 재개하게 될 직업을 포기할 수 있었다. 제3공화정은 보통선거가 완전히 자유롭게 되면서 웅변술을 가지고 있는 사람들에게 사회적 상승의 새로운 기회를 제공하였으며, 그들은 그 기회를 놓치지 않았다.

제3공화정은 또한 공증인과 의사처럼 꽤 공통된 특징을 나타내고 있는 두 자유 전문 직업인들에게도 동일한 기회를 제공하였다. '가족의' 공증인, '가족의' 의사와 같은 이러한 표현은 특히 농촌과 소도시에서 이들 실무 전문가와 그들의 고객 사이에 강한 유대를 보여 주는 것이다. 이미 제2제정하에서 도검찰총장은 중앙정부에 보내는 그들의 보고서에서, 이들 소명사(小名士, petits notables)들이 "여론을 타락시킨다"고 나무라면서 유권자들에게 미치는 악영향을 비난하였다. 제2제정의 붕괴와 '도덕적 질서'의 실패 이후에 숨막히는 행정적 감시에서 해방된 공증인과 의사들은 마음대로 그들의 영향력을 강화시켰다. 아마도 변호사들보다는 선거에 출마하라는 요청을 덜 받았지만 그들은 조언자, 선전가, 영감을 주는 사람, 여론의 선도자로서의 역할이 뛰어났다.

공증인의 수가 거의 불변이었다면, 의사의 수는 19세기말에 급속하게 증가하였다. 그 이유는 고객이 증가하였으며(사람들은 점점 더 의학의 효력에 대하여 신뢰하였으며, 동시에 의사에게 지불할 돈을 더 가지고 있었다) 동시에 충원이 보다 많아지게 되었기 때문인데, 그리하여 의학사 자격 요건을 요구하지 않았던 건강사 자격증은 1892년부터 폐지될 수 있었다. 1876년 프랑스에서 의사의 수는 1만 명을 헤아렸으며, 1911년에 그 수는 2만 명 이상으로 증가하였고 1만 명의 학생들이 의과대학에 등록되어 있었다.

──구(舊)전문가들이나 그 본질적인 특징이 독립적이었던 자유직업인들(이들은 의뢰인들에게서 사례금을 받아 삶을 영위하였다)에다가, 재능이나 혹은 교육에 따라서 보수를 받기 때문에 꽤 높은 사회적 지위가 부여되는 임금을 받는 몇몇 직업을 추가해야 한다. 이러한 직업의 발전은 과학과 기술의 진보와 연결되어 있었는데, 예컨대 건축가와 특

히 엔지니어 등이 여기에 속하며(제1차 세계대전 직전에 2만 5천 명 이상의 엔지니어를 헤아릴 수 있었다), 또한 교육의 보급과도 관련이 있다. 그것은 글을 읽을 줄 아는 대중이 존재하였으며, 뿐만 아니라 광고 수입으로 정기간행물의 판매 가격이 낮아질 수 있었으므로 신문, 특히 지방 신문이 '황금시대'를 겪었기 때문이다. 1881년 7월 29일 법은, 언론에 대한 모든 자유를 제한하거나 방해하는 것을 없앰으로써 출판의 급속한 상승 기점을 이루었다. 그리하여 지방 일간지가 1880년에 1백14개에서 1885년에는 2백80개로, 1892년에는 3백2개를 넘어섰으며, 주간지의 수는 1882년에 1천1백56개에서 1913년에는 2천 개가 되었다. 기자라는 직업이 크게 번성하였는데, 그 일부가 수입이 변변치 못하고 잘 알려지지 않았다면(그들은 자신들의 기사에 서명할 특권이 인정되지 못하였다), 다른 이들은 한 선거구의 여론을, 나아가서는 한 도의 여론을 형성할 수 있는 유력한 인물로 등장하였다. 1871-1879년 공화국체제가 불안정할 때 공화주의자들은 정당을 만들지는 않았다. 그러나 그들은 그 효력이 매우 컸던 정치적 신문을 그들의 수중에 가지고 있었다. 공화주의 사상의 보급은 전문직업 정치가뿐만 아니라 대기자들의 작품이었다. 중소도시에서는 구(區)에서 가장 많이 읽히는 신문의 주필이, 제3공화정하에서 유력한 힘, 즉 정치적 힘뿐 아니라 사회적 힘을 가진 자가 되는 경우가 잦았다. 왜냐하면 그는 마음먹기에 따라서 평판을 좋게 만들기도 하고 허물어뜨리기도 하였기 때문이다.

——교직은 쥘 페리의 추진으로 새로운 중요성을 얻었다. 우선 초등교육에서 자리를 늘렸으며(1876-1877년에 초등학교 교사는 6만 4천 명이었는데 1892-1893년에는 10만 명, 1912-1913년에는 12만 5천 명이었다), 이어서 상급 초등학교에서(제1차 세계대전 직전의 교사수는 약 5천 명이었다)와 중등 교육에서 자리를 늘렸다. 그러나 이는 특히 교육자의 물질적 조건과 그들의 지위·위신이 개선되면서였다. 보다 나은 보수를 받았고, 사제와 읍장·시장(비록 도지사의 간섭에서 완전히 자유롭지는 않지만)의 감독에서 벗어났으며, 1889년 법 이래로 국가로부터 급료를 받으면서, 그리고 각 도의 사범학교를 거치면서 착실하게 교양을 갖

추었던 교사들은 지식을 전달하는 사람이었기 때문에, 그가 종사하는 코뮌에서 명사(名士)가 되었다. 그는 또한 편지를 작성할 줄 알고, 서식을 아는 사람으로 멀리 떨어져 있고 두려움을 주기도 하는 행정당국에 대하여 교섭을 하는 사람이기도 하였다. 교사는 농촌에서는 성직자 세력이 강한 지역을 제외하고는 사제와 동등한 위치였다. 하지만 읍장과 동등한 위치에 있는 경우는 매우 드물었다. 그 이유는 교사의 임금이 매우 보잘것 없었으며, 당국에 대한 의존도가 매우 높아서(교사의 노동조합권이 오랫동안 인정되지 않았기 때문에) 그들이 사회적으로 힘이 약한 명사였기 때문이다. 중·고등학교 교사들도 유사한 지위 향상을 겪었다. 대학에서의 학업을 통해 그들은 적어도 모두 학사들이었으며, 고등학교에서는 다수가 교사자격증을 갖춘 교사들이었다. 초등학교 교사들보다 훨씬 더 적게 사회생활에 연관되어 있었으며, 일반적으로 보다 신중하였던 그들은 그러나 지방 정치생활에서 모두 이방인들이었던 것은 아니었다. 심지어 몇몇은 활동적인 투사이기도 하였다. 그러나 그들 중에 하원이나 상원에 들어가는 데 성공한 사람은 적었다.

——사회적 위계질서에서 교사보다 아래에 위치하고 있는 공무원들은 19세기말에 서민 계층에서 벗어남으로써 새로운 계층의 정원을 더 증가시켰다. 이는 고위 공무원, 즉 5월 16일의 실패에 뒤이은 추방에도 불구하고 그 충원이 대부르주아지에 한정되어 있던 고위 공무원에 관련된 것이 아니라 하위 공무원에 해당되는 것이었는데, 그들의 수는 행정 업무가 보다 분명해지고 확대됨에 따라 증가하였다. 제1차 세계대전 직전에 '행정공무원 직책'(군대는 포함되지 않은)의 조사에서 파악된 사람의 숫자는, 어떤 자료에서는 55만 명 이상이기도 하고 다른 데서는 47만 명 정도였다. 공무원수의 증가는 매우 급속하였다. 우리는 제2제정 말기에서 1914년까지 거의 2배가 되었다고 추정하고 있다.

대부분이 인민 대중 출신이며, 등급 하단에 있던 많은 이들은 결코 거기에서 완전히 벗어나지 못하게 된다. 사실상 하급 공무원들의 보수는 변변치 않았다. 예컨대 공공사업부의 부사무관이 1911년에 연간 8백 프랑을 받았을 뿐이었다. 창고 담당자가 1천 프랑, 농촌의 우편배달

부가 1천1백 프랑, 세관원이 1천1백40프랑을 받았는데 이는 노동자의 연평균 임금보다 적은 것이었으며, 광부의 연평균 임금(1천5백 프랑)에는 훨씬 못 미치는 것이었다. 그러나 공직에서의 임금 격차는 상당히 커서 1914년 1에서 40까지의 등급이 있었다. 공무원들은 자신들의 업무를 통하여, 혹은 특히 정치가와 같이 좋은 자리에 있는 사람에게서 받는 보호를 통하여, 승진하게 되고 자신들의 지위를 현저하게 개선시켰다. 그들은 특히 특정 분야에 속해 있을 경우 자신들의 동향인들로부터 존경을 받았다. 세무서나 특히 등기소와 같은 재정 업무, 토목·우편·전보와 같은 기술 업무(공교육과 더불어 여성에게 개방되어 있던 유일한 업무였다. 즉 초등학교 교사의 직업과 더불어 '우체국(PTT) 여성'의 업무는 여성의 사회적 상승을 확실하게 가능케 하였다), 그리고 특히 도의 업무 등이 바로 그러한 것이었다. 도청과 군청의 국장 및 부국장들은 이론의 여지없이 프랑스 소도시의 명사단체에 속하였다.

공직은 팀장에 의한 파면·강등·좌천의 실행이 점점 없어지면서 점차로 독단으로부터 벗어나게 되었고, 임관과 예측 가능한 퇴직으로 미래가 보장되었다. 즉 이들 공무원은 국가를 대표하기 때문에 존경받았고, 또한 흔히 두려움의 대상이 되기도 하였으며, 중간 등급의 공무원들은 안전과 자율성을 누렸다. 그들은 거의 자유 직업인의 수준에까지 이르렀으며 전문직 종사자의 대열을 새로이 더 확대하였다.

기업

기업가들이 프랑스 사회에서 하나의 새로운 범주를 구성하였던 것은 물론 아니었다. 그러나 중요한 사실은 대사업의 발전과 대기업의 창출이 다른 나라 기업들에서의 두드러진 모습에 비견할 만한 '기업 집중'을 촉발하지 않았다는 사실이다. 소기업의 수는 19세기 후반기에 줄어들기는커녕 증가하였으며, 그 증가폭 또한 상당히 컸다. 1866년의 조사에서는 1인 사업자(말하자면 혼자서 그의 직업에 종사하는 사람을 의미한다)의 총수가 약 2백만 명(1백96만 8천 명)으로 증가하였다. 1896년의 조사에서는 그 숫자가 약 3백50만 명(3백43만 6천 명), 1906년에는 3백 92만 7천 명으로서 이는 두 번 다시 도달할 수 없는 최대치였다.

4백만 명에 이르는 이 총숫자에서 1명, 혹은 여러 명의 임금생활자를 거느리고 있는 기업가는 결코 1백만 명 이상이 되지 않았다. 나머지는 '임금생활자가 없는 기업가'(이 조사에서 사용된 전문용어에 따르면 부인의 도움을 받는 기업가)로서, 36만 4천 명과 2백44만 5천 명의 '단독 근로자'(속박을 싫어하는 사람)였다. 그러므로 제1차 세계대전 직전에 프랑스에서 지배적인 형태는 일손을 두지 않는, 그리고 그렇기 때문에 매우 조촐한 규모의 개인 기업이나 혹은 가족 기업이었다.

소기업수의 이런 괄목할 만한 진전은 소비의 성장과 업무의 전문화 두 가지로 설명되는데, 후자로 인하여 중기업과 대기업이 상품 유통에 대한 업무는 다른 곳에 맡기고 생산에만 전념하게 되었다. 1906년에 운송과 보관 분야는 1866년보다 2배 반 이상의 사람을 고용하였다. 상업 자체도 괄목할 만하게 도약하였는데, 특히 식료품 상업은 60만 명 이상의 사람을 고용하였다. 세금 통계 덕분에 우리는 주류 판매 허가를 보유하고 있던 주류 소매인의 숫자를 정확하게 알고 있다. 그것은 1913년에 48만 2천 명으로서, 이는 성인 53명당 1명이 소매상인인 셈이 된다.

산업에서 소기업에게 가장 유리한 분야는 건축 분야였다.《제3공화정 하의 이제르 지방》을 연구하면서, P. 바랄은 세기 전환기에 여러 범주로 나누어지는 약 1천 명의 건축 기업주의 존재를 지적한 바 있다. 단연코 가장 많은 것은 단독으로, 혹은 거의 홀로 일하는 '마스터'였다. 이어서 '10명이나 20명을 거느리는 기업'이 나타났다. "예컨대 골조·페인트칠·소목일 등인데…… 가장 큰 사업도 일반적으로 이 규모로 제한되어 있었으며, 중요한 채석업도…… 기껏해야 이보다 약간 더 많을 정도였다." 대(건축)기업은 그르노블에서만 찾아볼 수 있었는데, 그들 중 2개는 1백 명 이상의 노동자들을 고용하였다. 그러나 바랄에 따르면 "한 범주에서 다른 범주로 꽤 활발한 상호 침투가 일어났다. 건축은 사회적 상승의 전형적인 영역이었다. 특히 노르의 이탈리아 이민들과 피에몬테 사람, 롬바르디아 사람 등은 악착스럽게 일함으로써 높은 곳으로 올라섰다. 19세기부터 여럿이 자수성가해 1872년에 이미 페인 트칠 기업주의 절반이 이탈리아인 이름을 가지게 되었다."

반면 농촌에서 전통적인 가내 수공업의 쇠퇴가 상당히 진행된 것으로 보인다. G. 갸리에는 《1800-1970년 리옹 서부와 보졸레 지방의 농촌》에 관한 그의 연구에서 다음과 같이 구조를 분석하고 있다.

19세기 중엽, 마을의 장인은 그 중요성과 권력에 있어서 절정에 있었다. 자급자족하는 폐쇄경제의 초석으로서 장인은 특별한 자리를 차지하였다. 도로에 이어 철도의 등장으로 인한 농촌의 개방은 그에게 심각한 타격을 가하였다. 그는 더 이상 필수불가결한 사람, 훌륭한 고문관, 경우에 따라서 돈을 빌려 주는 사람이 아니었다. 이후에 공산품이 양질의 싼 가격으로 도착하였다. 그리하여 1850년에서 1860년의 황금시대를 겪은 이후 통 제조인들은 훨씬 덜 필요한 존재가 되었다. 예컨대 일반 포도주는 '통에 담기지 않은 채' 팔렸으며, 구매자 자신이 술통을 제공하고 그것을 관리하였다. 오-보졸레 지방의 고급 포도주는 계속해서 술통에 담겨 팔렸지만, 철도로 통이 되돌아와 사용이 확대 보급되고 그것이 재사용되었다……. 이 시기(1911)에 (인구 조사의) 인명록을 검토해 보면, 양철공·통 제조인·제재공(원목을 세로로 켜서 건축용 재목을 만드는 제재공)·기와 제조공·구두 수선인·짐마차꾼·밧줄 제조공·광주리 만드는 사람·우물 파는 인부 등이 완전히 사라졌음을 드러냈다. 나막신 제조인과 나무창을 댄 구두의 제조인은 매우 드물게 되었다. 1870년 이전에는 각 마을과 심지어는 약간 규모가 큰 촌락만 해도 대장장이·목수·기와공·석공·자물쇠공 등이 있었는데, 건축과 관련된 직업은 이제 몇몇의 중요한 읍에서만 나타났을 뿐이다……. 1911년과 마찬가지로 1906년에도 마을의 장인은 고립되어 있었다. 예컨대 그는 수련공도 견습공도 없었으며, 성장한 아들이 아버지와 함께 일하는 경우가 매우 드물었다. 4,50년 이른 시기였다면, 대장간·작업장·구멍가게마다 3 내지 4명의 일꾼이 있었을 것이다. 이러한 쇠퇴는 그 속도가 느렸으며 진정한 위기로 느껴지지 않았다. 동네의 장인은 고객수가 줄어들어 그의 활동을 줄여야 하였으므로 견습공을 내보내야만 하였고, 가지고 있던 저축과 채소밭으로 생계를 꾸려 나가야 하였으며, 가업을 이으려던 자식들을 말렸음에 틀림없었다. 다음 세대가 다른 곳으로 이주함으로써 그 몰락이 확인되었다.

도시에서의 개인 기업, 특히 소매상의 급증은 임금생활자의 사회적 상승을 유리하게 하였음이 분명하였다. 야망에 찬 사무원, 프롤레타리아의 상황에서 벗어나고자 하는 노동자 등은 가내 수공업이나 소규모 상업에서 지위 향상의 기회를 찾았다. 이러한 직업들은 높은 수준의 교육이 요구되는 것이 아니었기 때문에 지위 격상이 비교적 쉬운 편이었다. 카탈로그에 의한 판매가 성공을 거두고 있기는 하였지만, 상업 기술이 초보적인 단계에 머무르고 대규모 상점과의 경쟁이 제한되어 있던 때에 초등 교육 수료증서만으로 충분하였던 것이다. 하지만 대부분의 경우 이들 개인 기업주들의 지위 향상은 그리 멀리까지 가지는 못하였다. 예컨대 상인과 장인의 경우 경제적 활동영역은 읍(邑) 이상을 넘지 못하였으며, 도시의 상인과 장인들도 구역을 벗어나지 못하였다. 소기업의 경우도 이상으로 확대되는 경우가 드물었다.

본래 경쟁할 수밖에 없던 이 부류들에게서 연대의식이 작용하기는 힘들었다. 그렇다고 해서 직업상의 조직이 완전히 불모였던 것은 아니었다. 최초의 것은 고용주 직업조합의 형태나, 혹은 도 규모의 연맹 조합 형태 등으로 건축 기업주들을 모은 것이었다. 이것은 본질적으로 가격 방어를 위하여, 그리고 공공 토목공사의 실행을 위하여 특히 행정당국에 대하여 하나로 결합된 연합전선을 이룩한 것이었다. 소매상인들의 경우, 의회가 주류체계를 재조정하였을 때 주류 소매인들의 조합들이 결성되었고, 리옹 지역을 포괄하는 남동부 지역처럼 때로는 연맹을 형성하기도 하였다. 식료품업의 경우 조합들이 19세기말에 도시 단위로 나타났다. 이들 직업조직들은 두 가지 전선으로 투쟁을 이끌었다. 하나는 세금에 반대하는 것으로, 이 세금은 "그르노블 조합의 대표가 말하듯이 까닭없이 부풀리는 소위 예산의 필요성" 때문에 소기업의 이익을 희생한다고 비난받고 있었으며, 또 하나는 소비조합(coopératives de consommation)에 반대하는 것으로 "주로 상인들을 굶주리게 하는 고약한 일"을 한다고 비난받는 것이었다. 이는 국가를 적으로 보고 노동자 조직을 시장법칙의 자유를 방해하는 장애물로 간주하는 이들 소기업주들의 특징적인 망탈리테를 나타내는 지표였다.

그들의 개인주의로 보나 사회에서의 그들 지위의 모호성으로 보나 이들이 정치에서 공통적인 입장을 채택하지는 못하였다. 그들 중에서 불안정한 지위에 있던 상당수가 사회적인 지위 실추의 두려움에 사로잡혀 있었으며, 그들의 이익에 해를 입힐 수밖에 없는 모든 무질서를 두려워함으로써 그들은 쉽게 보수정당의 지지자들 편에 섰다. 성공하였던 사람들은 안락함과 여가가 보다 커다란 정신의 자유를 제공해 줌으로써 새로운 사상에 보다 더 넓게 열려 있었다. 그들 중 상당수는 다소 비투쟁적인 방식으로 급진주의에 합류하였다. 20세기초에 사회주의는 일정한 수의 사람들을 매료시켰다. 단지 수련공에 불과하였을 때인 청년 시절에 겪었던 어려움을 잊지 않았던 몇몇 기업주들(예를 들면 건축업)은, 심지어 사회당의 지역구 지도자가 되기도 하였다. 그러나 선거 때에 많은 사람이 마음 내키지 않아 하였던 이들 정당의 규율 때문에 기꺼이 그들의 표는 '독립 사회주의자'의 후보에게 가게 되었다. 이들 독립 사회주의자들의 이중적 라벨로 인하여 보다 진보적인 사상에 대한 그들의 기호와, 너무나 커다란 사회적 변화에 대한 두려움이 기꺼이 조정되었던 것이다.

농민

농민들이 겪은 변화는 그 속도가 매우 느려서 대부분의 기간 동안에 당대인들의 눈에 띄지 않았다. 그러나 1914년 프랑스 농촌의 모습은 제3공화정 초기와는 다른 모습이었다. 하물며 19세기 중반의 모습에 비교하면 오죽하랴. 변화의 요인들은 새로운 것들이 아니었으나, 그 영향력은 시간이 지날수록 증가하였다.

가장 중요한 것 중 하나는 농촌 인구의 도시로의 대이동으로서, 농민들이 못살기 시작하면서부터 소경작자와 특히 농업 노동자들은 그들의 땅을 떠나기를 바랐으며, 이미 떠나서 도시에서 일자리를 찾은 부모와 친구들이 그들이 도시에 도착하면 환영하고, 또한 도시생활에 쉽게 적응하도록 도와 주리라는 것을 알고 있었고, 그렇게 되도록 기대할 수가 있었던 것이다. 농촌 인구가 도시로 이동하게 된 경제적 원인들은, 농산품 가격이 하락의 길로 치닫던 19세기의 마지막 사반세기 동안에 강화되었다. 심리적 요인도 무시할 수 없었는데, 그 이유는 군복무가 보편화되면서 농촌 젊은이들이 직접적으로 도시의 젊은이들과 접촉하게 되었으며, 특히 외관상으로 농촌 젊은이들의 눈에 삶이 쉽게 보였던 주둔지 도시 자체와도 접촉하게 되었던 것이다. 왜냐하면 그들은 주일의 여가와 싸구려 즐거움 등 가장 인위적인 면만을 경험하였기 때문이었다.

군복무를 마친 후에 도시에 다다른 젊은 농민들은 일반적으로 가장 가난한 농민층, 즉 1850년경까지만 해도 여전히 농촌에서 요구조건을 주장하는 불안정한 분위기를 유지하였고, 경제적·정치적 위기시에 염려되는 소요를 야기할 수 있었던 바로 그 계층에 속하였다. 그들이 도시로 떠난 후에 농민 대중은 훨씬 덜 두려운 존재가 되었다. 즉 "이주로 인하여 농민 대중은 순화되었고, 가장 가난하고 위험한 자들로부터 벗어나게 되었던 것이다." 때로는 이주로 인하여 가장 역동적인 자들이 농민 대중을 떠났다는 것 또한 사실이다. 왜냐하면 부유한 농민들 중 상당수가 자식들 가운데 가장 뛰어난 이들, 즉 교사들이 학급에서 그들의 영리함과 학업 때문에 주목하였던 이들을 도시의 직장을 향하여, 특히 헐뜯음과 동시에 부러움의 대상이었던 공직을 향하여 나아가도록 하였기 때문이다.

농촌 인구의 도시로의 이동은 기술적 진보와 밀접한 관련이 있어서 우리는 그것이 결과이자 동시에 원인이 된다고 말할 수 있다. 우선 결과가 되는 이유는 기술적 진보, 특히 설비의 개선이 인력을 덜게 하였고, 그 인력이 도시를 위하여 필요한 노동력으로 이용될 수 있었기 때문이다. 원인이 되는 이유는 (농촌에서 다른 지역으로의) 이주로 인하여 일손이 희박해지게 됨으로써 농촌에서의 임금 상승이 촉발되었고, 경작자는 기계로 노동자를 대신하였다. 농촌에서의 기술 진보는 19세기말에 기술적으로 개량된 쟁기, 기계 파종기, 풀 베는 기구, 그리고 수확기 등의 사용이 일반화되었을 뿐 아니라 산업의 발전 덕분에 화학비료가 사용되면서 촉진되었다. 1913년에 프랑스에서 화학비료의 사용은 1886년보다 6배나 더 많았다. 그러나 기술 진보는 일률적이지도 일반적이지도 않았다. 그 이유는 우선 많은 경작자들의 능력을 넘어서는 막대한 양의 투자가 필요하였기 때문이며, 특히 그것은 개인 단독의 일로서 개인의 진취적인 기질을 나타내는 것이었다. 유일하게 일반적인 기술을 촉발시킬 수 있는 농업기술 교육이 실제로는 거의 존재하지 않았다. 그랑제콜은 농민의 아들들 가운데서는 학생을 충원하지 않았으며, 농업기술 지도교수(제1차 세계대전 직전에 도별로 1명씩 있었던)는 교사라기보다는 행정관이었고, 초등학교 교사들에 의하여 주어지던 농업에 관한 강의는 교사도 학생도 다 중요한 것으로 받아들이지 않았다. 제3공화정은 농사공진회와 농업경진대회같이 제2제정에서 발전하였던 것을 유지하는 데 노력을 기울이는 것에 그쳤다. 이와 같이 볼 때, 기술적인 진보는 보편적인 발전수단이었다기보다는 오히려 소경작자와 대경작자 사이의 불균형을 증가시키는 차별화의 한 요소로 작용하였다.

생존의 경제에서 시장경제로의 대체에 관해서도 마찬가지였다. 자가소비를 시장에서의 판매로 바꾸면서 농민은 교환경제로 진입하였으며, 뜻하지 않은 변동에 처하게 되었다. 농민들은 오랫동안 가까운 시장에서 소비자에게 직접 판매하기 위하여 자신의 상품을 가져가는 것에 여전히 만족하고 있었다. 그러나 19세기말에 시장의 성격이 변화하였다. 예컨대 소비자는 방향을 바꾸어 점포 주인인 소매상인을 보다 더 자주 찾았던 것이다. 농민은 특히 그의 경작을 전문화한다면, 이제 더 이상 소비자가 아니라 도매상인과 같은 전문가나 혹은 시장의 경향에 대하여 보다 더 많은 정보를 가지고 있을 뿐 아니라 훨씬 더 빈틈이 없는, 한마디로 말하면 소비자보다 더 무서운 존재인 위탁판매업자를 상대하게 되었다. 농산품의 새로운 형태의 상업화는 농민에게 불리하게 작용하였다. 그리하여 판매하기에 급급한 소경작자와 따로 남겨둔 비축품이 있는 대경작자간의 불균형이 한 번 더 심화되었다.

이와 같은 변화로 인하여 농민의 삶은 더 불확실해졌으며, 어떤 의미로는 더 위험하게 되었다. 과거에 농민이 처하였던 위험은 기후의 변덕이었다. 그런데 기술의 진보로 이 위험의 폭이 놀랄 만큼 감소하였다. 하지만 특히 가격 하락 시기 시장의 불확실성과 판매자인 농민들간의 경쟁의 결과로 이들의 삶이 또다시 불확실하게 되었다. 농민들간에 격차가 뚜렷해졌으며, 이 차이가 특히 개인의 능력에 달려 있었기 때문에 농민의 개인주의가 상당히 강화되었다.

그 어느 때보다 더 다양한 성향이 프랑스 농촌의 지배적인 특색이었다. 경작 규모와 가치에 따른 경제적 다양성이었다. 서열의 맨 꼭대기에는 우리가 경작 기업가라고 부를 수 있는 풍부한 자본을 가진 대농장주나, 혹은 드물게 자신이 직접 경작을 하는 대토지 소유농이 있다. 경작 기업가는 기술이 개선된 개량 농기구를 사용하였으며, 많은 일꾼을 부렸다. 1906년에는 약 2백50개의 농업 '기업'(말하자면 경작)이 50명 이상의 임금 노동자를 고용하고 있었다. 물론 여기에는 예외적인 경우이기는 하지만 대경작이 주로 제분업이나 사탕무 정제업, 혹은 제당 공장 등 농산품 가공 공장과 직접적으로 연결된 경우였다. 농업 자본가는 이미 더 이상 농민이 아니었다. 하지만 같은 시기에 6명에서 50명의 임금 노동자를 거느리는 4만 5천 개 이상의 농장과, 1명에서 5명을 거느리는 1백30만 개의 농장이 있었다. 이는 결국 일꾼을 거느리는 고용주 경작자가 농업 경작자 전체의 적어도 3분의 1, 아마도 5분의 2까지 된다는 것이다.

당대인들이 이들 농업 고용주의 존재의 중요성에 대하여 별다른 관심을 보이지 않았고, 그들에 관하여 특별한 이야기가 없었다는 사실에 놀랄 수 있을 것이다. 그렇게 된 이유는 사람들이 그 덕성을 찬양하고, 이상적인 민주주의의 기반을 이루기를 꿈꾸던 농민의 전형은 바로 '고용인'을 쓰지 않고 단지 자신의 가족만으로 일하는 소유주(게다가 그것을 찬양하는 사람들은 가사일과 가축 돌보는 일을 동시에 해내는 여성 노동의 비열한 착취와 학교를 그만두고 13세부터, 그렇지 않으면 보다 더 일찍 일하기 시작하는 아동 노동을 떠올리는 것을 잊고 있다)였기 때문이다. 1909년의 농업 조사는 이 점에서 특징적이다. 즉 가족 경영에 대하여 우호적인 편견을 가진 이 조사는 가족 경영이 가장 훌륭한 결과를 획득하고 위기에서 가장 쉽게 벗어난다는 것을 보여 주는 경향이 있다.

20세기초에 농장의 대다수는 가족 경영이었는데, 그 수는 2백만이나 혹은 2백50만 명을 헤아릴 수 있다. 그것들은 지주나 차지농, 혹은 분익소작농들에 의하여 주도되었다. 경작자들의 물질적 조건은 토지들의 상황만큼이나 다양하였다. 예컨대 상황이 열악한 곳에서는 여러 농작물의 동시 재배와 자가 소비가 많이 시행되었으며, 토지가 그에 맞게 준비되어 있고 상황이 유리할 때는 전문화에 성공한 경우도 몇몇 있었다. 이러한 농민 세계보다 더 다양한 것은 없었으며, 프랑스 농촌 지역의 발전도 그만큼 일정하지 않고 다양하였다.

그 이유는 경제적인 다양성에다 농촌이 고립에서 벗어남에 따라서, 그리고 교환경제에 폭넓게 참여함에 따라서 끊임없이 커져 가는 지리적 다양성을 덧붙여야만 하기 때문이다. 자연적인 격차가 너무 커서, 다른 지역과 달리 천부적으로 비옥하며, 가장 합리적으로 경작된 지역에서는 지역 전문화가 확립되었다.

그 결과 가장 근대적인 농업 지역은 노르와 파리 분지의 밀과 사탕무 재배 평야였다. 플랑드르·에노·캉브레시스·피카르디·벡생·수아소내·발루아·브리·보스에서는 진흙이 풍부한 토양 위에서 대경작이 우세하였다. 이들 대도시 주변은 유통이 쉬워서 생산 수지가 맞았다. 사회적으로 지배적인 유형은 대차지농이었으나 자작영농 경작도 흔하였다. 제1차 세계대전 직전에 이들 농업 지역은 영국이나 혹은 북유럽의 가장 부유한 농업 지역과 필적할 만하였다.

서부 지방의 수림(樹林)은 훨씬 더 복잡하다. 그들은 고립상태에 놓여 있었기 때문에 흔히 발전과는 거리가 멀었다. 그러나 다음의 매우 상이한 두 지역이 나타내는 바와 같이 전문화가 필수불가결해지자 번영이 뒤따르게 되었다. 노르망디는 인구가 밀집한 파리 도시권에 이름난 유제품을 공급하기 위하여 자발적으로 목축을 전문으로 하게 되었다. 농장주와 지주들이 부유해졌으며, 이는 그야말로 지방 부르주아지를 구성하는 경향이 있었고, A. 지그프리드가 훌륭하게 묘사하였듯이 그로 인하여 보수적인 정신상태가 발전되어 나갔다. 샤랑트 지역의 변화는 완전히 다른 방향에서 이루어졌다. 1880년 이전에 샤랑트 지역은 12만 헥타르에 이르는 포도밭과 더불어 프랑스에서 지롱드 다음 가는 제2의 포도 재배 지역이었다. 그런데 포도나무 뿌리진디가 만연하면서 거의 모든 것을 휩쓸어 갔다. 1892년에 포도 생산이 가능한 것은 3만 헥타르 정도밖에 남지 않았다. 1888년에 최초의 낙농업 협동조합을 창설하였던 쉬르제르의 한 농민의 주도로 이 옛 포도 재배 지역에서 낙농 지역으로의 변화가 촉진되었다. 1893년에 스위스 협동조합의 모델에 따라서 샤랑트와 푸아투의 낙농업협동조합중앙협회(Association centrale des laiteries coopératives)가 조직되었으며, 1899년부터 이 협회는 파리로 우유를 운반하기 위하여 냉동 객차를 이용하였다. 1906년에 쉬르제르에서의 낙농업 전문학교 창설은 제조 책임자 양성을 가능케 하였다. 협동조합에서 생산된 샤랑트 버터의 질은 파리 시장에서 인정받았다. 이 지역에서는 협동조합이 소토지 농민을 구해 낸 것이다.

전문화로 인하여 남프랑스의 두 지역인 론 강 평야와 바-랑그독 또한 크게 변화되었다. 우선 론 강 평야는 이 '충적토 평야'의 배수에 의하여, 그리고 운하에 의하여 분배되는 뒤랑스의 물로 건조한 토지에 관개를 함으로써 개선되었다. 설비 원가의 가격과 관개에 의하여 제공되는 물이 고가였기 때문에 돈벌이가 되는 경작을 선택하는 것이 필수불가결하였다. 돈벌이가 되는 경작은 빠른 교통수단으로 파리의 시장이나, 혹은 독일·스위스·네덜란드·영국의 외국 시장 등 원거리 시장으로 유통이 되면서 가능해졌다. 소토지 소유주들은 과일과 채소의 경작을 전문화하였다. 제1차 세계대전 직전의 론 강 평야는 매우 큰 번영을 이룩하게 되었다. 그리하여 더 이상 농촌 인구가 도시로 이동하지 않게 되었을 뿐 아니라, 오히려 인구가 다시 농촌으로 몰리게 되었다.

바-랑그독에서는 포도나무 뿌리진디로 인한 재앙으로 여전히 경제적·사회적 혼란이 유발되고 있었다. 1870년 이전에 저지대 토지는 소홀히 되었던 반면에 소토지 소유주들에 의하여 구릉 위에서는 포도가 재배되고 있었다. 10년(1870-1880) 사이에 경사면의 포도 재배지가 파괴되었다. 포도나무 뿌리진디에 맞서기 위한 최초의 투쟁수단은 포도 재배지를 겨울 동안 침수시키는 것이었다. 그리하여 물을 댈 수 있는 토지, 다시 말하면 평원에 새로운 포도나무를 심었다. 이 토지에는 거의 돈이 들지 않았다. 그러나 포도원을 재구성하는 데에는 몇 년 이내에는 결실을 가져오지 않을 거대한 투자가 요구되었다. 결국 새로운 포도원은 이미 매우 부유한 포도 재배자들이나, 또는 보다 개선된 설비를 가지고 임금 노동자들로 하여금 경작케 하는 도시의 부유한 부르주아들에 의하여 설립되었다. 경사면 포도밭의 소지주들은 포도나무 뿌리진디에 잘 견디는 아메리카산 묘목으로 재식림하기 위하여 빚을 져야만 하였으며, 평야의 포도밭에서 나는 수확고에 훨씬 못 미치는 것을 획득하였을 뿐이었다. 그들은 대소유지와의 경쟁에 가까스로 저항하고 있던 평원의 소지주들과 협동조합으로 결속하였다. 그러나 1900년부터 알제리 포도원의 발달로 물품이 과잉 생산되자 시세가 떨어지고 이들은 어려움에 처하게 되었다. 단작(單作)으로까지 몰고 나간 전문화의 희생자인 그들은 저항위원회(Comité de Défense, 1907)를 형성하고서 대중시위를 기도하였는데, 이 시위는 나르본과 페르피냥에서의 소요와 베지에에서 17연대 병사들의 폭동으로 악화되었다. 몇 가지의 입법적 조치와 특히 흉작으로 인한 가격 앙등으로, 이후에는 평온을 되찾았다.

경작의 전문화는, 다행인지 혹은 불행인지 모든 지역에 다 파급되던 것은 아니었다. 20세기 초반 동안에 소수의 일부 지역은 농업이 그 이전 시기와 별다른 차이를 보이지 않은 채 존속하였다. 프로방스의 많은 지역뿐 아니라 브르타뉴 내부와 샹파뉴·로렌 등은 아직도 호구지책의 경제에 머물러 있었던 것이다. 리마뉴나 혹은 아키텐처럼 보다 비옥한 지역은 여러 농작물의 동시 재배를 유지하여 위험을 억제하기는 하였으나, 그 수확량은 결코 개선되지 못하였다. 마지막으로 산악 지역도 그리 커다란 변화는 없었다.

J. 포베는 1958년 "농촌 세계의 극단적인 다양성은 정치적 태도의 극단적인 다양성과 관련되어, 노동계급과는 달리 농민들은 예외없이 모든 정치운동에 적극 가담되어 있을 정도이다"라고 썼다. 그의 지적은 제3공화정 기간 동안에 대해서는 완벽하게 유효한 것이었다. 처음의 선거에서 좌파와 우파가 명백하게 대립하였을 때(1876년과 1877년) 두 파의 프랑스 농민이 대립하였는데, 우파에 표를 던진 서부와 공화파에 표를 던진 동부(마시프 상트랄을 거쳐 로렌에서 프로방스에 이르는)의 농민들이 바로 그들이다. 1914년에 우파는 브르타뉴와 서부 지역 내부, 바스크 지역, 마시프 상트랄의 남쪽 지역과 일부 알프스 지역 이외에는 더 이상 통제하지 못하였다. 그러나 우파는 로렌과 샹파뉴를 회복하였다. 다른 농촌 지역은 좌파에 충실하게 남아 있거나, 혹은 좌파에 의하여 정복당하였다. (예컨대 남서부와 랑그독, 그리고 아키텐 분지 등지가 바로 그러한 지역이다.) 정치적 태도의 이러한 변화는 경제적 특성의 변화와는 결코 일치하지 않았다. 근대화된 지역들은 그들의 전통적인 태도를 끈질기게 고수하거나(노르망디는 보수적으로 남아 있었고, 론 강 평야는 항상 '적색'에 투표하였다), 혹은 랑그독처럼 좌파 쪽으로 기울어졌다. 여러 농작물을 동시 재배하는 데 충실하였던 지역들은 정반대의 방향으로 변화하였는데, 북동 지역은 우파로, 남서부 지역은 좌파로 기울어졌다.
　지지 지역이 일관되었건 혹은 변화되었건간에 '농민 정당'이 없었다는 놀라운 사실을 결코 숨길 수는 없으며, 그 어떠한 정당도 진정으로 농민들의 대변자라고 주장할 수는 없었다. 다양한 상황과 이해관계가 끊임없이 깊어져 감으로써, 모든 정파가 변화하는 농민 세계에서 유권자를 충원하는 것이 가능케 되었다.
　일부가 막 가까스로 벗어난 서민 계층에 여전히 애착을 가지고 있었으며, 또 다른 일부가 그들이 생활양식을 공유하고자 하는 부르주아의 범주에 이미 동화되었기 때문에 농민층이 매우 이질적이었고, 또 경계가 분명하지 않은 '새로운 계층' 전체가 한층 더 이질적이었다 할지라도, 이들을 연결하는 하나의 특징이 있었는데 그것은 바로 개인주의였다. 사실상 농민·상인·장인·기업가·공무원·자유 직업인들 모두 사회에서의 지위는 그들의 직업적인 성공, 말하자면 자신들의 일과 노력의 강도에 달려 있다는 것을 잘 알고 있었으며, 또 그렇다고 믿었다. 그들은 자신들의 지위를 유지하거나, 혹은 출세하기 위하여 자기 자신에게만 의지하였으며 그렇게 할 수밖에 없었다. 그들로서는 사회적 상승의 문제에는 개인적인 해결책이 있을 뿐이었다.

그러나 그들은 경험으로 "사회적 상승은 거의 항상 학교를 통한다"는 것을 잘 알았으며, 그들이 자녀들의 교육적 혜택을 보장받는 것에 대하여 그렇게 각별히 주목하였던 것도 바로 그 때문이었다. 이와 같은 교육에의 갈망은 위대한 공화주의자 장관들의 걱정——실제로 쥘 페리와 그의 협력자들은 학교를 통하여 직업적으로 유능한 사람보다는 훌륭한 시민을 양성하는 것에 더 많은 관심을 가졌으므로 그 걱정의 내용이 약간 다르기는 하지만——과 적절하게 조우하였다. 쥘 페리의 학교는 만일 그것이 개개인들의 기다림에 부응하는 것이 아니었다면 결코 그렇게 완벽하게 성공적이지는 못하였을 것이다. 왜냐하면 국가는 법이 정한 대로 의무 교육을 준수하기 위한 효과적인 강제수단을 사용하지 못하였기 때문이다.

초등학교는 아동들에게 단지 직업에 종사하는 데 필요한 기초적인 지식의 습득을 보장하는 수단만은 아니었다. 그것은 보다 높은 곳으로 올라가기 위한 사다리의 첫 계단이었다. 초등학교에서 총명하고 공부에 대한 관심을 가져서 교사의 주목을 받은 학생은 자기 앞에 두 개의 넓은 길이 열리는 것을 보았다. 그 중 하나를 통하여 그는 상급 초등학교(공직에서는 그 직원들 중 상당수를 여기에서 충원하였다)와, 혹은 초등학교 교사가 될 수 있는 도의 사범학교에 진학하게 된다. 다른 하나를 통하여서는 부르주아의 직업을 갖게 되는 중등 교육에 다가가게 된다. 학교를 통한 사회적 상승은 당시의 독창적인 특징이었다. 즉 학교를 통한 사회적 상승은 첫 세대에서는 흔히 존경을 받는 단계에 있던 평범한 공무원이나 혹은 초등학교 교사의 수준에서 정지하거나, 아니면 가장 뛰어난 학생들이 그랑제콜이나 혹은 관리 시험에까지 이르던지간에 다소 빠른 수단이었던 것이다. 경쟁 시험을 통하여 가장 뛰어나고 가치를 인정할 만한 학생들에게 주어지는 국가의 장학금제도가 이러한 상승을 더 쉽게 하였다. 가난한 가정 출신이지만 총명하여 자신의 재능에 의하여 가장 높은 직위에 올랐던 장학생의 경력은 제3공화정하에서 하나의 상징이자 신화로서, 이는 같은 시기에 미국에서 존재하였던 각 개인에게 기회가 주어지는 열린 사회의 신화, 자수성가한 사람에 대한 신화의 역할을 프랑스에서 하는 것이었다.

　개인적 차원에서는 사회적 지위 향상이 학교를 통하여 나타났다면, 또한 우리는 그것이 가족의 차원에서는 인구 통계상의 맬서스주의를 통하여 가능하였던 것이라 말할 수 있다. 학업에 관한 장학금 제도는 아무리 효과적이었다고 할지라도 소수 엘리트에게만 적용되었으며, 특히 임금생활자의 자녀에게 적합한 것이었다. 나머지 가족들에게 있어서는 '세습재산'(상업, 기업, 토지 재산)의 양도가 가족의 사회적 지위를 결정지었다. 예컨대 여러 명의 상속인들 사이에 세습재산이 분배되면, 다음 세대에는 사회적으로 퇴보하게 될 것이었다. 그러므로 민법전은 단순히 '토지를 잘게 구분하는 기계'일 뿐 아니라 적어도 지주 계층에게는 또한 맬서스주의를 고무하는 것이기도 하였다. 19세기말에서 20세기초에 매우 현저하였던 출산율 저하 운동의 가속화는 새로운 계층의 태도에 기인하는 것이 분명한 것처럼 보였다.

　인구에 대한 태도에 미친 종교적 요소의 영향 또한 강조되어야 하는데, 그 이유는 맬서스주의와 비기독교화가 밀접한 관련이 있기 때문이었다. 이 시기에 프랑스에서 적어도 상당수의 지역(아키텐·푸아투·리무쟁, 그리고 로렌을 제외한 파리 분지)과, 특히 그 규모가 크건작건간에 도시에서의 종교의례 쇠퇴가 잘 입증하고 있다. 정확한 관찰자들은 이미 오래 전부터, 상당수의 가톨릭 신자들에게 종교의례는 매우 피상적인 것에 불과하였다고 생각하는 경향이 있었다. 그것은 이제 사회적 순응주의의 한 국면을 반영할 뿐이었다. 공화주의 정부의 반성직주의 정치가 교회와 국가의 분리에 도달하기 위하여 가속화하였던 순간부터 새로운 순응주의가 옛것을 대체하였다. 즉 교회 속으로 더 이상 뿌리내리지 않는 것이 좋은 태도가 되었던 것이다. 어쨌든 성직자 충원의 쇠퇴(20세기초부터 매우 두드러진 후퇴)는 반(反)성직자 조치, 더 나아가서는 주교좌 성당의 총대리 불라르의 지적처럼 '나라의 일반적인 분위기'와 매우 밀접한 연관이 있는 것으로 보였다. 도시의 분위기는 노동자들의 적대감과 사제수의 불충분한 증가로 인하여 교회에 대해서 오래 전부터 덜 우호적이었다면, 시골 마을의 분위기는 사제와 교회의 감독에서 벗어나 사범학교에서 반종교적인 논의로 양성된 초등학교 교사와 교회와의 갈등이 악화되었을 때 상호 적대감이 증폭되었다.

그러나 비기독교화 운동은 특히 남성들과 관계가 있었다. 여성들은 글을 별로 읽지 않았으며 좀처럼 집 밖으로 나가지 않았고, 논쟁과는 동떨어져서 보다 더 성직자의 영향력에 복종하는 편이었다. 게다가 남성들은 여성들을 이런 상황에서 벗어나게 하기 위하여 아무것도 하지 않았다. "특히 그의 부인이 미인이었을 때, 프랑스인들은 그가 심지어 반성직주의자라 할지라도 사제가 관여하면 그녀를 보다 더 잘 간수할 수 있다고 믿었다."(A. SIEGFRIE)

그 교육이 시대의 지적 분위기를 반영하던 세속학교는 종교에서 벗어난 이들 남성들에게 과학 예찬, 이성과 진보에 대한 믿음 등의 대체물을 제공하였다. 오귀스트 콩트를 본받아서 프랑스인들은 실증주의 시대로 진입하였다. 르낭에 대한 연구를 하면서 A. 티보데는 "르낭이 테느·베르틀로와 더불어 완전한 힘, 충만한 자선, 그리고 과학의 충만한 미래를 믿었던 세대를 대표한다"는 것을 확인하였다. 실증주의는 대학의 거의 공식적인 교의가 되었으며, 공교육에 스며들어 그것을 초등학교까지 퍼뜨렸다. 여기에서 실증주의는 이성주의와 세속주의의 애독서가 되었다.

진보와 과학, 진보의 방법에 대한 이와 같은 신뢰는 미래를 향하여 완전히 앞으로 뻗은 새로운 계층과 완벽하게 어울렸다. 또한 급진적 이데올로기가 그들에게 잘 맞았기 때문에 레옹 부르주아는 그 이데올로기가 "정치적 그리고 사회적으로 이성의 법칙에 따라 사회를 조직하는" 경향이 있다고 말하였다. 강베타가 새로운 계층에게 신뢰감을 보였다면, 이들 새로운 계층은 제3공화정하에서 급진주의의 확고한 지지자들이었기 때문에 공화주의자들의 기대를 저버리지 않았음에 틀림없다.

사실상 급진주의는 이 시기 동안에 변화하였다. 벨빌 강령(programme de Belleville, 1869)과 더불어 제2제정이 끝나는 시기에 탄생한 첫번째 급진주의는 폭넓은 자유에 대한 일반적인 요구와 인민주권의 확인뿐이었다. 그것은 민주주의를 수립하는 문제였으며, 나머지는 더불어 올 것이었다. 예컨대 "강베타는 이 강령을 받아들이면서 말하기를 나는 보통선거가 일단 한 번 자리를 잡으면, 이 강령의 실현에 장애가 되는 것들이 모두 제거되고 기본적인 자유를 성취하기에 충분할 것이라 생각한다"고 하였다. 급진주의는 결국 공화주의와 구분되는 것이 아니며, 그의 강령이 강베타 자신이 아닌 쥘 페리에 의하여 실현되었던 것은 단지 개인적인 경쟁으로 강베타가 권력에서 제외되었기 때문이었다.

두번째 급진주의는 1880년대의 급진주의로서 여전히 많이 남아 있는 구사회 권력의 영향력으로부터 벗어나게끔 반격을 가함으로써 굼뜬 기회주의자들에 대하여 항의하는, 참을성 없는 급진주의이다. 교회에 대하여 적대감(교회와의 분리를 주장하는)을 가지고 있는 급진주의이며, 경제 독점에 대하여 적대감(철도의 국유화 주장)을 가지고 있는 급진주의이고, 부유한 자에 대하여 적대감(진보적인 소득세 제도를 제안하는)을 가지고 있는 급진주의인 것이다.

권력을 잡게 된 급진주의는 체계화되었고(급진적 공화주의와 급진적 사회주의자 정당이 1901년에 창립되었다), 그의 교리를 명확히 하였다. 대혁명의 유산을 계승하는 공화국을 세우고 학교와 계몽주의 전파에 기반을 둔 공화국을 형성하는 것이었다. 예컨대 사유재산을 보장함으로써 시민들의 자율성을 보장하고, 소지주를 보호함으로써 농촌 문제를 해결하며, 노동계급은 장인계급에 도달함으로써 노동계급의 해방수단을 갖게 되고, 연대의식을 가짐으로써 사회 문제를 해결하는 것이었다. 이 교리는 새로운 계층의 마음에 들 수밖에 없었다. 왜냐하면 그것은 그들의 독립적 성향에 답하는 것이었으며, 인간의 존엄성을 존중받고자 하는 그들의 염려에 답하는 것이었을 뿐 아니라 무질서에 대한 두려움, 사회혁명에 대한 두려움에 답하는 것이었다. 레옹 부르주아의 '연대 의

식주의(solidarisme)'는 개인주의와 집산주의의 조정을 위한 시도로, 이 시도로 인하여 새로운 계층은 자신들의 중간적인 위치 때문에 쓰라린 결과를 감당할 수밖에 없는 계급 투쟁의 위험에서 벗어나게 되었다.

그러나 급진주의는 그 내부에서 자코뱅적 경향과 평등주의적 경향이라는 두 조류의 발전으로 위험에 처하게 되었다. 첫번째 것은 불랑제 장군 지지운동과 내셔널리즘으로 빗나갔고, 두번째 것은 개혁 대신에 옛날 방식으로 나란히 배열된 '급진-사회주의'라는 분류의 선택을 강요하였다. 이러한 위험 앞에서 제1차 세계대전 전의 급진주의는 그 스스로 몸을 웅크렸으며, 거부의 급진주의라는 유형을 취하였다. 기존 질서의 변화를 거부하는 것이었다. 예컨대 "당은 사유재산의 원칙에 단호하게 애착을 가지고 있어서 그것이 폐지되기를 원하지 않았으며, 심지어 의도조차 하지 않았다."(1907년의 프로그램) 그리고 심지어 사회 문제가 존재한다는 것을 인정하는 것 또한 거부하였다. 즉 "당은 이론으로조차도 시민들 사이의 한쪽과 다른 한쪽이 서로 반대하여 투쟁하는 계급이 확립되어 있다는 것을 거부하였다." 마지막으로 알랭의 작품에 완벽하게 표출되어 있는 권위에 대한 거부이다. 다른 한편으로는 반성직자주의가 가져다 주는 효과가 1905년 이래로 부분적으로 쇠진하였기 때문에 급진주의는 '좌파의' 감수성을 가지고 있지만, 사회적으로는 보수주의인 '충족된 이데올로기'로서 이제는 전통주의에 불과하였다. 여기에서부터 A. 지그프리드는 "많은 급진주의자들이 항상 입에만 달고 다니는 개혁에 대한 묘한 무관심"을 지적하고 다음과 같이 덧붙였다. 즉 "우리는 이 집단의 선구자들이 기존의 사회 질서에 대하여 결국 얼마나 쉽게 만족하는지를 보고 놀란다. 이념적으로 대담하고 실제적으로 온건한 이 민주주의 내에서, 경쟁자보다 공약을 더 크게 내거는 것은 쉽고 심지어 위험이 없는 것처럼 보인다. 왜냐하면 이렇게 공약을 더 크게 내거는 것은 사람들이 변화를 원하지 않는 사회 구조 내에서 발전하기 때문이다." 새로운 계층을 쉽게 일어서도록 한 구조가 구체적으로 바로 그것이 아니었는가?

2. 대부르주아지

강베타의 예언이 실현되는 것처럼 보였던 것은 세기의 전환기였다. 새로운 사회 계층은 그들이 대표하고 있던 급진당을 매개로 하여 권력에 도달하였던 것이다. 이 변화는 오래 전부터, 5월 16일(1877년)의 실패 이래로 준비되어 왔다. 대부르주아지는 권력의 독점을 시도하였으나 보통선거로 다른 상황이 연출되었다. 2년 만에 공화주의자들은 하원·상원·공화국 대통령을 통제할 수 있었다. 이 '공화주의자' 공화국은 이제 더이상 대부르주아지가 상상하였던 것이 아니었다. 그것은 '공작(公爵)들의 공화국'이 아니었으며, 심지어 티에르의 공화국도 아니었다. 반세기이전에 귀족들이 당하였던 운명을 이제 대부르주아지가 겪을 차례인가? 그들은 단 한번에 자신들의 지배권과 더불어 롬므가 '세 가지 권력'이라칭하였던 정치적·경제적·사회적 힘의 통제를 상실하게 될 것인가?

──정치력의 상실은 당대인들 자신이 믿었던 것보다 훨씬 덜 철저하고 덜 빠르게 이루어졌다. 왜냐하면 부르주아 계층은 견고한 방어수단을 가지고 있었으며, 전혀 권력을 넘겨 줄 각오를 하지 않고 있었기때문이다.

──부르주아 계층이 가장 심하게 그의 실패를 기록한 것은 처음에는 '기회주의자' 공화주의자들에 의하여, 다음에는 급진주의자들이 쟁취한 행정력의 행사에서였다. 급진주의자들이 '대부르주아지(gros)'에대한 그들의 적대감을 감추지 않았던 반면, 기회주의자들은 훨씬 더 신중한 태도를 보였다. 공화주의 체제에 남아 있던 왕정주의의 흔적을 사라지게 하는 데 관심을 가지고 있던 그들은 본질적으로 사회 계층으로서의 대부르주아지에 대하여 적대적이지는 않았으며, 대부르주아지를공화주의 체제에 가담시키기 위한 기대 속에서 그 비위를 맞추었다.

더욱이 내각의 불안정으로 대부르주아지는 때때로 내각의 수반에 그들에게 전혀 해를 끼치려 하지 않는 사람들을 앉힐 수 있었다. 예컨대샤를 뒤피·쥘 멜린, 그리고 급진주의 내각 시기 이후 레이몽 푸앵카레 등이 그들이었다. 뿐만 아니라 대부르주아지는 자신들의 이익을 숙달되게 대변하는 모리스 루비에르를 찾아내었다. 루비에르는 내각을 두 번 이끌었는데, 첫번째는 1887년 5월부터 12월까지이고, 두번째는 1905년 1월부터 1906년 2월까지였다. 게다가 그는 티라르·프레시네·루베·리보 내각에서, 즉 1889년 2월부터 1892년 12월까지 여러 해 동안 재무부 장관을 지냈으며, 이어서 1902년 6월부터 1905년 1월까지 콩브 내각에서 다시 그 직책을 역임하였다. 대부르주아지가 그들이 매우 심각한 것으로 간주하였던 소득세 확립(동산의 보유자로서 그들이 누리고 있던 세금의 준면세 혜택을 거의 사라지게 할)의 위험에서 벗어나는 데 성공하였다면, 그것은 대부르주아지가 루비에르의 노련함에 상당한 빚을 지고 있는 것이었다. 하지만 만일 의회 내에서 지지자들을 찾지 못하였다면, 루비에르는 그 혼자의 힘만으로 그 법안을 물리치는 데 성공하지 못하였을 것이다. (소득세는 1914년 7월에 가서야 채택되었다.)

―― 일반적으로 우리는 대부르주아지가 행정권을 빼앗겼던 것처럼 입법권을 빼앗겼다는 것을 인정하고 있다. 대부르주아지가 상원에서 자신들의 대표자들을 오랫동안 유지하는 데 성공하지 못한 것은 사실이었다. 사실상 제3공화정의 상원은 전문화된 부류, 즉 직업으로 정치를 하는 공화주의 정치가들 내에서 신속하게 사람을 충원하였다. 상원의직책이 대부르주아지에게서 빠져 나간 것은 그것이 그들의 관심을 전혀 끌지 못하였기 때문이었으며, 이 직업이 흔히 대부르주아지들이 가지고 있지 못하였던 유연성과 인내, 사람의 마음을 끄는 매력이 있는 재능을 요구하였기 때문이었다. 그러나 하원에는 다가갈 수 있었다. 이 의회의 민주화는 다음 표 11에서 나타나는 바와 같이 매우 느리게 이루어졌다.

만일 대부르주아지의 구성원들 사이에 정치적 관점이 동일하였다고 한다면, 의회에서의 대부르주아지의 위치는 결정적이었을 것이다. 모든 위험한 입법 조처를 멈추기 위하여서는 귀족들과 한데 뭉치는 것으로 충분하였던 것이다. 그러나 이러한 일치는 존재하지 않았다. 즉 소득세의 열렬한 주창자는 조제프 카이요였는데, 그가 대부르주아지 가문 출신이었다는 것만 생각하여도 되는 것이었다. 하지만 이탈자들의 수는

【표 11】하원의원들의 사회적 출신

1871년 선거		1893	1919
귀족	34%	23%	10%
대부르주아지	36%	32%	30%
중부르주아지	19%	30%	35%
소부르주아지	8%	10%	15%
노동계급	3%	5%	10%
계	100	100	100

출전: DOGAN M., *Les hommes politiques et l'Illusion du pouvoir.*

이 의회에서, 특히 대부르주아지의 영향력을 약화시킬 만큼 충분히 많지 않았다.

——대부르주아지는 한층 더 쉽게 거대 행정부를 장악하고 있었는데, 정부의 불안정으로 어떤 장관들도 원대한 구상을 입안하거나 실현할 가능성을 갖지 못하던 기간에는 이것이 각별히 중요하였다. 쥘 페리가 권력에 오를 때까지 행정을 담당하는 사람들은 전혀 공화주의자가 아니었다. 세뇨보는 다음과 같이 말하였다.

몇몇의 도지사 · 부지사, 그리고 판사를 제외한 제국의 모든 공무원들이 그대로 자리에 남아 있었다. 그러므로 그들은 계속해서 모든 공공 업무, 군대, 헌병과 해군, 사법관의 직, 직접세와 간접세, 우편, 토목, 공공 교육 등을 지휘하였던 것이다. 그들은 셀 수도 없는 경찰 법규와, 그 누구도 안다고 확신하지 못하는 앙시앵 레짐 이래로 축적된 재정 창고를 자신들의 수중에 가지고 있어서 행정은 마음껏 그들의 적들에게 불리하게 이용하거나, 혹은 그들의 친구들을 위해서는 움직이지 않을 수 있었다. 그들은 자신들보다 하위에 있는 공무원에 대하여 인사 이동하거나 혹은 파면시키고, 그들을 진급시키거나 혹은 강등시키며, 비밀 기록에 따라 그들의 경력을 유리하게 하거나 방해하거나 하는 거의 절대적인 힘을 가지고 있었다.

확실히 공화주의자들이 지체하지 않고 혹독한 숙청을 시행하였던 한편으로, 정치가들이 자신들의 유권자들을 옹호하였고, 내각에서 이 정치가들의 의견을 반영함에 따라서 자의적인 행정은 감소되었다. 남은 것은 공무원, 특히 가장 높은 등급에 속하는 사람들의 대체 충원 문제였다. 그들의 재산과 문화, '그 세계'의 습관·연줄을 통하여, 대부르주아지에 속하는 젊은이들은 이 직책들에 지망하기 위하여 준비를 잘하고 있었다. 1871년에 에밀 부트미에 의하여 창설된 정치학 자유학교에서 양성된 그들은 외교직을 거의 독점하였으며, 부르주아의 이해를 옹호하기 위하여 훨씬 더 중요한 재정감독관 직책을 확보하였다. 고위 공무원, 주요한 기술자, 장관의 보좌관들인 그들은 프랑스의 정치경제를 거의 그들 마음대로 움직였다.

대부르주아지가 우리가 일반적으로 인정하는 것보다 훨씬 더 강한 정치적 영향력을 유지하는 데 성공하였다면, 그것은 단지 그들의 능력과 집요함 때문만이 아니었다. 그것은 또한 그들의 적수들 스스로가 대부르주아지에게 본의 아니지만 효과적으로 도움을 주었기 때문이다. 즉 그들의 적수들은 유권자들에게 대부르주아지를 멀리하여야 할 적으로 명확하게 지적하지도 않았고, 또 그렇게 하기를 원하지도 않았던 것이다. 우선적으로 1885년경까지 공화주의자들은 이미 오래 전부터 투쟁의 열외에 있던 귀족과 성직자들에 대항하여 제3신분의 연대를 구성하도록 유권자에게 호소하면서 과거의 테마, 즉 1789년의 테마로 선거운동을 이끌었다. 당시는 바로 지방의 기회주의파 언론이 봉건 영주가 그들의 농노에게 부담지우는 '가증스러운' 속박과 '고해증명서'의 전횡을 끊임없이 떠올리고 있던 때였다. 그리고 사회주의의 발전에 공포심을 가진 온건주의자들과 때때로 급진주의자들 자신이 사회 전복을 피하기 위하여 모든 유산자의 단결을 호소하였다. 심지어 그들은 소득세 계획에 대항하여 '세무 조사'의 위협을 휘두르는 것조차도 망설이지 않았다.

더 나아가서 대부르주아지의 지배를 반대하는 자들은, J. 롬므가 잘 나타내고 있듯이 결코 대부르주아지의 힘의 기본을 이루는 경제력을 심각하게 문제삼지는 않았다. "대부르주아지의 적대자들, 예를 들면 중산계급에서는 그들의 투쟁이 어떻게 이끌어져야 할지 모두 잘 인식하고 있던 것이 아니었다. 흔히 그들은 정치적 승리로서 충분하다고 믿었다······. 만일 우리가 대부르주아지의 지배를 멈추게 하고자 한다면 타격을 주어야 하는 것은 바로 그의 경제적 내용이었던 것이다." 급진당은 오래 전부터 그들의 강령에 '독점 폐지'에 관한 항목을 삽입시켜 놓고 있었다. 서부 철도의 국유화라는 유감스러운 사건으로 급진당이 국유화를 적용시키려 했다는 것을 알게 되었다. 대부르주아지 자신이 철도회사의 국유화가 국가가 경제에 강력하게 간섭하려는 시도이기는커녕, 회사의 통탄할 만한 운영 결과를 납세자들이 부담하여 줄 수 있게 하기 위한 하나의 방법에 불과하다는 것을 이해하지 못하였다면, 이와 같은 국유화는 대부르주아지를 걱정시킬 수도 있었을 것이다. 그것은 결국 당시의 대부르주아지가 받아들일 수 있던 국가 간섭의 유일한 형태가 적자 기업의 국유화에 불과하였던 것이다.

자유기업 체제가 일정한 타격을 감내하지 못하는 상황에서, 대부르주아지의 경제력은 자본주의의 내적 전환과 경기의 변화에 달려 있었다. 프랑스 자본주의의 변모는 세계의 자본주의가 겪었던 것과 본질적으로 다르지는 않았지만, 그것은 다른 나라에서보다 그 속도가 느렸다. 예컨대 기업 집중은 특정의 몇몇 분야, 즉 철강과 화학산업 분야와 파리의 대규모 예금은행이 지방 기업을 병합하는 것과 같은 은행 분야 등에서만 진전되었다. 기업 집중 이상으로 기업주들은 이윤을 유지하기 위하여 카르텔화를 실행하였는데, 이는 생산을 할당하고 시장을 분배하여 독점 가격을 강요하려는 것이었다.

외국에서와 마찬가지로 무한책임이사회를 갖춘 개인 기업가 대신에 다수의 주식회사가 구성됨으로써 고용주는 '비인격화' 되었다. 그러나 (제련업의 방델 가·슈네데르 가나 식품산업의 다르블래 가와 같은) 재벌들은 살아남았으며, 루이 르노나 혹은 마리우스 베를리에처럼 새로운 산업에서 개인적 모험을 시도하였던 선구자들도 나타났다. 더욱이 구시대적인 지역적 구분에 종지부를 찍으면서, 기업주들은 필요한 돈을 싼 이자로 제공하여 주는 금융기관의 설치가 전국적인 망을 완성함으로써 사업이 훨씬 쉬워졌다. 예금은행들이 점차적으로 단기 대출의 방향으로 나아가고, 기업에 묶여 있는 자본을 자유롭게 하여 자연적으로 보다 건실해짐에 따라 은행들은 예탁자들의 신뢰를 더 많이 얻었으며, 기업가들이 사용하기 위한 예금을 보다 더 쉽게 동원하였다.

프랑스의 경제적 상황 역시 세계적인 상황과 다를 바 없었다. 1873년부터 19세기의 마지막 몇 년까지의 장기간의 첫번째 국면은 정체 국면이면서, 심지어는 이윤이 감소하는 국면으로 모든 분야가 어려움에 처하여 있었다. 즉 이 국면은 경제의 전반적인 '숨가쁨의' 국면, 즉 기업들의 둔화 국면이었던 것이다. 1896년부터 제1차 세계대전까지의 두번째 국면은 반대로 놀랄 만한 팽창의 국면이었다.

제련업 회사들의 자산과 이윤율은 20세기 초반 몇 년 동안에 그들 역사상 최고의 수치에 달하였다. 심지어 100%를 넘어서는(1912년에 드냉-앙쟁에서는 103%였다) 이윤율의 예도 있었다. 그러나 이는 제련업에만 해당되는 것은 아니었다. 은행업은 1882-1895년의 고통스러웠던 시기 이후 놀랄 만한 갱생을 하였다. 게다가 모든 대회사들(은행과 제련업)은 제1차 세계대전 직전의 몇 년 동안에 그들의 대차대조표와 수익률의 최대 수치에 달하였다. 은행으로서는 1913년에, 제련업 회사들로서는 1912년이나 혹은 1913년에 그러하였다.(J. BOUVIER)

군비정책에 의하여 촉진된 이와 같은 사업의 '전반적인 활기'로, 경제력을 보유한 자에게는 그야말로 좋은 시절이었던 벨 에포크의 낙관주의가 이루어졌다.

대부르주아지는 그들이 경제영역에서 가지고 있던 지배력에 비견할 만한 것을 사회에서 유지하는 데 성공하지는 못하였다. 그들이 '사회적 힘'을 발휘할 방도를 모두 잃어버렸던 것은 아니다. 예컨대 그들은 여론의 향방에서 신문이 그들에게 가져다 주는 사회적 힘을 소홀히 하지 않았다. 시기가 적절하였다. 사실 프랑스에서 영국이나 혹은 미국식 모델에 따라 구상된 '대신문,' 즉 어마어마한 발행부수, 다양한 사실의 이용, 넘치는 광고, 비정치주의 표방 등의 성격을 갖는 '대신문'이 성공을 거둔 것은 19세기말이었던 것이다. 그들의 굉장한 성공으로 인하여 5백만 명의 독자를 갖는 5개의 파리 '대'신문 르 프티 주르날, 르 프티 파리지앵, 르 마탱, 르 주르날, 그리고 레코 드 파리는 여론지, 즉 좌파의 신문을 질식시켰다. 대신문들은 객관적인 정보의 모습을 가장하여, 자신들에게 재정적 지원을 하는 대부르주아지의 이해와 기존 질서를 확실히 보증하며 가장 순응적인 태도를 전달하였다.

반면에 대부르주아지는 학교, 혹은 보다 정확하게 하자면 공립학교에 대한 그들의 영향력을 전적으로 상실하였다. 공립학교의 민주적인 충원, 사회적 권위와 가톨릭 교회에 대한 공립학교의 독립성, 합리주의에 대한 공립학교의 애착, 공립학교가 자유사상과 비판정신에 부여한 중요성 등을 통하여 보면, 대학은 기성단체 가운데에서 대부르주아지에 가장 관심이 없는 것으로, 특정 계층에게는 가장 적대적인 것으로 나타났다. 그리하여 대부르주아지는 무엇보다도 공교육에 의하여 양성된 젊은이들에 대한 두려움을 가지고 있었다.

이러한 두려움은 부분적으로 20세기 초반 몇 년간의 반실증적인, 심지어는 반과학적인 반응을 매우 호의적으로 받아들이는 부르주아 계층의 지적 변화를 설명하여 준다. 콜레주 드 프랑스에서 하는 베르그송의 강의에 몰려들었던 '사교계'의 여성들은 스승의 수업을 이해하기 위하여 필요하였던 철학적 배경을 분명히 가지고 있지 않았다. 그러나 유행을 추종함으로써 행하는 그들의 출석은 폴 부르제의 소설들이 상대적으로 낮은 정도로 성공한 것이 증명하듯이, 새로운 환경의 중요성을 증명하였다. 대부르주아지는 이제 1세기 이전에 그들이 찬양하였던 이성과 이전에 믿었던 진보 쪽을 돌아보지 않았다. 이것들은 자신들이 상승하는 것을 두려워하였던 다른 사회계급에게 도움이 될 수 있었기 때문에 위험한 것이 되었던 것이다.

3. 노동운동

우리는 프롤레타리아가 산업혁명으로 어떠한 희생을 치렀는지, 그리고 사회적 질서의 수혜자들의 눈에 빈곤을 겪으면서 계급 의식을 갖추게 되었던 계층이 어떤 위험으로 나타났는지를 알고 있다. 코뮌의 실패와 그에 뒤이은 탄압으로 몇 년 동안 위험이 제거되었다. 그러나 노동문제는 물질적인 조건의 면에서나 이데올로기와 활동의 면에서 다 분명하게 제기되었다.

제2제정기의 몇 년 동안에 관측된 상당한 비율의 임금 상승은, 노동자들도 그 속에서 일부의 몫을 획득하였던 전반적인 번영에서 그 기원을 찾을 수 있다. 우리는 1873-1896년의 오랜 불황기 동안에 상황이 완전히 뒤바뀌게 되면서 앞으로 일어날 일에 대하여 의문을 가질 수 있다.

노동청의 조사 덕분에 점점 더 풍부하고 신뢰할 만한 임금에 대한 통계들이 매우 명확한 답변을 가져왔지만, 첫눈에 볼 때 그것은 의외이다. 비록 그 템포가 덜 빠르기는 하지만 명목임금이 내리기는커녕 계속해서 오르고 있었기 때문이다. 1873년에서 1900년 사이에 광부의 평균임금은 36% 상승하였으며, 파리에서 건축 노동자들의 경우에는 34%, 비숙련 노동자의 경우에는 40% 상승하였다. 몇몇 직업에서는 임금 상승이 그리 크지 않았는데, 전통적으로 더 나은 임금을 받던 직업은 임금 상승의 폭이 다시 줄어드는 경향이 있었기 때문에 덜 유리하였다. 그러나 전체적으로 볼 때, 이 시기 동안에 상승의 평균 폭이 약 3분의 1이었다고 평가하는 것은 과장된 것이 아니었다. 1900년부터 번영기가 돌아옴과 더불어 임금은 여전히 10년 사이에 10%에서 20% 상승하였다.

이 명목임금의 변동들은 실질임금의 변화를 평가하기 위하여 생활비의 변화와 대조하여야 한다. 1873-1896년에(주거비 지출이 변하지 않았거나, 혹은 올랐던 반면에) 특히 식품 생산물의 가격 하락으로 생활비가 감소하였는데, 적어도 생활비의 10%는 감소되었던 것으로 평가된다. 그 결과 명목임금의 상승과 생활비 하락간의 함수인 임금에서의 구매력은 40-45% 증가하였다. 1900년 이후에는 생활비의 상승이 거의 명목임금의 상승만큼이나 많아져서 그 효과의 많은 부분이 무효화되었다.

결국 노동자들은 1870년 전쟁 이후보다는 1914년 전쟁 직전에 보다 생활이 넉넉하였다. 그러나 이러한 개선은 노역의 증가나, 혹은 노동시간의 연장과 같은 몇 가지 방법으로 지불된 것이 아니었는가?

첫번째 질문에 대한 답은 매우 불확실하다. 우리는 소작업장이나 소기업에서의 작업 속도에 대하여는 전혀 알지 못한다. 고용주가 보다 많은 것을 요구하는 태도를 보였는가? 반면에 노동자들은 그의 노력을 약화시켰는가? 대기업에서는 보다 개량되고 섬세한 기계의 도입과, 보다 엄격한 노동조직이 노동 속도를 강화하고 이전의 '새어 나가던' 시간을 '촘촘히 짜인' 노동시간으로 대체하면서 노동자에 대한 구속을 가중시켰다. 노동 투사들의 증언은 대기업 노동자들에 의하여 느껴졌던 억압의 감정에 대하여 결코 의심의 여지를 남기지 않는데, 예컨대 공장은 '도형장(徒刑場) 같은 장소'로 지칭되고 있었다.

두번째 질문에 대한 답은 비교적 수월하다. 노동시간은 늘어나지 않았으며, 새로운 입법은 오히려 적어도 몇몇 범주의 노동자들에게는 그것을 감소시켰다. 1874년 5월 19일 법은 '수공업 생산 작업장, 기계제 공장, 작업장, 혹은 건설 현장' 등에서 13세 이하의 아동 노동을 금지하였다. 13세 이상의 아동은 하루에 12시간 이상 노동을 하여서는 안 되었다. 사실상 12시간 노동은 당시의 일반적인 규칙이었던 것으로 보인다. 1892년 11월 2일 법은 중요한 변화를 가져오게 하였는데, 13-16세의 아동은 하루에 10시간 이상 노동하여서는 안 되며, 16-18세의 청소년들은 1주일에 60시간 이상은 안 되었다. (날품팔이 일은 11시간을 초과할 수 없었다.) 18세 이상의 아가씨들과 여성들은 하루에 11시간 이상의 노동에는 실제 고용될 수 없었다. 1900년 3월 30일 법으로 18세 이하의 젊은이와 여성들은 이제 1902년부터 하루에 10시간 30분만을, 1904년부터는 10시간만을 일하게 하였는데, 이는 최초로 남성들 혹은 적어도 여성과 아동들이 '동일한 장소에서 일하는 성인 남성'의 노동시간을 제한하는 것이었다. 마침내 1905년 6월 29일 법은 광산에서의 노동시간을 하루 8시간으로 감소시켰다.

제1차 세계대전 직전에 일반적으로 시행된 것은 10시간 노동이었던 것으로 보인다. 그것은 산업 공장의 4분의 3에서 시행되던 규칙이었다. 그러나 노동자 조직들은 '3개의 8시간'(8시간 노동, 8시간 휴식, 8시간 여가) 체제에 따라 하루를 8시간씩으로 나누는 것의 일반화를 주장하였는데, 이것이 가장 이성적인 것으로 간주되었다.

이 기간 동안에 노동입법은 사회보험의 영역으로 확장되었다. 1898년 4월 9일의 법에 의하여 노동 사고의 위험에 대한 보장은 고용주의 몫이 되었는데, 그는 노동 재개가 불가능한 경우에는 노동자에게 정기 급여금을 지불하고 의료비와 약값을 지원하여야 했으며, 노동자의 사망시에는 그 미망인과 아이들에게 연금을 지급하여야 했다. 노후보험의 원칙은 1906년 계획안에 의하여 제기되었는데, 1910년 4월 5일 법에 의하여 정하여진 양식에 따라 양로 연금이 제정되었다. 즉 연 3천 프랑 이하를 버는 모든 임금생활자는 65세부터 남성의 경우 9프랑, 여성의 경우 6프랑의 연간 불입금을 적어도 30회 납부하였다는 조건하에서 연간 60프랑의 종신 연금을 받도록 되어 있었다. 고용주도 그의 고용인들 각자에 대하여 동일한 할부금을 내도록 하였고, 국가가 이 퇴직제도의 기능에 필요한 보충액을 충당하였다. 이 법은 고용주에게 환영받지 못하였으며, 노동자들의 불입 원칙을 받아들이지 않고 '사기'라고 비판하던 노조원들에 의하여 더 천대받았음을 지적하여야 할 것이다. 임금생활자의 4분의 3이 이를 위하여 납부하는 것을 거부하였다.

이러한 사회입법, 더욱이 독일과 같은 다른 나라에 훨씬 못 미치는 수준을 가진 법안의 채택과 함께 생활 수준이 반박할 여지없이 개선되었음에도 불구하고 노동조건은 여전히 본질적으로 허술하였다. 그 이유는 우선 노동자의 노동이 그들을 쇠진케 하여 끊임없이 질병의 위험에 노출시켰기 때문이었다. 다음으로는 고용의 안정이 확보되지 않아서 언제 어느 때 실업자의 처지가 될지 모르기 때문이었다. 마지막으로는 특히 개인 계약의 관계였던 고용주와 노동자 관계의 법적 기초가 변하지 않았기 때문이었다. 노동의 단체 협약은 오직 노르 지방의 탄광에서만 존재하였는데, 그것도 겨우 1891년부터 비롯되었다. 개인 계약으로는 그 규정의 조항들이 논의조차 될 수 없었다. 노동자는 항상 고용주에 의하여 정해진 작업장의 규칙에 따라야만 하였다. 1892년 12월 27일의 중재에 관한, 더욱이 순전히 임의 중재에 관한 법령이 만들어졌음에도 불구하고 고용주와 노동자의 관계는 힘의 관계가 될 수밖에 없었다.

노동자들의 집단조직 문제가 그들로서는 상당히 중요한 양상을 띠었던 것도 바로 그 때문이었다. 조직은 다양한 리듬에 따라서, 그리고 두 가지 면, 즉 노조의 측면과 정치적 측면에서 발전하였다.

코뮌의 진압으로 모든 노동자 조직이 사라진 것은 아니었다. 법적 금지 조치에도 불구하고 '샹브르 생디칼'은 존속하여서, 파리에서는 각각의 노동자 동업조합이 그들의 샹브르 생디칼을 보유하고 있었던 것으로 보이며, 심지어는 지방에서, 적어도 대도시에서는 그러하였다. '도덕적 질서'의 시기 동안에 늦추어졌던 재조직운동이 1876년 선거에서 공화주의자들이 승리한 이후 촉진되었다. 대다수의 공화주의자들이 노동조합에 적대적이지 않았기 때문이다. 그리하여 1876년부터 최초의 전국 노동자 대회가 파리에서 열렸는데, 1백여 개의 단체, 샹브르 생디칼뿐 아니라 프루동에게 영감을 받은 협동조합이 참여하였다. 거기에서 사람들은 노동자들의 조합에 반대하는 경향을 가진 법적 조치의 폐지와 새로운 협동조합의 창설을 주장하였다. 쥘 게드는 이 파리 대회를 거대한 정치적 사건으로 간주하고 갈채를 보냈는데, 이 대회는 최초로 노동계가 전국적 규모로 모였음을 입증하였다.

두번째의 전국적 모임은 리옹 대회(1878년 1월)로서, 거기에서는 당시의 요구에 부응하는 조직의 유일한 유형은 모든 노동조합의 연맹임을 단언하였다. 그러나 프루동주의 협동조합원들과 집산주의 투사들이 서로 대립하였으며, 전자가 여전히 승리하기는 하였으나 그것은 잠시 동안이었다. 다음 대회(마르세이유, 1879)에는 노동조합과 사회주의 혹은 아나키스트의 영감을 받은 '사회 문제 연구단체'가 참석하였는데, 집산주의자들이 승리함으로써 진정한 노동자 정당인 프랑스사회주의노동자연맹(Fédération des Travailleurs socialistes de France)의 창설 원칙을 채택시켰다. 그리고 집산주의의 성공으로 노조운동이 정치활동 쪽으로 즉시 연계되었다. 이것도 잠시였다. 왜냐하면 네번째 대회(르 아브르, 1880)에서 '조합주의자들' 간에 분열이 일어났는데, 한편은 온건주의자들이며 다른 한편은 집산주의자들과 아나키스트들이었다. 이들 양자는 이후부터 서로 대회를 분리 개최하였으며, 그들의 분열은 노동운동을 약화시켰다.

하지만 노동운동은 정관과 '어떤 직책이든지간에 관리나 감독을 담당하는 모든 사람들의 이름'이 제출된다는 전제하에, 직업별 조합의 합법성을 인정하는 1884년 법의 채택으로 첫번째 장애물인 법적 장애를 극복하였다. 생디칼리스트들이 그들의 조합을 구성하기 위하여 국가의 허가를 기다리지 않았던 것과 마찬가지로 법은 실제 행위를 합법화하는 것에 지나지 않았고, 마찬가지로 그들은 자신들이 경찰의 조사를 위한 수단으로 간주하였던 이 의무 조항에 순순히 따르기를 거절할 것이었다. 생디칼리슴은 이전처럼 계속해서 법의 테두리 밖에서 살아가게 된다.

그러나 노동운동은 여전히 고통스럽게 갈 길을 찾았다. 노동운동은 고용주의 방해에 대항해서 투쟁하여야 했다. 국가보다도 더 냉혹한 프랑스의 고용주는 노동조합 행위를 인정하는 것, 특히 경제적 어려움으로 그가 임금생활자들에게 압력을 가하게 될 때에 노동조직과 협상하는 것을 거부하였다. 그리하여 파업이 증가하였으며, 때때로 푸르미(1891년 5월 1일 노동절)에서처럼 유혈을 동반하는 사건으로 나타나기도 하였다. 노동자의 저항은 모든 임금의 전반적 하락을 막았을 뿐 아니라, 일정한 비율의 임금 증가를 유지할 정도로 효과적이었다.

또한 노동조직 혹은 정치조직 같은 조직의 형태를 추구해야만 하였다. 노동조합 조직의 시도는 직업별 연맹과 부르스의 두 가지 방향으로 정리되었다. 최초의 전국 노조연맹(Fédération des Syndicats)은 1879년에 창립된 모자 제조공 노조였다. 이어서 출판 인쇄업 노동자들의 조합(1881), 광부(1883), 철도원(1890) 노조가 뒤를 이었다. 최초의 부르스가 파리에서 1887년에 창설되었다. 그리고 님·마르세이유·생-테티엔이 그뒤를 이었다. 1892년부터 14개의 부르스가 창설되었으며, 같은 해 생-

테티엔 대회에서는 부르스연맹(Fédération des Bourses du Travail)이 설립되었고, 페르낭 펠루티에가 1895년에 그 서기장이 되었다. 이 두 형태의 조직 통합은 1895년에 시작되었다. 부르스연맹과 노조연맹이 리모주에서 공동 대회를 개최하였으며, 그 결과 노동총연맹(Confédération Générale du Travail)이 탄생하였다. 이는 여전히 불완전한 통합이었는데, 연맹으로 된 수직적 조직의 지지자들과 수평적 조직(부르스)의 지지자들이 서로 대립하여서, 이 대립은 집산주의자들과 아나키스트들 사이의 교의적 분열을 두 배로 가중시켰다. 펠루티에 사후에 부르스는 그들의 자율성을 상실하면서 통합이 실현되었으며(1902), CGT는 그 서기장이 빅토르 그뤼피엘이었고 수직적인 것(연맹 ── 그러나 산업별 연맹이 직업별 연맹을 대체하여야만 할 것이다)과 수평적인 것(지역별 노조연합이 부르스를 대체하게 되었다)의 이중조직을 결합시켰다. 이 통합된 CGT에서는 혁명적 생디칼리슴이 압도하게 되었다. 혁명적 생디칼리슴은 노동조합을 단순히 노동계급을 방어하는 수단으로서가 아니라 국가를 대체하도록 되어 있는 사회적 유형으로 만들고자 하였다. 선택된 활동방법은 '직접 행동', 즉 '직접적으로 노동자가 행사하는 노동자들 자신의 행동'이었는데, 필요할 경우에 폭력적인 활동 형태를 취할 수 있었다. 직접 행동의 절정은 총파업임에 틀림없었는데, 이것은 그뤼피엘이 말하였던 대로 '사회혁명'일 것이다. 혁명을 하기 위해서는 정당에 기댈 필요가 전혀 없었다. 프루동의 교훈을 참작하였던 혁명적 생디칼리슴은 의회주의에 대한 그들의 혐오를 표현하였다. 이는 정당에 대한 생디칼리슴의 완전한 독립을 단언한 아미앵헌장(1906)에 영감을 주었다.

생디칼리스트들의 정치에 대한 불신은 사반세기 동안(1879-1905) 이탈과 분열, 사람들간의 심한 경쟁과 교의적 대립 등에 얽매인 사회주의 운동이 그들에게 보여 주었던 실망에 의하여 부분적으로 설명되는 것이 사실이다. 5개의 사회주의 경향이 장 조레스의 프랑스 사회당(Parti Socialiste Français)과 쥘 게드의 프랑스 사회당(Parti Socialiste de France)의 두 가지로 좁혀졌던 것은 1901년에 가서였으며, 겨우 1905년이 되어서야 인터내셔널의 프랑스 지부(Section Française de l'Internationale

Ouvrière)인 통합 사회당(Parti Socialiste Unifié)의 창설로 인하여 통합이 마침내 실현되었던 것이다. 그리하여 사회주의의 발전이 촉진되었다. 1906년에 3만 5천 명의 당원과 83만 명의 득표수, 그리고 51명의 하원의원, 1914년에는 9만 명의 당원과 1백40만 명의 득표수와 1백3명의 하원의원 배출이 이를 드러내 준다. 하지만 사회당의 이러한 성공은 "생디칼리슴은 본질적으로 사회주의로 확대된다"고 단언한 조레스의 희망에도 불구하고 CGT를 무장해제시키지 못하였다. 1912년 2월 '정당이나 어떤 당파에 대한 완전하고 절대적인 독립'에 관하여 하나의 새롭고 장중한 선언이, 생디칼리스트들이 스스럼 없이 '회칙'이라 불렀던 문서에서 CGT의 서기들인 그뤼피엘과 주오에 의하여 표명되었던 것이다.

프랑스 노동운동의 전형적인 특색이라 할 수 있는 이러한 생디칼리슴과 사회주의의 절대적인 분리는, 프랑스 노동운동으로서는 위험한 결과들을 내포하는 것이었다. 노동조합측에서는 관념적 입장에 대한 거부, 일종의 게토에 노조원들을 고립시키는 노동자주의의 분파성 등이 나타나게 되었다. 사회당측에서는 생디칼리스트들의 대대적인 가입이나 회비의 확실한 징수에 기대하는 것이 불가능했고, 그에 따른 가맹자들을 충원하여야 할 필요성, 특히 프티-부르주아와 같은 다른 사회 계층에서 유권자들을 확보하여야 할 필요성이 생겼다. 선거 지도는 1914년에 사회주의 유권자가 옛 좌파 유권자 지역, 즉 사회당을 노동계급의 정당이라기보다는 '급진주의의 더 대담한 일종의 연장'으로 간주하였음에 틀림없는 좌파 지역에서 상당한 부분을 구성하고 있음을 보여 주었다. 사회주의 활력의 결핍은 생디칼리슴의 완강한 고립에 싹을 두고 있었다. 이러한 예방적 차원의 고립으로 생디칼리슴이 분열과 분리를 피하게 된다는 주장에 대하여서, 미래는 그 주장의 취약성을 보여 주었음에 틀림없다. 즉 1920년 사회당에 관계된 분열에 거의 즉각적으로 노동조합의 분열이 뒤따르게 되었던 것이다.

노동조합의 비타협성, 협조 거부에 대한 설명은 변명을 제외하고는 프랑스 노동운동이 발전하여 온 바로 그 조건들에서 발견될 수 있다. 무엇보다도 이 운동은, 적어도 초기에는 그들 동료들의 물질적 조건을 개

1914년 4월 26일 선거의 극좌파 지지율

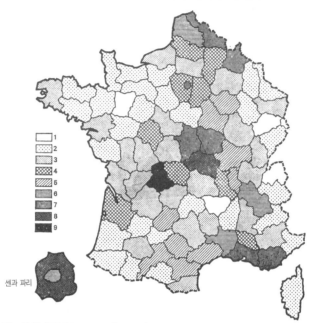

센과 파리

극좌에는 통합사회당(P.S.U.)과 노동당(Parti ouvrier)이 있다.

1. 0%
2. 등록선거인의 5% 미만
3. 등록선거인의 5~10%
4. 등록선거인의 10~15%
5. 등록선거인의 15~20%
6. 등록선거인의 20~25%
7. 등록선거인의 25~30%
8. 등록선거인의 30~35%
9. 등록선거인의 35~40%

출전: Fr. GOGUEL, *Géogrephie des élections françaises de 1870 à 1951*, A. Colin

선하는 것이 아니라 새로운 세계, 프롤레타리아가 없고, 인간에 의한 다른 인간에 대한 착취가 없는 보다 나은 세계를 만들어 내는 것을 꿈꾸던 고급 문화의 노동자들에 의하여 활기를 띠었다. 그리하여 사회 문제에 대한 노동자의 개념은 총체적인 개념이었던 것이다.

다음으로 이 노동운동은 항상 수백만 명의 노동자에 대하여 단지 수십만 명의 소수 노조원들에 불과하였기 때문이었다. 이러한 수적 취약성은 전형적으로 프랑스의 것이었다. 1911년에 CGT는 70만 명 이하의 노조원으로 이루어졌는데, 이는 1백 명의 임금생활자 중 7명이 노조에 가입한 것이었다. 그런데 영국은 4백만 명 이상(1백 명의 임금생활자 중

25명이 노조가입자였다)을 헤아렸으며, 독일은 4백50만 명(1백 명 중 28명의 노조 가입자)이었다. 심지어 경제적으로 프랑스에 매우 뒤졌던 이탈리아도 더 높은 노조 가입률(1백 명 중 11명의 노조가입자)을 보였던 것이다. 모든 소수의 운동과 마찬가지로 프랑스 노동조합운동도 역시 자연스럽게 극단주의로 기울어졌다.

마지막 설명을 찾을 수 있는 곳은 의심할 여지없이 바로 고용주측이었다. 예컨대 노동조합 행위를 인정하는 데 대한 완강하고 전적인 거부, 노동조직을 몰아내기 위한 가장 거칠고 위선적인 방법의 사용 등은 노동조합의 경직화에 대하여, 노동 투사의 정신이 계급 투쟁의 형태를 띠는 거의 절망적인 국면에 대하여 상당한 책임이 있다.

4. 결론

제1차 세계대전 직전 몇 년 동안에 사회적 분위기는 심하게 악화된 바 있다. 대파업, 즉 광부(1906)·우체부(1909)·철도원(1910) 들의 파업이 클레망소와 브리앙에 의하여 가혹하게 진압되었으나 나라의 경제활동을 잠시 동안 마비시켰다. 노동절의 시위는 '위대한 저녁'을 위한 리허설로 보였다. 노동조합의 권리 행사는 국가의 공공 업무에는 맞지 않는다고 간주하였던 정부의 경고에도 불구하고 생디칼리슴이 공무원 사회에 침투하였다. 생디칼리스트 가운데 평화주의와 특히 반군국주의(1913년의 CGT 전국대의원대회는 전시에 군복무 거부를 권장하였다)가 다수의 신봉자들을 만들어 냈다. 사회의 기반이 흔들리는 것처럼 보였으며, 대소부르주아지에게는 이 몇 년이 불안한 해였다.

그런데도 이 시기는 물론 명칭 부여 시점이 세계대전의 재앙 이후이기는 하였지만, 좋았던 시기(벨 에포크)라는 명칭을 부여받았다. 그렇다면 프랑스인들의 집단적 정신상태가 그와 같이 호의적인 평가를 내리도록 기억 속에 간직하였던 모습들은 과연 무엇인가?

틀림없이 파리 사교계의 화려함이 군주들, '대공작'과 모든 나라의 일이 없는 한가한 부호들의 주목을 끌었으며, 그 화려한 명성은 시골 사람들의 꿈과 같은 것으로 그들의 머리를 떠나지 않았다. 이러한 사교 생활은 유행을 따르는 사람들, 스타들, '사교계' 사람들과 '화류계' 매춘부들의 복잡한 부류인 '파리 명사들'에 의하여 활기를 띠었는데, 계속되는 무위도식으로 특정한 삶의 기술을 배운 부유한 귀족들이 이 곳에서 모범을 보였다. '파리 명사들'은 '멋'과 의상의 유행을 주도하였으며, '책·연극·오페라·그림 전시회, 자동차의 상표나 혹은 알려지지 않은 치료법 등의 성공'을 보장하였다. '파리 명사들'이 극(劇)《레글롱》(새끼수리)에 대갈채를 보내지 않았다는 것을 생각하면, 그들의 문학적 기호의 수준이 의심스러워지고, 그들이 감탄하던 여성들의 경박한 옷차림을 생각하면 기호가 상당히 빈약했던 것은 의심할 바 없다.

벨 에포크의 매력, 그것은 파리생활의 화려함에서 찾아야 하는 것은 분명히 아니다. 그것은 오히려 모든 사람의 운명을 개선시킨 경제적 번영에서 찾아야 한다. 이 번영은 모두에게 똑같은 정도였던 것은 분명히 아니었지만 가난이 이제는 예외적이기에 충분하였다. 그것은 특히 충분한 시간을 가지면서 실행한 세심한 일, 조용한 여가, 오랜 대화와 사상의 교환을 위한 관심을 만들어 냈던 대다수의 프랑스인에게 공통적인 특정한 생활방식에서 찾아야 한다. 마지막으로 그것은 가장 발전되고 가장 부러움을 받는 문명에 속한 특권받은 나라에서 산다는 신념, 1914년 그 깊이를 드러냈고 열렬한 애국주의를 키웠던 확신에서 찾아야 한다. 전쟁으로 야기된 잔인한 혼란에서 탄생한 벨 에포크에 대한 향수는 단지 어떠한 안정(특히 화폐의), 또는 어떠한 평범함, 그러나 어려운 시기의 고난 가운데에서 소박한 행복이 분명해지기 시작하였던 그런 평범함에 대한 아쉬움에 불과할 것이다.

4

20세기의 사회 : 1914-1970

당대인들은 1914년 8월 2일이 단지 전쟁의 시작을 나타내는 것만이 아니라, 특정한 경제적·사회적 질서의 종언이기도 하다는 것을 이해하지 못하였다. (그들이 그것을 어떻게 이해하였을 것인가?) 그러나 신성한 금본위제도하의 프랑, 활기 없는 소도시, 완전 고용, 그리고 민감한 금리의 시대는 이제 결정적으로 지나갔다. 비용은 신용대부로 치렀지만, 인명 손실은 현찰로 치른 이 전면전이자 산업전이었던 전쟁은 번영이 돌아온 후 해결하기에는 충분치 못한 어려운 문제들을 야기시켰다. 너무 짧은 번영. 30년대의 전환기에, 프랑스는 어느 정도 피할 수 있다고 보여진 커다란 경제 위기에 부닥쳤다. 위기는 격렬하다기보다는 은밀히 진행되었다. 그렇지만 그 위기는 뒤늦게 시작되었고, 표면적으로 퍼져 나가면서 불만들을 야기하고 1936년에는 거의 혁명적인 상황을 조성하였다. 제2차 세계대전은 한편의 원한과 다른 한편의 실망이 채 가라앉기도 전에 발발하였다. 패배와 정권의 몰락으로 점령이라는 암흑의 시대가 돌아왔다. 새로운 프랑스와 더 정의로운 사회 질서를 구상한 레지스탕스의 커다란 기대 목표가 해방으로 인하여 완전히 실현되지는 않았지만, 1945년의 개혁 조치로 가장 혜택을 입지 못한 계층에게 다소의 국가 보조와 사회보장의 준비가 생기게 되었다. 어려운 출발을 한 이후의 프랑스 경제는 전에 경험해 보지 못한 급속한 성장 리듬을 탔다. 자동조업 장치, 그리고 곧이어 원자 에너지의 시대와 더불어 '풍요로운 사회'의 전조들이 나타나는데, 이 사회는 우리가 겪은 사회와는 매우 다를 것이라는 것이 분명히 느껴졌다. 그러나 우리는 이 건축물의 중요한 윤곽을 간신히 분별하게 되었다.

1. 제1차 세계대전의 격변(1914-1921)

19세기의 여러 전쟁들이 프랑스 사회 발전에 대하여 무시될 만한 결과만을 초래하였다면, 반대로 제1차 세계대전은 지속적인 변화를 야기시켰다. 이 점에 있어 제1차 세계대전은 1870년의 전쟁보다는 나폴레옹의 제국과 대혁명 당시의 전쟁들과 더 유사하였다.

각국 정부는 군사작전이 그 전에 일반적으로 예상했던 것처럼 몇 주만에 끝나지 않을 것이라는 것을 알자마자 장시일을 요하는 노력을 시작하는 것을 감수하여야 했고, 그리고 자유경제체제 대신에 상품의 생산·유통·분배에 대하여 권위적인 체제를 채택하는 것을 감수하여야만 했다. 승리를 보장하기 위하여 국가는 철도와 해운회사의 이용제도, 원료의 조달, 노동력의 분배 혹은 무기 공장의 생산기술에서 만큼 채권자와 채무자, 세입자와 소유주 사이의 관계에도 개입하여야만 했다. 일종의 계획경제라는 실험이 시도되었다. 동시에 독립적인 개인 기업의 도그마가 공공 정신이라는 명목하에 심각한 타격을 받았다.

국가는 국가가 해야만 하는 것을 잘하지 못하였고, 너무 늦게 하였다는 것은 사실이었다. 군대의 경리국이 책임을 질 수밖에 없는 식품과 의류·가축, 그리고 물품에 대한 놀랄 만한 낭비, 투기와 투기자들을 제압하는 데 대한 정부의 무능력, 가장 필요한 조치들을 적절한 때에 취하는 데 대한 정부의 내키지 않아 하는 마음(1916년에 와서야만 물가 통제가 시행되었고, 곡물 징발은 1917년말에 와서야 시행되었으며, 1918년 1월에야 빵 배급 카드가 만들어졌고, 4월에는 식료품 배급 카드가 만들어졌다)으로 인하여 생산자와 소비자는 분노하고 자극되었다. 잘못 구상되어 통치된 실험으로 인하여 국가의 권위가 실추되었다는 것은 그럴 듯하다. 승리에 대한 도취가 일단 해소되자, 프랑스인들은 경제생활을 지휘할 자본주의 국가의 능력에 대해 의문시하였다.

전쟁에 대한 구체적 결과는 더 즉각적이었다. 우선적으로 국가의 인구 성장 잠재력에 대한 가공할 만한 출혈을 들 수 있다. 휴전 당시 프랑스는 전체 인구의 20.5%에 해당하는 8백만 명의 장정(영국 12.5%, 미국 3.7%)을 모병하였다. 프랑스는 1백40만 명을 잃었으며, 더욱이 3백만 명의 부상자(그 가운데 75만 명이 완전한 불구자가 되었다)가 생겼다. 그러므로 전쟁 전야에 프랑스에 있었던(20세에서 45세 사이의) 10명의 젊은이 가운데 2명이 사망하였고, 1명은 그의 동료 시민의 부담이 되었으며, 3명은 다소 장기간 동안 경제활동을 할 수 없었다. 즉 국가를 꾸려 나갈 임무가 나머지 4명에게 주어졌다. 이 인적 손실에 출생률의 폭락이 덧 붙여져야 하였다. 물론 전쟁 직후 몇 해 동안 출생률이 활기차게 다시 올라갔지만, 짧은 기간 동안이었고 인적 손실을 벌충하기에는 어려움이 있었음에 틀림없다. 프랑스 국민이 전쟁으로 인하여 육체적으로나 정신적으로 기진맥진되었다는 것은 확실하다.

전쟁 대가의 또 다른 한 측면은 여성이 감당해 내야 하는 노동의 부담이었다. 시골에서는 1914년 여름에 건장한 남성들이 한창 수확기에 떠나게 됨으로써 대체 노동력, 즉 여성·아동·노인 등이 모집되는 것이 진정으로 필요하게 되었다. 전쟁기간 내내 여성 농민은 매우 많은 수의 농경지 경작 경영으로 인하여 피곤하였으며, 걱정을 도맡아야 하였다. 도시에서는 산업 전쟁의 필요성으로 인하여 한편으로는 어느 정도의 지방 분산이 유발되었으며(북부 지방, 동부 지방, 파리 지역 등의 위협받는 지역으로부터 전쟁을 지속하는 데에 불가피한 산업들을 철수시켜야만 하고, 그것들을 이 나라의 안전한 지역인 중부와 남프랑스 지역에 이전시키거나 혹은 새로운 산업을 일으켜야만 하였다. 그래서 전쟁으로 인하여 두 개의 프랑스, 즉 북동부의 산업화된 프랑스와 남서부의 농경지 프랑스 사이의 불균형이 완화되었다), 산업에 아직 종사하지 않은 여성 노동력에 대한 강력한 호소가 유발되었다. 즉 동원된 노동자의 아내들, 수공업이나 상업을 하는 민중층의 딸들이 그들이다. 동시에 수많은 여성들은 상업, 혹은 기업의 관리에서조차 여성들의 성실성·능력·능률과 같은 덕성을 드러내었다.

여성 인구의 일부분이 이러한 힘든 일을 한 데 대한 보상은 우선 전쟁 이전 일찍이 경험해 보지 못한 생활 수준에 대한 도달(특히 여성 노동자들에게 생활 수준의 향상은 뚜렷하였다)이었는데, 그것은 특히 새로운 책임감과 자유(농촌에서 가정 내에서의 활동의 자유와 도시에서 도덕 관념의 자유)의 획득으로서, 이러한 것들은 여성에게 우리가 미래에 감히 더 이상 뭐라고 꾸짖을 수 없는 사회적 지위를 부여하였다.

물질적 파괴가 아무리 중요하였다 하더라도, 통화가 와해되는 모습을 보이지 않는 한 그것은 상대적으로 덜 중대하였다. 전쟁 전야 프랑스의 통화상태는 건전하였다. 금본위는 정상적으로 작동하였으며, 통화량은 국제 지불 균형(금의 순수한 수출입)상태, 그리고 국내 경제 활동(상업 할인과 은행 대부금)에 따라 결정되었다. 국가의 재정상태는 화폐가 자율적인 역할을 하지 않았기 때문에 경제 발전에 영향을 미치지 않았다. 그런데 전쟁으로 상황은 변하였다. 1914년 8월 5일, 태환(兌換)을 유예시킴으로써 국가는 프랑스은행의 대출, 즉 화폐 표시의 증가에 의한 인플레이션에 호소할 가능성이 열렸다. 이러한 방법은 빈번히 이용되었다. 1914년부터 1919년까지 사실상 국가는 내부 지출의 엄청난 증가에 직면하였음에 틀림없는데, 그 액수는 총 2천1백억 프랑에 달하였다. 그런데 세수(稅收)는 단지 3백50억 프랑밖에 되지 않았다. 그 이유는 전시 정부의 경솔함으로 인하여, 그리고 애국적인 용기가 부족함으로 인하여, 또한 사회적인 보수주의 때문에 당시 납세자들에게 필요하였던 커다란 용기를 그들에게 요구하지 않았기 때문이다. 국채에 호소하는 것이 필요하였지만 이러한 부담이 되는 재원은 그 자체로 부족하였고, 그리하여 국가에 대한 프랑스은행의 대출이 크게 촉구되었다. 그 결과로 통화의 양은 1913년 60억 프랑에서 1920년에는 3백80억 프랑이 되었다. 인플레이션의 메커니즘이 시작됨으로써 이용 가능한 재산과 서비스의 부족이 심화되어 물가가 올랐다. 즉(1914년 7월에 1백을 기준으로 할 때) 도매가 지표는 1920년 4월에 6백이 되었다.

프랑스는 역시 엄청난 규모의 대외 지출에 직면하였음에 틀림없다. 프랑스의 수입은 1914년에서 1919년말까지 1천1백70억 프랑으로 증가하였는데, 수출은 단지 3백40억 프랑에 불과하였다. 차액을 보전하기 위하여 연합국들에 대한 차입에 호소하여야만 했고, 또한 개인들이 소유한 외국환의 판매에 호소하여야만 했다. 이러한 자산을 국가가 모아 프랑스의 유가증권이나 은행권으로 그들 소유주들에게 교환하여 주었다. 러시아와 오스만 터키의 채권 증서는, 그것을 발행한 열강의 몰락으로 가치가 없게 되었다.

전쟁 자금 조달과 그 결과로 발생한 인플레이션은 금융자산의 액수

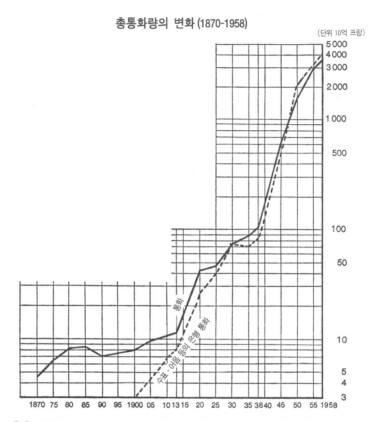

총통화량의 변화 (1870-1958)

(단위 10억 프랑)

출전: *L'Univers économique et social*, t. IX de *L'Encyclopédie française*.

와 구성을 심각하게 변화시켰다. 1914년의 상황과 1924년의 상황을 비교한 전문가들의 계산에 근거를 둘 때, 우선적으로 전전(戰前)의 금융 자산이 폭락되었다는 것이 입증되었다. 즉 1914년에 1천1백30억 금프랑으로 평가된 금융자산이 1924년에는 더 이상 6백에서 7백억 지폐 프랑밖에 되지 않았는데, 이는 1914년을 기준으로 환산하면 1백50에서 1백80억 프랑에 해당된다. 고정 수입을 가지고 있는 사회 계층은 인플레이션과 물가 상승으로 인하여 수입을 85%까지 잃게 되었다.

특별히 차관 상환을 위해 국가가 채권을 재발행한 것을 기회로 하나의 새로운 금융자산이 생겨났음이 또한 입증되었다. 1924년에 3천6백억 지폐프랑(혹은 7백20억에서 9백억 금프랑)에 이른 이러한 자산은 반이상이 국가가 보증하거나 국가가 발행한 유가증권이고, 5분의 2는 민간 유가증권, 나머지, 즉 약 10분의 1 이상은 외국 유가증권으로 구성되었다. 전전과 비교할 때 국가 발행 유가증권의 비중이 100% 증가하였고, 다른 민간 유가증권의 비중은 34% 감소하였으며, 외국 유가증권의 비중은 72% 감소하였다. 그러한 결과로 금융자산은 국내 혹은 해외 생산으로부터 이익을 직접적으로 끌어내는 대신에, 그 대부분의 수입을 이후 공공 재정에 의존하게 되었다. 이러한 변화는 국가의 심각한 빈곤화를 보여 준다고 하겠다.

그러나 당대인의 눈에 몇몇 사회 계층, 즉 중개인·생산자·상인·농민 등은 전쟁으로 인하여 피폐화되기는커녕 오히려 전쟁으로 커다란 이득을 얻었다. 식료품 생산 가격, 특히 육류의 가격이 계속해서 오름으로써 도시 소비자들은 심각하게 흥분하였다. 전쟁말에 농민들의 생활 수준이 향상되었고(농민은 군대에서 습관이 붙음으로써 더 많은 육류와 더 많은 포도주, 더 많은 커피를 소비하였다), 육류 등을 더 많이 소비하고 있다는 것이 확실해졌다. 훌륭한 관찰자들은 농촌의 저당 채무가 상환되었고, 많은 차지농들이 부르주아의 토지를 사들였다는 것을 밝혀내었다. '새로이 부유하게 된 농민'은 도시민에게 뚜렷한 인상을 주었다.

통계와 지역 연구의 부재로 전쟁기간과 전쟁 직후의 농민이 축적한 부의 양을 평가하기는 쉽지 않다. 점점 더 가격이 오른 농산물을 매우 쉽게 판매함으로써(지폐로) 돈을 모으는 것이 가능해진 것, 더 나아가서 공산품의 부족으로 소비가 어쩔 수 없이 줄어든 것으로 인하여 부를 축적한 것은 명백한 사실이 되었다. 그러나 이러한 절약은 사실상 어느 순간 노후된 물자의 갱신에, 화학 비료의 부재(화학 비료의 생산은 전쟁 동안 실제적으로 중단되었다)로 지력을 다한 토지의 회복에, 또한 징발로 인하여 목숨을 잃은 가축의 복원에 필연적으로 사용될 연기된 지출을 나타낼 뿐이었다. 이러한 지출은 필연적으로 비싼 가격으로 지불될 것이다. 부채 상환은 매우 커다란 중요성을 가졌지만, 이 부분에서 농민은 금화로 계약된 채무를 지폐로 갚음으로써 다른 모든 채무자와 이익을 공유하였다. 토지의 매입에 관하여 말하자면, 비록 토지의 매입이 농민의 옛 열정을 만족시켰다고 할지라도 그 매입으로 인하여 자본이 동결됨으로써 농촌에서 기술 진보가 중단되었다. 우리의 계산에 따르면 전쟁 전에는 1명의 농촌 노동자가 4.2명을 먹여 살렸는데, 1935-1939년에는 5.1명을 먹여 살렸다. 같은 기간에 미국에서 이루어진 발전과 비교하면 너무나 미미한 발전이었다. 미국에서는 1명의 농업 노동자가 10.2명에서 14.8명을 먹여 살렸다. 전쟁 전과 마찬가지로 전쟁 후에도 낮은 기술 수준이 프랑스 농촌경제에서는 하나의 고전적 요소였다.

농업 문제의 전문가인 M. 오제-라리베는, 전쟁기간 동안 농민의 물질조건의 변화가 그들의 정신상태의 변화보다 덜 중요하였다는 것을 밝혔다. 예컨대 "1914년의 농민이 체념한 사람이라면, 1920년의 농민은 불만자이다." 1914년의 농민이 늘 체념한 상태의 사람이었는지는 불확실하다. 몇몇 농촌 지역에서 사회주의 선전에 진전이 있었던 것은 생각할 바를 던져 준다. 그러나 전쟁 후의 농민의 불만족은 의심할 바 없다. 조국의 수호에 동의하였던 남자로서 매우 무거운 희생을 의식한 농민들은 국가가 그들에 대하여 커다란 고마움의 빚을 졌고, 정치가들이 그들에게 반복해서 말하였듯이 그들은 국가를 마음대로 할 '권리'가 있다는 매우 강렬한 감정을 지니고 전선으로부터 귀환하였다.

전쟁의 결과는 농업 부문보다 산업 부문에서 한층 더 중요하였다. 프랑스 산업은 쉽게 억제될 수 있는 민간 소비의 필요품뿐만 아니라, 특히 군수품과 탄약 등의 엄청난 필수품도 조달하여야만 했다. 대량 생산 체제가 가동되어야만 하였으나 프랑스 산업은 그러한 준비가 거의 되어 있지 않았으며(예를 들어 전쟁으로 인하여 특히 화학산업 부문이 부족하고 미약하다는 것이 잘 밝혀졌다), 무질서하고 즉흥적인 정책 집행으로 인하여, 또 비양심적인 '물품공급자' 때문에 빈번하게 공금이 낭비된 대가로 인해서 즉각적인 결과를 얻기에는 거의 준비가 되어 있지 않았다.

생산의 가속화는 기술 진보 덕분에 이루어졌다. 연구 실험의 증가에 의하여 과학과 산업의 협조(전쟁 전, 특히 독일과 비교하여 프랑스 경제의 취약점)가 더 긴밀해졌다. 국방부의 추진으로 제조과정의 표준화가 연합국의 부서들과의 협조로 발전되었다. 석탄이나 전기와 같은 에너지원의 더 효과적인 이용으로(동력으로 이용된 폭포의 힘은 1914년에서 1918년까지 2.5배 증가되었다) 그 생산이 증가되었다. 그리고 특히 미숙련이면서 그 대부분이 여성인 대체 노동력을 효과적으로 이용하기 위하여 설비를 개선하고 새로운 기계를 만들어야만 하였다. 각별히 제련업에서 기계공구의 사용이 일반화되었고, 제조과정에서 공구의 자동 조절을 가능케 하는 기계에 초점이 맞추어졌다.

이러한 명백한 산업 발전, 그리고 이것으로 획득된 매우 특별한 상황들이 노동자 세계에서 만큼이나 고용주 세계에서도 변화를 불러일으키지 않을 수 없었다.

전후의 고용주는 일부 활력을 얻었고, 더 기업을 집중화시킨, 그리고 더 잘 조직된 고용주로서 나타났다.

—— '고용주의 활력'은 상황을 적극 이용함으로써 국가로부터 전쟁물자를 대량 수주하여, 소기업가와 대기업 총수를 갈라 놓은 차이를 훌쩍 뛰어넘은 대실업가가 출현한 것을 나타낸다. 가장 눈부신 성공들은 포탄의 공급자인 시트로앵의 성공, 독가스의 생산자인 루쉐르의 성공, '항공기용 천'의 발명가인 부사크의 성공 등이다. 그러나 수많은 다른 사람들 또한 급격한 부의 축적으로 스캔들을 일으켰으며, '전쟁을 이용한 자'로서 비난받았다. 전쟁으로 받은 혜택의 양은 정확하게 측정될 수 없다. 단지 1914년 8월 1일부터 1919년 6월 30일까지 시행된 '초과 수익에 대한 특별 조세'에 해당된 신고액수만이 알려져 있다. 그 액수는 1백70억 프랑에 달하였다. 탈세와 은닉을 고려한다면, 전쟁으로부터 이익을 본 액수는 그것을 훨씬 상회할 것이라는 바는 의심의 여지가 없다.

—— '더 기업을 집중화시킨 고용주'에 대해서는 여전히 원하는 상세한 자료가 제공되지 않는다. 집중의 기술적 형태인 기업 집중은 직업 조사 자료를 통하여 파악될 수 있다. 다음과 같은 간단한 표가 제시된다.

약간 감소상태에 있는 전체 기업의 수 가운데 규모가 아주 작은 기업

【표12】 기업의 수

고용자수	1906	1921	지 수
1~5인	2,132,800	2,064,100	96
6~50인	141,100	158,500	112
51~100인	5,600	8,200	146
101~500인	4,400	6,200	141
501~1000인	428	552	129
1001~2000인	152	226	148
2001~5000인	59	88	149
5000인 이상	17	35	205
계	2,284,556	2,237,901	98

1906년=100.

부문은 감소한 반면, 중간 크기와 대기업 그리고 특히 매우 커다란 기업들은 증가하였다. 여전히 각 범주에 해당하는 생산 비율을 알아야만 할 것이다. 한 예로서 전쟁 직후 3개의 주요 자동차 기업이 그 자체만으로 전체 생산의 56%를 차지하였다는 것을 알아두자.

그러나 기업의 집중이 유일한 집중 형태는 아니다. 주식회사라는 수단에 의하여, 기업에 자신들의 의사와 명령을 강요하는 금융기관의 개입에 의하여, 회사 사이의 연대에 의하여, 공동 경영자의 임명에 의하여 실현되는 금융 집중은 파악되지 않았다. 회사에 대해서는 어떠한 통계도 존재하지 않으며, 전혀 파악수단이 없었다. 과장 없이 우리는 비밀로 이루어진 집중에 대하여 말할 수 있다. 그러나 전문가들은 전후(戰後) 기업 집중이 매우 깊이 추진되었다고 평가하는 데 의견을 같이한다. "경쟁관계에 있는 수천 개의 기업 대신에, 단지 형식적으로만 독립적으로 남아 있는 기업 참여조직이 형성되었다." 가장 강력한 참여조직은 가장 현대적인 부문들, 즉 화학산업 부문과 전기산업 부문에서 만들어졌다. 이러한 기업 집중은 전후 수 년 내에 통화 혼란에 의하여 크게 용이해졌는데, 통화 혼란은 가장 취약한 기업들을 어려움에 처하게 하였으며, 가장 튼튼하고 가장 저항력 있는 기업에 의한 합병을 가능케 하였다.

——마지막으로 '더 잘 조직된 고용주'에 대해서이다. 국가가 전시경제를 계획 형태로 조직하려고 하던 무렵에, 우선 고용주에게 특정 형태의 조직이 외부로부터 강요되었다. 사실상 국가는 경제를 운용할 책임이 있는 각 부문의 지도부와 기업주 사이의 개별적 논의를 피하기 위하여 강압적인 방식으로 기업주를 모이도록 하였다. 기업주들은 그들의 노동력에 대한 특권을 얻기 위하여, 혹은 가장 좋은 조건으로 원료 공급을 얻기 위하여 '컨소시엄' 형태(주식회사, 혹은 국가와 계약을 맺는 협동조합)로 모이는 것이 이롭다는 것을 즉시 이해하였다. 전쟁말에 클레망텔 장관은 검토할 가치가 있는 전국총연맹의 부재를 확인하면서(왜냐하면 주요 산업연맹이 2,3개 중앙기구를 제외시킨 채 제2선의 단체들만을 결집시키고 있기 때문이다) 경영주들을 전부 조직화할 계획을 구상하였는데, 이 안(案)에 따르면 모든 산업은 21개 집단으로 배치될 것이고, 이 집단의 대표들은 상업부 장관의 지시하에 놓이는 참모단을 형성할 것이었다.

재계(財界)는 클레망텔의 안에 한순간 끌렸지만 최종적으로 그것을 거부하였다. 재계는 그 안의 '국가 통제적인' 특징을 비난하였으며, 모든 행정부의 후견을 거부하였다. 그러나 재계는 1919년 7월 31일 프랑스생산총연맹(Confédération Générale de la Production Française) 창설을 위한 몇 개의 조치를 취하였다. 정부로부터 엄격하게 독립된 총연맹은 같은 전문성을 갖는 조합들을 각각 결집시킨 21개의 전국연맹을 포함하였다. 총연맹의 역할은 그의 총서기장과 그 위원회들의 영향력을 통해서 각 연맹의 활동을 조정하는 것임에 틀림이 없었다. 총연맹은 무엇보다도 재정·관세·통화 법안의 계획을 감시하고 교섭·증언·보고서나, 혹은 계획의 송부를 통하여 개입함으로써 공권력에 대하여 '압력단체'의 역할을 하였다. 노동쟁의에서의 총연맹의 역할은 적어도 그것이 마티뇽 협약의 조인으로 드러나는 1936년까지는 파악하기 어렵다.

이러한 총연맹의 창설이 1914년 이전에 존재하였던 고용주 모임의 중요성을 감소시키지는 않았다. 예를 들어 이 시점에서 10억 프랑의 자본에 해당하는 2백여 가입자를 가지고 있는 제철소위원회(le Comité des

Forges)는 제련 공장의 이익을 강력히 옹호하는 단체였다. 1910년에 '사회경제적 관점에서 상공업의 전반적 이익을 보호하기 위하여' 구성되었으며, 전쟁 전야에는 수입관세 채택에 반대하는 과격한 캠페인을 이끎으로써 유명해진 경제이익연합(l'Union des intérêts économiques)은 더 직접적으로 정치에 관여하였다. 1919년 선거 때, 이 연합은 여론 조사에서 승리자로 발표된 '국민 블록' 내의 온건 보수주의자들과 일부 급진파의 연합을 가능케 하는 선거 강령을 준비하였다. 1919년의 하원은 1914년의 하원보다 훨씬 더 기업주들의 이해에 민감하였던 것 같다.

그 반대로 노동계는 전쟁기간 중 심각한 변화를 겪었다. 이미 지적된 몇 가지 이유로 인하여(모든 종류의 군비와 부속품의 대량 생산의 필요성, 새로운 노동력, 특히 매우 질이 떨어지는 여성 노동력의 고용), 최신 기계를 사용한 대량 생산이 널리 확산되었다. 노동조직의 변화로 인하여 하나의 새로운 노동자 범주가 나타나게 되었는데, 이것이 대량 생산에 투입되는 노동자들로서 전후 몇 년 내에 '기능직공'이라는 이름이 포기되고 '비숙련공' 혹은 OS라는 이름이 붙여졌다. 이러한 비숙련공 계층은 대량 획일 작업에 맡겨진 제조작업장에서 숙련공을 거의 제거해 버릴 정도까지 수적인 면에서 끊임없이 증가하였다. 한편으로 미숙련 노동자들은 더 이상 기계화되지 않은 힘든 일이나 주변적인 일, 혹은 청소나 관리 등의 기본적인 일 이외에는 할 일이 없었다. 노동자 그룹들은 각별한 작업을 완성하는 데 있어 더 이상 집단적 책임감을 갖지 않았다. 견습공으로부터 완전한 숙련공까지의 지위 향상의 가능성이 사라짐과 더불어 노동계의 옛 구조 또한 사라졌다.

전후(戰後)는 G. 프리드만이 '조각난 작업'이라고 일컬은 분할작업이 발전하는 시기였다. 피곤하게 하는 일, 비인간화시키는 일, 그 일에서 노동자는 로봇의 역할이 되는 경향이 있으며, '두뇌 없는 팔'이 요구되고 고용의 불안정성이 지배적이었다.

확실한 숙련이 없는 비숙련공은 사실상 서로 교환될 수 있는 노동자였다. 그래서 대기업들은 안정된 노동력을 점점 덜 필요로 하였다. 노동시장은 훨씬 더 개방되어 며칠 안에 기본적이고 세분된 일에 '현장에서'

아무나 고용하는 것이 쉽게 되었다. 사업이 부진한 시기에는 고용주가 대량으로 노동자를 해고하였으며, 성장의 시기에는 대량 고용을 하였다. 고용의 불안정성으로 비숙련공은 사기가 크게 저하되었다.

강요된 노동이라는 본질은 사기 저하를 가속화시켰다. 예전의 숙련 노동자들은 부의 창출자라는 의식을 가졌다. 그런데 그들 중 일부가 스스로를 착취당하는 자로 간주하였다 할지라도, 이러한 착취는 생산자의 숙련 정도에 따라 달리 느껴졌다. 연속작업 기술은 수공업의 매력이었으나 그 가치를 없앴다. 만일 비숙련공이 그 착취를 의식하게 된다면, 그것은 이제 보수가 불충분하다는 것을 통해서 뿐이었다. 이러한 변화가 나타난 것은 어휘의 변화, 즉 '완전한 빈곤의 상징'을 담고 있는 '프롤레타리아'라는 표현이 '생산자' 혹은 '노동자계급'의 표현을 대체하였을 때였다.

비숙련공 계층의 형성과 수적인 증가는 전쟁과 전쟁 이후에 새롭게 나타난 사실이었다. 그러나 그것의 중요성을 과장하거나 나머지 계층이 전부 사라졌다고 생각해서는 안 된다. 대규모 공장에서조차 과거의 숙련 노동자들의 일부가 여전히 존재하였다.

노동운동 역시 이전과 마찬가지 형태의 '투사,' 즉 숙련 노동자들에 의하여 지배되고 지도되었다. CGT는 전쟁 동안 전쟁 노력을 지지하는 '다수파'와 '신성동맹'에 반대한 '소수파' 사이에 심각하게 분열되었는데 전승 순간 다시 결합하였다. 그 지도부는 당시 노동자계급이 국가 방위에서 그들이 수행한 역할에 대한 보상을 받을 것이고, '적대감의 종말로 틀림없이 경제 민주주의가 도래할 것'이라는 확신을 가졌다. 1918년 12월 15일 CGT의 전국총연맹위원회(Comité confédéral national)는 착수할 개혁들, 즉 노조권의 인정, 단체교섭의 일반화, 8시간 노동제, 사회보험의 확대, 국유화 등을 열거하는 최소 요구강령을 작성하였다.

그러나 정부는 이 프로그램에서 8시간 노동제의 요구만을 받아들였다. 정부는 1919년 4월 23일의 법을 투표하게 하여 이 요구를 수용하였던 것이다. 정부가 노동계를 만족시킨 하루 8시간 노동은 임금 삭감 없이 모든 상공업 작업장에 적용되어야만 하였으나, 농경과 가내노동은 여기에 포함되지 않았다.

 비록 이 법안이 노동자의 중요한 승리를 대표한다고 할지라도, 이 법이 긴급한 임금 문제를 해결하지는 못하였다. 명목임금은 전쟁초에는 줄어들었으며, 1916년 특히 1917년에 와서야 다시 증가하였다. 생계비의 급격한 증가를 따라잡지 못한 너무 완만한 증가로, 전쟁말에는 실질임금이 1914년 실질임금보다 15-20% 적은 선에서 고착되었다. 이러한 노동조건의 악화로 인하여 상당한 반작용이 있었으며, 생디칼리슴이 부활하여 그 조합원이 급격히 증가하였다. 공식 통계에 따르면, 1920년에는 조합원의 수가 1백58만 명에 달하였으며, CGT의 통계에 따르면 2백40만 명에 달하였다. 같은 시기 파리에서 상공업직원노조(le Syndicat des Employés du Commerce et de l'Industrie, 1887)의 창설과 함께 19세기말에 태어난 가톨릭 정신을 가진 생디칼리슴은 상호 통합됨으로써 중요한 단계를 넘어섰다. 새로운 프랑스 가톨릭 노동자연맹(Confédération Française des Travailleurs Chrétiens)은 1920년 같은 해에 10만 명이상의 가입자를 기록하였다. 이제 하나의 생디칼리슴이 더 잘 조직된 하나의 고용주 단체와 대립되었는데, 고용주와의 참을성 있고 끈기 있는 대화보다는 저항에 더 신속한 비숙련공의 가입으로 생디칼리슴은 폭력적이 되었다. 파업은 1919년에 크게 증가하여, 1920년 그 절정에 달하였다. 1920년의 운동은 철도원의 파업으로 시작되었다. CGT는 신속하게 그 운동을 총파업으로 확대시키려 하였고, 광부들·선원·부두 노동자, 그리고 금속·건축·운송 노동자 및 가구공·가스공들에게 연속적으로 투쟁을 호소하였다. 그러나 총파업은 실패하였다. 즉각적인 이익을 얻기 위하여 CGT에 가입하였지만 더 노력을 할 수 없었던 신참 노조원들에게 실패는 깊은 인상을 주었다. 조합원은 급감하여 2백만에서 60만 명이 되었다.

 생디칼리슴은 분열(1921년 9월 21일)과 함께 급격히 붕괴되었다. 노조의 분열은 약 1년 전 투르의 전국대의원대회(Congrès de Tours, 1920년 12월)에서 생긴 정치적 분열의 여파였다. '동방에서의 대섬광'인 1917년 볼셰비키혁명의 성공에 감격하고, 1919년 11월 선거에서의 실패로 낙담한 사회당 SFIO 당원 4분의 3이 당을 떠나 제3인터내셔널 쪽으로 향하여, 공산당 SFIC(Section française de l'Internationale communiste, 공산주의 인터내셔널 프랑스 지부)를 창설하였다. 1905년 이전처럼 프랑스 사회주의 운동은 분열되었다. 그러나 분열은 이번에 노조운동 자체에도 영향을 미쳤다. 왜냐하면 제3인터내셔널이 공산주의자들에게 '세포를 조직' 하기 위하여 노조에 침투하고, 지도부를 장악할 것을 강요하였기 때문이다. 위험을 느낀 CGT 지도부는 순종하지 않는 자들을 제명한다고 위협하면서 반격을 가하였다. 그리하여 이들은 옛 총연맹을 떠나서 곧 모스크바의 국제적색노조(l'Internationale syndicale rouge)에 가입하는 하나의 새로운 총연맹, 즉 CGTU(통일노동총연맹, Confédération Géné-rale du Travail Unitaire)를 구성할 것을 결의하였다. 이후 CGT와 CGTU는 고용주에 반대하는 것만큼이나 라이벌 총연맹에 반대하는 방향으로 나아가 헛된 투쟁에 상호간 힘을 소진하게 된다. 1922년에 40만 명 이하로 떨어진 CGT의 가입자는 매우 서서히 원상 회복될 것이었다. CGTU의 가입자수는 제명과 분파간 투쟁으로 계속해서 약해짐으로써 끊임없이 감소되었다.

생디칼리슴에 대한 노동자들의 이반과 분열의 후유증으로 노동자계급은 수세에 몰리게 되었다. 곧 1929-1930년까지 지속될 경제 상황의 호전으로 고용주들은 임금 인상에 상대적으로 쉽게 합의함으로써 분위기를 이완시키고, 사회 투쟁의 증폭을 상당히 완화시켰다.

2. 사회 분쟁의 심화(1930-1945)

전후(戰後)의 어려움에 직면한 대다수 프랑스인은, 승리로 인하여 모든 상황이 원상태로 복귀하는 데 오래 걸리지 않을 것이고, 거의 모든 상황이 '이전처럼' 되돌아올 것이라는 감정을 가졌다. 신속하면서도 상당히 훌륭하게 이끌어진 재건, 프랑스가 대부분의 산업국가들과 공유한 새롭고 활기찬, 그렇지만 1924-1926년의 통화 위기가 어둡게 만든 번영은 얼마간 그들이 옳다고 인정하는 것 같았다. 1929년 세계 경제공황이 시작되었을 때 프랑스는 그 즉시 영향을 받지 않았고, 심지어 저항의 섬이 되어 사용처를 찾는 투기성 자본이 이곳으로 흘러 들어왔다.

이러한 환상은 곧 지나갔다. 위기의 첫번째 징후들은 1930년초에 나타나서 다양한 경제 활동 지표가 하강하기 시작하였다. 그러나 1932년 이전에는 위기의 결과가 심각하게 느껴지지 않았다. 이 시기에 생산 감소가 27%에 달하였으며, 처음으로 실업에 의한 노동력의 상당 부분이 타격을 받았다. 26만 명의 실업자가 공식적으로 국가 보조를 받았다. 프랑스는 다른 나라보다 더 늦게 영향을 받았지만 그럼에도 심각하게 타격을 받았으며, 제2차 세계대전 전야까지 지속적으로 위기를 겪을 운명에 놓이기조차 하였다. 산업 생산은 1938년에도 여전히 1928년과 비교해서 15%에서 17%나 적었으며, 1935년부터 1939년까지는 국가 보조를 받는 실업자수가 35만 명 이하로는 결코 내려가지 않았다.

이와 같은 장기간의 불경기 동안 거의 모든 사회 계층은 소득이 감소하였으나, 그 비율은 같지 않았다. 1929년부터 1935년까지 전체 소득 총액은 30% 감소된 것으로 산출되었다. 자본가의 소득 가운데 가장 타격을 많이 받은 것이 철저한 경쟁의 희생자인 중소기업의 소득이었던 반면, 카르텔화되어 '보호된 부문'인 대기업의 소득은 어느 정도 이전 수준에서 유지되었다. 사기업의 임금생활자는 명목임금률을 유지하는 데 성공하였으나, 실업·완전 실업 혹은 흔히 부분 실업에 의하여 타격을 받은 기업들의 임금생활자들은 소득이 몹시 줄어들었다. 공무원은 위기 자체에 의해서가 아니라 그 영향, 즉 1935년까지 정부가 시행한 디플레이션 정책에 의하여 타격을 받았다. 농경 수입에 대하여 말하자면, 그 수입은 1929년부터 1932년까지 40%가 감소하였으며, 1934년과 1935년에는 새로운 타격을 입게 되어 이 시기에는 그 수입의 5분의 3이 잘려 나가게 되었다.

경제 위기로 인하여 정치 위기가 생겨났다. 우익 경향을 대표하는 정부들(국민연합이라고 불리는 정부들), 혹은 좌익 경향을 대표하는 정부들('연합된' 다수에 기반을 둔 급진당 정부)이 경제정책을 계획하고 집행하는 데 무능력하여 불만이 증가하고 여론이 갈피를 잡지 못하게 되었다. 여론은 극단으로 흐르거나, 혹은 의회제도를 일탈시키려는 경향이 있었다. 도르제레스가 몇몇 농촌의 불만을 파시스트 방향으로 결속시키고, 파시스트 단체들이 중산계급의 상당수를 끌어들인 반면, 인민전선의 구성으로 인하여 프롤레타리아와 상당수의 농민 그리고 다른 쪽의 중산계급이 좌익 쪽으로 돌아섰다. 정치 투쟁이 격심함에 따라 열정적인 분위기, 특히 1934-1936년의 와중에는 민감한 분위기가 형성되었다. 1934년의 폭동과 파업, 인민전선의 형성, 1936년 선거에서 후보와 유권자 두 '블록'의 대립, 좌파의 승리와 우파의 불안으로 사회적 반목이 심화되었다.

이러한 반감은 인민전선의 승리에 의하여 심리적으로 변화된 노동자 집단의 대규모 자발적 운동인 1936년 6월의 파업으로 백일하에 드러났다. 공장 점거와 함께 파업은 고용주에게서 물질적인 이익을 빼앗기 위하여 기도되었으나 더 나아가 노조권의 실질적인 인정, 기업 내에서의 노동자 대표권, 노사관계의 변화를 획득하기 위하여 기도되었다. 오랫동안 노동자계급이 유지하였던 사회적으로 열등한 상태에 대하여 복수를 한다는 감정이 특별한 요구 사항들보다 더 중요하였다. 이는 혼돈된 감정이 틀림없으나 그 얼마나 깊고 강력한 감정인가.

마티뇽 협약(6월 7일)에 의하여 확인된 노동자의 승리는 일련의 '사회입법'의 표결로 신속하게 공고히 되었다. 예컨대 연간 15일의 유급 휴가를 설정한 6월 20일의 법, 주 40시간을 설정한 6월 21일의 법, 단체 협약을 위하여 보다 더 효율적인 절차를 제정한 6월 24일의 법이 그것이다. 동시에 노조운동은 결코 경험하지 못하였던 활기를 띠게 되었다. 오랫동안 특히 사무직원과 여성 가운데서 조합원을 충원해 왔던 CFTC는 노동계에 더 강력하게 자리를 잡았다. 1936년에 다시 통합된 CGT는 조합원이 파업 이전 1백만 명 미만에서 1937년 4백만 명을 넘었다. 프랑스에서 처음으로 임금 노동자의 노조 가입 비율이 50%에 달하였다.

레옹 주오의 표현을 빌리자면, 마티뇽 협약은 '프랑스 노동운동의 가장 커다란 승리'였기 때문에, 이 협약은 기업주 내부에 상당한 반향을 불러일으켰다. 이기주의와 맹목성으로 인하여 6월의 사회 위기에 책임이 있는 것으로 비난받던 고용주는, 여론이 노동자의 편에 선 것처럼 보였기 때문에 공포심을 자아내고 굴욕적이며 또한 그들을 낙담시켰던 이러한 첫번째 움직임이 일단 지나간 뒤에, 자기 자신의 대표자인 프랑스생산총연맹(Confédération Générale de la Production Française)의 위원들을 적대시하였다. 수많은 기업가들은 그들이 비록 지역이나 지방, 전국적 차원에 있는 직업조직들의 구성원들일지라도 CGPF가 그 정관에 따라 대다수 프랑스 기업을 서명한 마티뇽 협약에 구속시켰다는 것을 무시하였다. 대다수 기업은 그들이 배반당하였다고 느꼈으며, 분노로 가득차 그 책임자에 반대하여 돌아섰다. 1936년 8월 4일 CGPF의 총회는 정관을 수정하고, 조직의 이름을 프랑스기업가총연맹(Confédération Générale du Patronat Français)으로 변경하고 새로운 팀을 지도부로 맞이하였다.

새로운 총연맹은 가능한 한 1936년의 노동자 승리의 범위를 제한시키려고 기도하였다. 이 연맹은 CGT와의 모든 새로운 전국적 협약에 서명하는 것을 명백히 거부하였으며, 심지어는 CGT와 협상하는 것조차도 CGT가 유일한 노동자 대표라는 점을 증명할 수 없다는 핑계로 거부하였다. 이와 같은 총연맹 차원에서의 협상 거부는, 기업가측의 연맹 차원에서 전국적인 단체협상을 매듭짓는 것에 대한 거부를 수반하였다. 개별 기업 차원에서는, 기업가측이 1936년말부터 노조원들을 체계적으로 해고하기 시작하였다. CGT는 이러한 기업가의 반동을 분쇄하기 위하여, 정부에 고용 및 해고 조정법안(un projet de loi réglementant l'embauchage et le débauchage)을 제출할 것과, 그것을 정부 노동부처의 통제하에 놓을 것을 요구하였다. CGPF는 격렬한 캠페인으로 반격하고, 자신의 노동자를 선택할 기업가의 권리를 보호한다는 명목하에 대다수의 가입자를 결집시킴으로써 상원이 정부 법안을 부결하도록 하는 데 성공하였다.

사실상 기업가의 반응이 한결같지는 않았다. 대기업의 경우에는 레옹

파업 참가자수의 변화 (1900-1938)

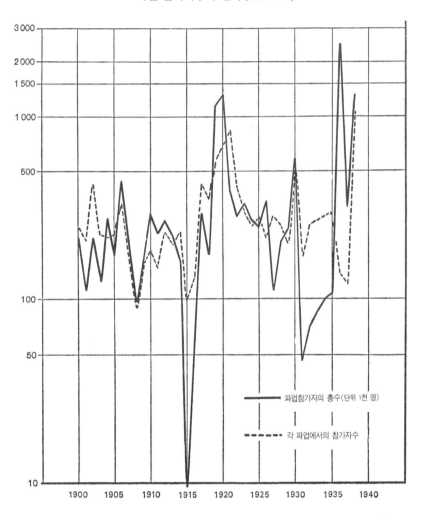

블룸의 제1기 정부가 붕괴된 이후부터 인민전선의 승리가 단지 일시적
이라는 것이 명백해짐으로써 두려움이 급속히 완화되었다. 그러나 중소
기업가들은 노동자의 승리로 그들이 입은 상처를 회복하지 못하였다.
한편으로 1936년의 사회 개혁이 대기업 총수들보다 이들의 어깨에 더
무겁게 느껴졌던 것은 사실이었다. 중소 규모의 많은 기업이 새로운 부

담, 특히 임금 인상의 부담과 그것을 심화시킨 노동시간의 단축을 견딜 수 없었다. 그래서 이러한 중소부르주아지 내에서는 분노와 격렬함, 그리고 증오로 이루어진 하나의 각별한 망탈리테가 발달되었는데, 이 부르주아 계층은 자신들을 말살하기 위하여 상황을 이용하려 한다고 의심하여 '대기업들'에 반대하는 만큼이나, 탐욕과 '천한 물질주의'에 물든 노동자에 반대하였다. 이러한 혼란으로 인하여, 중소부르주아지들은 이웃 몇몇 나라에서 실현된 것을 찬양하는 사람들의 말을 때때로 경청하였다. 그리하여 1936년 6월의 사건 직후에 창설된, 전직 장관인 제르맹 마르탱이 지도하는 사회 활동 및 공제위원회(Comité de prévoyance et d'Action sociale)는 "권위주의 체제에 대한, 그리고 필경 외국의 조직들에 대한 자신들의 숭배를 감추지 않았으며, 그것을 본떠 프랑스에서 모방되었음이 틀림없을 나치청년운동과 파시스트들을 찬양하였다." (H. -W. EHRMANN) 그러나 이러한 선전이 고용주에 미친 영향력을 측정하기는 어려우며, 에르만은 "파시스트 전조의 분위기가 프랑스를 침범하기 시작한 순간에 기업가의 대다수가 정치적으로 익명으로 남아 있기를 선호하였다"고 파악하였다.

인민전선이 진통을 겪고 있던 제2차 세계대전 전야에 기업가들의 역습이 휘몰아쳤다. 사회 개혁의 정도는 정부가 조절하지 못한 생활비의 증가로 인하여 심각하게 제한될 수밖에 없었던 것이 사실이었다. 임금을 통한 구매력이 계속해서 떨어지는 것에 실망한, CGT에 가입한 생디칼리슴의 새로운 참여자들은 열정적으로 투쟁하던 기간에 가입하였으나 일상적인 활동에서의 노력과 희생에는 익숙지 않았기 때문에 점차 CGT를 떠났다. 달라디에와 레이노 정부가 40시간 법을 재심하고자 하였을 때, CGT는 1938년 11월 30일의 총파업으로 반격을 가하였다. 그러나 동기가 모호하고 준비가 덜되었던 이 파업은 실패하였다. (왜냐하면 정치적 고려가 작용하여, 시위가 정부의 포고령에 반대하는 것만큼이나 뮌헨 협약에 반대하는 방향으로 나타났기 때문이었다.) 재계에서는 1938년 11월 30일을 '마티뇽에 대한 복수'로 여겼다. 그것은 적어도 생디칼리슴의 붕괴와 마찬가지로 보였다. 1939년초에 CGT의 가입자수가 다시 1백만 정도로 떨어졌다. 독소불가침조약과 전쟁으로 인하여 결정적인 타격을 입었다. CGT의 지도부는 소련에 대한 동조를 끈질기게 주장하는 조합원들을 축출하기로 결정하였다. 이러한 결정은 1940년 1월 14일에 내려졌다. 다시금 분열이 일어났는데, 사실상의 분열이지 법률상의 분열은 아닌(왜냐하면 축출된 자들이 새로운 총연맹을 구성하지는 않았기 때문에) 이 분열로 인하여, 노동운동은 모든 힘이 제거되어 버리는 것으로 끝이 나고 말았다.

비시정부의 '막간극'이 기업가에게는 상당한 영향을 끼쳤음이 틀림없다. 우선 이것이 기업가의 승리를 마무리짓는 것을 가능케 하였기 때문이다. 페탱이 자본주의 세계와 호의적인 감정으로, 혹은 호의적인 연대감으로 연결되어 있었기 때문은 아니었다. 그의 '핵심적 정치 개념'은 '사회를 유지하는 기본적 보수주의'(A. SIEGFRIED)로 정의되었다. 그가 균형이라고 믿는 것을 확고히 하기 위하여, 그는 서둘러서 모든 기업가 총연맹과 노동총연맹을 해산시키고, 파업과 공장 폐쇄를 금지시켰다. 노동헌장(la Charte du travail, 1941년 10월 26일)을 통하여 조합 형태의 제도를 국가에 부여하려던 그의 시도는 어떠한 실질적인 결과를 갖지 못하였다. 그러나 그의 측근 가운데에 제3공화정 시절 의회의 무능에 싫증을 냈던 고위 행정관료와 대기업의 임원들은 국가가 주도하는 통제경제체제를 고안하였고, 그 제도가 '산업 생산의 임시 조직'을 바탕으로 1940년 6월 16일의 법에 의하여 만들어진 조직위원회들임에 틀림없다. 이 조직위원회의 책임은 모든 생산 가능성을 면밀히 조사하고, 제조 프로그램을 세우고, 원료의 구매와 분배를 조직하고, 경쟁 규정을 만들고, 가격을 정하며, "기업과 근로자가 공동 이익을 취하는 가운데 활동 분야가 가장 잘 운영되도록" 하는 모든 조치를 취하는 것이었다. 그래서 기업관리와 경영이 산업가 자신들에게 다시 돌아갔다. 왜냐하면 정부에 의하여 임명된 조직위원회의 위원들이 그들의 업종별 조합에서 책임 있는 직책을 맡고 있는 중요한 기업가인 경우가 흔하였기 때문이다. 한 당대인의 판단에 따르면, "조직위원회는 사실상 변형된 조합에 불과하였다." CGPF의 해체에도 불구하고, 프랑스 경제에서 주도권을 행사하던 대기업가는 자신의 우월권을 확고히 하였던 것이다.

그러나 대기업가가 이러한 우월권을 정권과 연결하면서 확고히 한 반면, 노동자계급은 여러 가지 사건들로 인하여 완강한 야당으로 밀려났다. 페탱 원수의 인기가 떨어짐에 따라 모든 사회 계층 가운데 기업가가 가장 비애국적이었으며, 적과 비시의 추종자들과의 최대 협력자였다는 여론이 확산되었다. 또한 비록 몇몇 기업가가 레지스탕스에 참여하는 데 주저하지 않았다고 할지라도(그러나 재계의 대표로서가 아니라 개인 자격으로) 레지스탕스는 이들에 대한 제재를 준비하는 것을 잊지 않았음에 틀림없었다. 레지스탕스 전국위원회(le Conseil national de la Résistance)는 프로그램을 작성하면서 영토 해방 이후 국가 자원의 국유화(광산, 보험, 은행), 합리적 계획경제, '경제 대재벌의 추방', 노동자의 기업 경영 참여를 포함하는 '진정한 경제 민주주의'를 세우려는 의지를 밝혔다. 이 위원회는 드골 장군의 의견과 일치하였다. 드골 장군은 1943년 7월 14일 알제의 연설에서 다음과 같이 단언하였다. 즉 "국가는 번영의 세 요소인 천연자원·노동·기술을 몇몇 사람만의 이익을 위하여 이용되지 않기를 원할 수 있다." 비시정권의 공범이었던 대기업가는 해방의 제물임에 틀림없었다.

그렇기는 하지만 임시정부, 그리고 첫 제헌의회에 의하여 추진된 구조 개혁은 정치 보복의 열망에 의해서만 고취되지는 않았다. 이 개혁은 그야말로 사회 문제에 대한 레지스탕스 단원들의 고뇌의 결실이며, 프랑스인 전체에게 더 나은 생활 수준, 생존 조건에 대한 더 커다란 안정성, 각 개인에게 가능한 한 넓은 기회를 보장하도록 하였다. 어떤 정도로 이 커다란 계획이 실현되었는가?

──국유화는 우선적으로 대독협력으로 비난받는 기업들에게 적용(그 소유주들에게 다시 반환된 베를리에와 르노·그놈므-에-론)되었으며, 그리고 에너지 분야(프랑스 가스·전기공사, 프랑스 석탄공사), 금융 분야(1936년에 이미 시작된 프랑스은행과 4개의 커다란 저축은행의 국유화: 크레디 리요네, 소시에테 제네랄, 국립할인은행, 국립상공업은행), 보험회사

(34개의 주요 회사) 등에 적용되었다. 대부분의 경우 국유화된 기업의 주주들은 상환될 수 있는 채권으로 보상받았다. 전문가의 전반적 평가로 볼 때 비록 국유화의 경제적 결과가 유익하였던 것 같다고 할지라도, 그것의 사회적 결과는 평가하기가 매우 어렵다. 중요한 문제는 이 새로운 기업의 경영 문제였다. 즉 이 회사의 경영진은 구(舊)경영진과 매우 달랐는가? 초반에는 핵심 직책에 새로운 인물이 대규모로 영입되었고, 새로운 인물의 정치 색채는 오히려 기업가에게 적대적이었다. 그리고 나서 이전에 대기업가의 직책에 있었던 사람들이 돌아옴으로써 진정한 혼합이 일어났다. "사기업에서 경력을 쌓은 중역들은 점차 국영 기업, 특히 은행의 경영에 참여하였다."(H. -W. EHRMANN) 한편 국유화에 대하여 매우 강경한 불만을 터뜨린 후에, 기업가는 마침내 이 사실을 기정사실로 받아들였으며, 오늘날 그의 기업들이 더 이상 그 사실을 재론하지 않는다는 것은 시사적이다.

──기업위원회(les comités d'entreprise)는 1945년 2월 22일의 법규로 창설되었다. 이에 따르면 1백 명 이상(1946년 5월 16일의 법에 의해서는 50명으로 감축되었다)의 종업원이 있는 작업장에서의 위원회 구성은 의무적이었는데, 이는 레지스탕스에서 계획된 구상에 직접적으로 영감을 받았다. 이 새로운 제도는 '경제 운용과 기업관리에 참여하는 근로자 단체'(l'association des salariés à la direction de l'économie et à la gestion de l'entreprise, 1945년 법안의 전문)를 향한 하나의 단계로 입안되었다. 정원과 비례한 숫자의 직원 대표들로 구성된 위원회는 지도부와 함께 노동조건을 향상시키고, 사회사업을 운영하며, 회계 전문가의 도움을 받아 기업의 재정 운용을 견제하기 위하여 일해야만 하였다. 위원회는 노동자들에 의한 기업 견제기구가 되는 것이 가능하였다. 그러나 그 법에 따르면 비록 그 위원회가 '사회' 문제에 있어 중요한 결정권을 가졌다 할지라도, 위원회는 경제영역에서 자문 기능이 주어졌을 뿐이라고 뚜렷이 명시되었다. 법의 시행과정에서, 그것이 고무시켰던 과장된 희망에 부응하지 못하였다는 것이 일반적으로 인정되는 사실이다. 기업위원회의 경제 권한은 매우 이론적이었던 것이다. "이러한 차원에서 볼 때

기업위원회의 실패는 확실한 것이었다. 그런데 이 실패를 기업주가 주저한 탓으로 돌릴 것인지, 근로자가 준비를 제대로 하지 않은 탓으로 돌릴 것인지, 혹은 법적인 타협을 통해서 상충되는 이해관계를 화합시키는 것이 불가능한 탓으로 돌려야 할 것인지 그것은 알 수 없다."(P. LAROQUE, *Succès et faiblesses de l'effort social français*, A. Colin)

―――사회보장원칙(les principes de la Sécurité sociale)은 1945년의 법안에 의하여 제기되고 1946년 5월 22일의 법으로 구체화되었는데, 이는 부분적으로 1942년 영국에서 공표된 비버리지 계획(le plan Beveridge)에서 영감을 받았다. 비버리지 계획은 보험의 개념을 보장의 개념으로 바꾸었으며, 이른바 임금은 그대로 두고 국민적 연대를 통해 마련하는 사회적 소득을 조성하는 것을 목적으로 하였다. 사회보장의 혜택은 원칙적으로 경제 발달이 허락하는 한 모든 프랑스인에게 확대되어야 하지만, 우선적으로 모든 근로자가 그 대상이 되어야 했다. 보험은 의무적이며, 질병·장애·양로·상해·사망을 책임진다. 개혁의 목적은 우선적으로 사회 계층의 안전을 효과적으로 보장하는 것인데, 이들 사회 계층의 구성원은 일반적으로 자신들의 노동의 대가로 자신들이 필요한 것을 만족시키지만, 사회 경제생활의 위협에 대처하기 위해서 충분히 조심스럽게 노력하는 것은 물질적으로나 정신적으로 불가능하였다. 개혁의 목적은 또한 임금을 간접적으로 증가시키면서 국민소득의 균형적인 분배를 실현하는 것이었다.

사회보장의 적용은 '저항 없이, 또한 확신도 없이' 고용주에 의하여 받아들여졌다.(H. -W. EHRMANN) 그러나 고용주는 사회 비용과 제조 원가 사이에 존재하는 직접적인 관련성을 서둘러 강조하였으며(왜냐하면 사회보장의 재정은 임금에 부과된 분담금에 의하여 뒷받침되기 때문이다), 국제 경쟁에서 프랑스를 난처한 형세에 놓을 '사회 부담'의 견디기 어려운 무게를 비난하였다. 임금 노동자들을 보면, 그들은 전반적으로 사회보장에 집착하는 듯하였으며, 그것이 가져다 주는 보장들을 의식하는 듯하였다.

사회 발전을 위하여 중요한 문제인 사회보장을 통한 소득 재분배 문제는, 매우 상세한 통계가 없어 여전히 완전하게 믿을 만한 대답을 갖지 못한다. 소득의 불균형이 여전히 상당하다는 것은 명백한 사실이다. 그러나 1946년 이래 이러한 불균형이 감소하는 경향이 있었는가? 몇몇 사람은 사회보장이 임금 노동자들 사이에서만 소득 재분배를 끌어내었으며, 말하자면 이 재분배가 폐쇄적으로 기능하였다고 생각하였다. "가난한 사람들이 가장 가난한 사람들을 돕는다"고 하는 경구는 바로 이것을 표현하는 것이다. 우리가 가지고 있는 통계는 이를 입증하고 있다. 사실 국가의 회계에 따르면, 1949년 임금과 사회보장 급여 부분이 국민소득의 53.7%를 차지한 것이 입증된다. 10년 후에는 이 부분이 60.6%에 이르렀다. 만일 우리가 이 두 시기에 근로자수의 증가와 노동시간의 연장을 고려한다면, 재분배는 임금 노동자 집단 내로 국한되었다고 입증할 수밖에 도리가 없다.

가족 장려를 위한 각별한 노력이 시행되었다. 사실은 양차 세계대전 사이에 프랑스가 자각하고 있던 인구 감소로 인하여 이미 공권력은 인구 증가정책을 시행하게 되었다. 1920년이 되자마자 유산과 피임 보급 운동을 엄격하게 응징하는 법령이 통과되었다. 1932년 3월 11일 법령에 의하여 모든 기업가에게 가족보조수당 지급이 의무화되었다. 제2차 세계대전 직전(1939년 7월 29일 정부 포고령)에 정부는 가족법(Code de la famille)이라는 이름으로 알려진 일련의 조치들을 취하였는데, 그것은 가족수당의 인상과 확장 이외에도 첫 출산에 대한 상여금과 갓 결혼한 부부에 대한 대여(貸與)의 설정을 포함하는 것이었다.

1946년 8월 22일의 법령은, 사회보장제도의 새로운 법규의 일환으로 가족수당체제에 새로운 발전을 가져왔다. 모든 일하는 사람과 도저히 직업에 종사하기 어려운 것이 증명된 사람(환자, 장애인, 실업자, 부양할 여러 명의 어린이를 홀로 거느리고 있는 여성들)은, 그의 수입액이 얼마이든지간에 이제부터는 적어도 부양 어린이가 2명이라는 조건하에, 그리고 그 어린이들이 15세 미만인 한 가족수당의 혜택을 받았으며, 수습공·학생 그리고 신체장애자에게는 지급기한이 연장되었다.

말 그대로의 가족수당에다 다양한 상여금들이 추가되었다. 예컨대 산전(産前)수당, 출산수당, '가족 내 유일한 임금'이나 '가정주부'라 칭하는 수당, 마지막으로 개인적 혹은 집단적 급여인데 가족수당금고에 의하여 사회사업의 이름으로 지불되었다.

현금으로 지급되는 이들 수당은 가족들의 자유를 존중해서 그들이 원하는 바대로 사용되었다. 주택수당을 제외하고 그것은 보편적(모든 가족이 그 혜택을 받음)이었고, 평등적(그 비율은 가족의 수입이 얼마이든지간에 동일하였다)이었다. 그리하여 프랑스는 가족에게 사회적으로 가장 많은 노력을 기울이는 나라들 가운데 속하게 되었다. 그러나 가족수당의 액수는 법령에서 예상하였던 바와는 반대로 1946년 이래로 생활비 상승을 따라가지 못하였다. 가족을 위한 국가의 재정적 노력은 최근 몇 해 사이에 상대적으로 감소하였다. 아마도 그것은 노인에 대한 보조와 '경제적으로 약자인 사람들'에 대한 지원과 같은 보다 더 시급한 사회적 필요에 대한 자각과 더불어 여전히 더 감소하게 될 것이다.

3. 경제 발전과 그 결과(1950-1970)

일반적으로 우리는 전후의 '재건'이 어마어마한 집단적 노력과, 마샬플랜이라는 미국의 원조로 인한 상당한 촉진 덕택에 5년 만에 완성되었다고 이해하고 있다. 1950년부터 프랑스는 그 역사상 전례 없는 발전의 시대로 돌입하였는데, 우리는 그것이 프랑스 경제의 발전, 즉 진정한 '도약'의 시기를 나타내는 것이라 생각할 수 있다.

'재건'의 모델, 예컨대 보잘것 없는 세입 재원하에서의 배분적 정의, 그 정치적 태도에서나 효과의 차원에서 모호하고 논란의 여지가 많았던 자본주의, 국유화라는 만병통치약에의 호소와 국가의 엄격한 통제경제에의 의지는 분배적이기보다는 오히려 생산 제일주의로, 사회적 자선 쪽보다는 오히려 업적 쪽에 더 많은 관심을 갖는 시장 메커니즘에 보다 더 주의를 기울였으며, 그리고 최대한 많은 양의 재화를 최대한 많은 수의 사람에게 맡기는 것을 목표로 하는 '근대화' 모델로 조금씩 대체되었다.

이와 같은 준정체상태에서 성장으로의 이행은 대체로 잘 받아들여졌으나, 때로는 기술자와 관리자 계층처럼 강한 팽창 국면에 있는 계층에서는 물론이고, 제1차 산업 분야와 같이 성장 속도를 잃어가고 있는 계층들에서(총취업 인구 가운데 농업 인구는 1946년에 36%에서 1954년에 30%로, 그리고 1968년에는 16%로 변하였다) 사회적 불안과 긴장, 혼란이나 혹은 실망의 원동력이 된 사회 내의 깊은 변화를 불러일으켰다. 그러므로 이것이 바로 우리가 살펴보아야 할 것으로서, 1950년대와 1960년대에 체험하였던 이러한 경제적 발전의 최초 결과들이다.

농민들의 '조용한 혁명'

이 경구는 오랫동안 주목되지 않았던 농민층의 심대한 변화에 시선을 끌도록 하기 위하여 CNJA(청년농업가전국위원회/Centre National des Jeunes Agriculteurs) 지도자 가운데 하나인 미셸 드바티스가 던진 표현이다. 하지만 몇 년 전부터 이 혁명은 이제 더 이상 조용하지 않았으며, 오히려 그 반대였다. 오늘날 농민들의 시위는 해당 공권력뿐만 아니라 더 나아가 광범위한 여론층이 관심을 기울이기를 요하고 있다.

최초의 중요한 시위는 1953년 10월에 일어났다. 예컨대 중부와 중서부의 18개 도의 농업 경영자 조합연맹의 총회에서 임명된 행동위원회가 10월 12일에 일출부터 일몰까지 도로를 차단하고, 모든 농산품의 거래를 중단하기로 결정하였던 것이다. '바리케이드를 친 날'은 성공적이었으며, 그들이 발행한 공식 성명에 따르면 시위 조직자들은 "자신들이 목표하였던 일차적인 목적들, 즉 프랑스 농업의 현실에 대한 정부와 여론의 관심을 끄는 것을 달성하였다"고 평가하였다.

그러나 그 성공은 실제로는 실패에 불과한 것이었다. 농민 생디칼리슴은 요구 사항의 유일한 목표를 가격 문제에만 국한함으로써, 사회경제적 문제 전체에 대한 열린 구상 없이 엄밀하게 코포라티스트적인 운동에만 전념하였다. 그러나 이 운동은 실패로 끝났지만, 한편으로 유익하였다. 왜냐하면 그것은 조합운동을 새로운 방향으로 이끌었으며 편협함에서 빠져 나오도록 하였기 때문이다. 8년 후에 브르타뉴 농민들의 대시위가 다시 한 번 결정적으로 농촌의 계속되는 위기감에 대하여 도시사람들의 이목을 집중시켰을 때, 주로 가톨릭운동에 의하여 형성된 젊은이들에 의해 다시 주도된 농촌 생디칼리슴은 새로운 문제를 제기하고 새로운 해결책을 제안하는 새로운 얼굴을 보였던 것이다.

최근 농민들의 상황 변화의 기원에는 '트랙터혁명'이 자리잡고 있다. 해방 직후 농촌 신용금고의 개점과 산업 팽창의 필요에 의해서 기계화된 기구의 대대적인 보급이 이루어졌다. 개별적 기계화 정책이 도 차원의 농업국에 의하여 권장되었는데, 이 정책은 농기계 제조회사와 석유회사에 의하여 조직된 광고 선전에 의하여 강조되었으며, 다양한 전매인(專賣人)들의 상업 활동에 의하여 극단적인 결과에까지 이르렀다. 1946년에 4만 6천 개만을 헤아렸던 트랙터 수가 1953년에는 20만 개를 넘어섰으며, 1956년에는 40만 개, 1960년에는 63만 개를 넘어섰다. 트랙터는 농민 해방의 도구였음에 틀림없었다. 그것은 소농에게 그의 경작의 다양성을 그대로 보존하면서 자신의 토지에서 수익성을 증가시킨다는 환상을 주었던 것이다. 그 다양한 기능의 사용으로 혼합 경작의 결함이 보충되었다.

소경작자들은 다양한 경작에 필요한, 게다가 일반적으로 많은 조각으로 분산되어 있는 다양한 재배에 필요한 많은 도구들을 여전히 구입해야만 하는 한편, 트랙터 구매가 그들의 재정을 탕진한다는 것을 금방 알아차렸다. 이러한 구매에 그가 저축한 것을 투자하거나, 혹은 채무 계약을 함으로써 그는 다른 투자에 착수하는 것이 불가능하게 되었다. 그리하여 이러한 경작의 수익성 문제가 비판적 방법으로 제기되었다.

한편 농민은 기술 진보의 길에 첫발을 내딛는 것에 만족할 수 없었다. 외국의 보다 발전된 농경자들과의 경쟁에 맞서기 위하여 끊임없이 생산방법을 근대화하지 않을 수 없었던 그들은 항상 비료, 복합 자양물, 기계화된 도구 등의 산업 제품들을 더욱더 사용해야만 하였으며 계속하여 작업수단을 갱신해야만 하였던 것이다. 이를테면 농민은 늘 보다 막대한 재정수단을 찾아야만 하였다.

또 다른 요소가 농민의 사고를 변화시키는 데 크게 기여하였는데, 그것은 생활 수준이 향상되고 있던 당시 사회의 압력이었다. 농민들은 이제 더 이상 예전과 같은 방법으로 살기를 원치 않았다. 개수대 사용, 세탁 기계, 안락한 주거, 덜 힘든 일, 휴가 등이 공통적인 목표가 되었던 것이다.(M. DEBATISSE) 보다 나은 생활조건에 대한 이러한 열망은 젊은이들에게서, 특히 젊은 여성들에게서 강렬하였다. 그들을 만족시키기 위하여, 그리고 필요한 돈을 당장에 갖추고 있을 수 없었던 관계로 신용대출을 통한 해결책이 나타났다. 거주조건을 개선시키기 위해서나 혹은 가내의 쾌적한 설비를 갖추기 위해서는 물론이고 심지어는 경작 설비를 구입하기 위해서, 그렇지 않으면 토지 자체를 구매하기 위하여 신용대출에 의뢰하는 일이 흔해졌다.

이와 같이 신용대출에 의뢰하는 일은 막대한 재정 투자가 필요하여 사용하는 것과 꼭 마찬가지로 과거에는 대부분을 자가 소비에, 그리고 단지 초과액만을 상업 활동에 사용하는 데 기반을 두었던 농민의 생활 균형을 깨뜨렸다. 오늘날 빚을 진 농민들은 엄격한 지불 만기일을 준수해야만 하였다. 즉 이제 더 이상은 그의 판매량을 비축할 가능성이 없었다. 농민은 자신의 전수확량을 가격에 상관없이 가능하면 빨리 팔아치워야 하는 것이었다. 그러므로 그는 이제 유통 순환체계에 별 머뭇거림 없이 참여하였지만, 그것은 종종 구식 구조를 기반으로 한 것이었다. 이러한 새로운 상황에 대한 적응 필요성에 대한 인식과 적응의 어려움으로 농촌 생디칼리슴의 개혁이 촉구되었다.

전통적인 생디칼리슴은 가격 문제에만 집중해 왔다. 이것의 목표는 가능하다면 산업 물가의 지수에 맞추어 국가가 고정 가격을 공식적으로 보장케 하는 것이었다. 이러한 목표는 많이 생산할 수 있게 시설을 잘 갖추고 좋은 조건으로 팔 수 있는 여건을 갖춘 부유한 지역의 대경작자들, 조합 지도자들, 도시나 혹은 읍의 명사들, 급진주의자들이나 혹은 우파와 밀접하게 연결되어 있는 어느 정도 직업적인 정치가들에게 매우 유리하였는데, 이들의 보수적 혹은 반동적인 감정은 농촌의 현상

유지를 원하였던 것이다. 한편 이 생디칼리슴의 목적은 소경작자들에게 는 별다른 것을 가져다 주지 못하였는데, 이들은 그들 경작지의 협소함 때문에 거북스러워하고, 기술의 진보 문제에 난처해하였으며, 메커니즘 을 잘 이해하지 못하고 통제할 수도 없었던 시장의 불확실성에 노출되 어 있기 때문이었다.

새로운 생디칼리슴은 정부에 의하여 보장되는 고정 가격에 대한 요 구를 포기하지 않았으며, 이는 현재 진행중에 있는 유럽차원에서의 시 장의 확대 때문에 야기될 새로운 상황 속에서 더욱 그러하였다. 그러나 새로운 생디칼리슴은 이 요구가 상업 구조와 토지 구조를 다 변형시키 는 보다 광범위한 정책 내에 자리잡아야만 한다고 생각하고 있다.

―― 현존하는 상업 구조들은 그의 능력을 벗어나 시장 변동에 노출 되어 있는 생산자에 불리하게 작용하였다. 그런데 근대적 생산기술을 채택한 생산자는 그가 판로의 규칙성을 믿을 수 있을 경우에만 자신의 실험을 계속해 나갈 수 있었으며, 농산품 가격의 불안정성에 기초한 상 업의 전통적 체제는 그를 전혀 안심시킬 수 없었다. 해결방법은 유지 기금으로 생산물의 가격과 유통을 통제할 수 있는 국가와 농민 대표가, 통제하는 조직을 만들어서 농산물 초과에 대한 장기적인 정책을 확립 하는 것이었다. 이러한 맥락에서 농업조합은 이미 FORMA(농산물 시 장 조정 및 동향 기금/Fonds d'Orientation et de Régularisation des Mar- chés Agricoles)의 창설을 확보하였으며, 그 목표는 '주요 농산품 시장에 합당한 조직을 보장하는 것'과 '농업시장의 국가 개입과 관련된 정부 의 결정을 준비하고 그것을 실행하는' 임무였다.

―― 젊은 농민들이 요구하고 있는 토지 구조의 개혁이 사회적인 관 점에서 보다 더 중요하였다. 젊은 농민들은 자신들의 토지 재산의 확대 에 대하여 자신들의 아버지들보다 애착을 훨씬 덜 가지고 있었다. 우선 그들은 효율적인 생산단위를 조직하고자 하였다. 이를테면 "토지 소유 는 농업이라는 직업에 필수불가결한 것인가? 농민에게 무엇보다도 중 요한 것은 바로 안전이었다. 어제는 토지 소유가 안전과 동의어였다. 내 일에는 안전이라는 개념이 다른 관점, 즉 강화된 소작 계약, 가족 수당,

보다 더 중요한 경작 규모, 보다 적합한 교육 등의 관점에 놓일 것이다. 농업의 사회적 지위라는 개념이 토지 소유를 대체해야만 할 것이다."(M. DEBATISSE) 소유권에 대한 맹목적인 숭배에서 벗어난 청년 생디칼리스트들은 유산 상속에 의한 토지의 계속적인 분할을 피하고, 잡다하게 뒤얽힌 분할지들을 되사는 방법을 통하여 합리적인 경작단위로 재구성하기 위하여 '농지 조정회사'의 설립을 제안하였다. 뿐만 아니라 이 회사의 설립은 비경작자 지주나 혹은 토지 자본가 연합에 의한 경작 가능한 토지의 병합을 피하고, 한편으로 정착하려고 하는 젊은 농민들이 주요 희생자인 토지 투기를 피하기 위한 목적에서였다. 이러한 계획들은 시골의 명사들과 전통적인 생디칼리스트들 등 보수주의자들의 거센 반발을 불러일으켰는데, 이들은 그것을 '토지의 국유화'라는 위협으로 간주하였으며, 토지 구조에 손을 댐으로써 '경작자들을 분열시킨다'는 주장을 하였던 것이다. 하지만 1960년 농업지도법(loi d'orientation agricole)은 농지 조정 및 농촌 건설회사(Société d'Aménagement Foncier et d'Établissement Rural)의 창설을 통하여 젊은 생디칼리스트들에게 최초의 만족을 주었다. 이 회사는 "소유주에 의하여 자유롭게 매각되는 토지나, 혹은 농업 경작지는 물론이고 경우에 따라서 개발한 후에 되팔기를 하도록 되어 있는 경작되지 않은 토지를 매입하기 위하여" 설립되었다. "이 회사들은 특히 농경 구조를 개선하고, 특정 경작지의 면적을 증가시키고, 토지 개척과 토지의 경작자들이 정착을 용이하게 하기 위한" 목적을 가지고 있었다. 그러나 이들 회사는 부동산 투기의 메커니즘을 막기 위하여 일반 구매자와는 다른 태도를 취하여야만 했다. 예컨대 매각 토지에 대한 선매권을 받아야만 하였다. 이 권리는 원칙적으로 법에 의하여 그들에게 부여되었다. 하지만 그것은 명확한 태도를 취하지 못한 의회의 압력으로 인하여 많은 제한들이 추가됨으로써 그 효용성이 상당히 감소되었다.

새로운 농촌 생디칼리슴에 의하여 제안된 개혁들은 상당한 효력을 나타내었다. 시장의 조직이라는 제조치를 통하여, 그 개혁들은 상업적 이윤과 수요공급의 법칙을 문제삼았다. 즉 생산의 연간 계약과 계획화 시도를 통하여 독립적인 개인 기업을 문제시하였던 것이다. 개혁들은 토지 구조의 변화, 즉 토지 소유권과 '경작 소유권'의 분리를 통하여, 지대와 소유권 문제를 검토하였다. 한편 이 개혁들은 사회에 동화되기 위하여 전통적인 고립에서 벗어나고자 하였으며, 그 사회 내에서 다른 사회적 집단들과의 '동등'을 요구하던 특정 농민층의 망탈리테의 변화를 입증하는 것이었다. 이 농민들은 명사들에게 자신들의 권한을 위임하고, 정부로부터 보조금만을 기다렸었는데, 이제는 자신들의 경제적·정치적 권리를 인식하고, 다른 생산자들과의 연합을 추구하고자 결심한 생산자가 되었다. 예컨대 "농업이…… 별도의 세계로 남아 있는 것은 별로 이로울 게 없다. 우리가 농민일 경우 최하층으로 취급받는 것을 불평하며 차별 속에서 만족할 수 없다. 경작자들은 취업 인구의 다른 범주와 동일한 권리와 동일한 의무를 가지고 있다. 젊은 경작자들은 영광스러울 것이 전혀 없는 고립에서 벗어나기를 원하고 있다. 그들은 기업의 생디칼리스트들과 뜻이 맞기를 원하고, 상업 유통을 이해하고 실행하기를 원하며, 경제생활의 다른 모든 활동가들과 더불어 계획을 협의하는 데 참여하기를 원하고 있다."(F. BLOCH-LAÎNÉ, préface au livre de M. Debatisse)

요컨대 농촌 생디칼리슴의 근대적 측면에 의하여 주도된 투쟁은, 이 투쟁이 경제영역에서 조직되는 순간부터 전통적인 생디칼리슴 지도자들에 의하여 조심스럽게 가꾸어져 온 신화, 대경작자들의 이익을 옹호하기 위하여 계속하여 이용되어 왔던 '농촌 단결'의 신화를 깨뜨리려 하는 경향이 있었다. 반대로 이 투쟁으로 인하여 낡은 구속과 경직화에서 벗어나, 근대 경제의 문제를 의식하고 있는 중간 농민층·농업 기술자층이 형성되었다.

이 '조용한 혁명'과 소위 '구조정책'으로 불리는 것에 대한 종합 평가를 하기란 쉽지 않다.

긍정적인 것은 이 운동들이 젊은 농경자들을 각성시켰다는 측면이다. 예컨대 농민 계층이 어려움에 대항하여 순순한 수동적인 저항과는 다르게 행동하였으며, 인민 대중을 일깨워 주는 사람들인 투사와 지도자

농업 경작

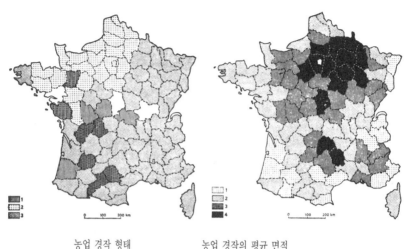

농업 경작 형태
1. 분익소작 25% 이상
2. 차지 50% 이상
3. 자작 50% 이상

농업 경작의 평균 면적
1. 10헥타르 미만
2. 10~15헥타르 미만
3. 15~25헥타르 미만
4. 25헥타르 이상

출전: A. LABASTE, R. BLANCHON, R. OUDIN, *France et pays d'expression française,*
A. Colin, 1963.

들이 배출될 수 있음이 드러났다. 그러나 경제적 실망이 곧 다가왔다. 농지 조정 및 농촌 건설회사는 자본 부족으로 매우 주변적인 역할만을 수행하였을 뿐이며(8년 동안 운영된 후, 그들의 활동은 총 1백50만의 농민 가운데 2만 5천 명의 경작자들에만 영향을 미쳤다), 협동조합들은 근대적 경쟁으로부터 나오는 엄격한 조건에 늘 적응할 줄 몰랐고, 생산품의 질을 보장하지도 못하였다. 예컨대 불행하게도 과일 생산으로 완전히 방향을 돌린 경우처럼 기술 진보에 가장 개방적이었던 경작자들도 가격 붕괴로 인하여 불이익을 당하였다. 보다 더 흔하게는 변화에 성공하였다고 믿었던 젊은 농경자들이 자신들이 창조한 경작 유형이 이제 시대에 뒤진 것이 되었다는 것, 미래의 유형은 식품산업과 점점 더 밀접한 연결을 가지는 대규모 산업적 경작이 될 것이고 결국 대기업들만이 유일하게 시장에서 인정받을 수 있으며, 소비자들을 '좌지우지' 할 수 있으리라는 것을 듣게 되었다. 전통적인 농경자들의 경우, 이들은 혼란스러워서 어떤 대가를 치르더라도 '가족 경영'을 유지하자는 민중 선동적 요구에 민감하였으며, '안정된' 가격과 수입에 대한 전통적인 요구에 예민하였다.

다른 산업 부문들이 상당수 의존하였던 광대한 저수지와 같았던 농촌 인구는 오늘날 프랑스에서는 이제 '여분의' 인구이며, 더 나아가서는 노화된 인구일 뿐이었다. 어떤 의미에서는 경제 성장의 희생자인 농촌 인구가 국가에 대하여 채권을 주장할 권리가 있다는 것은 의심할 나위가 없다. 즉 정의하기 나름이지만 나이나 능력 부재, 혹은 자본이 없었기 때문에 출세하고 가장 기업정신이 왕성한 사람들을 배출한 경제 번영의 흐름에서 멀어졌으므로, 농민은 실질적인 도움을 국가에 요구할 권리가 있다는 것이다.

새로운 노동계급

'새로운 노동계급'은 세르주 말레가 그의 저서에서 사용하여 널리 보급된 표현인데, 이는 몇 년 전부터 노동조건, 물질적 상황, 그리고 일부 프랑스 노동계급의 망탈리테가 심오하게 변화된 새로운 현상들을 묘사하기 위해서 만들어진 말이다.

그것은 단지 일부 노동계급에만 해당되었다. 왜냐하면 프랑스는 오늘날에도 여전히 '산업박물관'의 양상을 띠고 있기 때문이다. 기술면에서나 조직면에서 19세기 수공업 생산 작업장과 유사한 기업이 많으며, 게다가 작업 합리화와 연속 공정을 사용하는 더욱 많은 기업들이 양차 세계대전 사이에 도입되었던 그 형태대로 남아 있다. 그러나 석유화학·합성화학·전기·전기통신·자동차 제조, 대규모 금속공업과 같이 발전된 산업의 기술혁명과 자동화의 채택으로, 과거에 인간의 손으로 작동하던 작업들뿐 아니라 에러 교정처럼 인간의 두뇌만이 할 수 있었던 몇몇 기능에 기계를 사용하는 것이 가능해졌다. 이러한 기술적 대변혁은 아직 극히 일부분의 산업에서만 달성되었다. 하지만 그것들은 가장 유력한 기업들이었으며, 이 진보된 분야는 다른 기업들에게 본보기의 구실을 할 것이고 추후의 변화들은 이와 동일한 방향으로 가게 될 것이다.

자동화로 인하여 노동자에게 요구되는 기술이 이전과 같지 않았다. 견습을 거치면서 획득된 직업에 대한 지식, 즉 '손기술'은 노동이 감시와 통제에 의해 이루어지는 곳에서는 더 이상 유용하지 않았다. 지적 능력("일정한 양의 정보를 일정 속도로 일정 기간 동안에 받아들여서 전달하는 능력")이 더 중요하게 인정을 받았던 것이다. 직업 연수는 이제 더 이상 직종(métier)의 범위 안에서가 아니라 기업의 범주 내에서 이루어졌다. 사실상 기업의 전문성이 점점 더 확대되었다. 전문화를 강화하고, 독자적인 생산수단을 공들여 만들어 낸 각 기업은 전문 기계를 위하여 일반 기계들을 포기하였다. 이와 같이 기계들의 감시와 통제에 놓이게 된 노동자는, 이 기업의 범주 안에서만 시행될 수 있는 경험을 신속하게 쌓았다. 과거에는 기술이 개인적인 것이었으며, 노동자는 그 자신이 말하였던 것처럼 '상자'(공장, boîte; 이 용어의 사용은 노동자가 일하였던 기업에는 별로 중요성을 두지 않았으며, 오히려 그 자신의 솜씨에 더 애착을 가졌음을 드러내고 있다)를 쉽게 바꿀 수 있었던 직업적 자율성을 가지고 있었다. 자동화된 기업의 노동자는 자신의 개인적인 솜씨를 상실하였으며, 이 솜씨는 이제 기술 전체에서 그가 있는 자리에 따라 달랐다. 그는 기업의 기술조직에 밀접하게 연결되어, 기업 자체의 생활에 동화되었던 것이다.

이와 같은 기업에의 동화는 단지 직업 능력 양성의 영역에서만이 아니라 임금 구조의 영역에서도 나타나고 있다. 자동화된 생산 메커니즘과 더불어 노동자의 개인적인 작업 능률에 대한 평가는 거의 불가능해졌다. 예컨대 임금은 전체의 임금생활자들이 지급받은 지급총액의 일부로서 개인적인 작업 능률에 따라서가 아니라 노동자에게 할당된 작업위치에 따라서 분배된 데 불과한 것이었다. 임금은 전적으로 기업의 경제적인 상황에 의하여 결정되었지 제공된 노동에 의한 것이 아니었다. 기업에 대한 노동자의 동화가 촉진되었다.

기업 경영자는 이러한 노동자의 동화를 바라고 장려하며 촉진하였다. 사실 기업 경영자로서는 현장에서 양성된 유능한 사람이 필요하였고, 그를 오랫동안 데리고 있는 것이 유리하였다. 고용주가 연속 공정을 통하여 한 비숙련공(OS)을 다른 비숙련공으로 즉각 대체하고, 엄격한 임금 조건을 부과할 수 있었던 시기에 바람직한 것으로 간주되었던 노동력의 유동성은, 자동화된 기업의 효과적인 경영을 위해서는 위험한 것이 되었다. 이러한 기업가의 태도 변화는 점점 더 고용 안정에 집착하는 동화된 노동자의 관심과 적절하게 만나게 되었다. 이것으로 '기업 협약(accords d'entreprise)'의 실현이 가능하게 되었는데, 기업 협약으로 인하여 기업 경영자로서는 안정된 생산성이 보장되었고, 고용원들로서는 임금의 완만하고 규칙적인 증가가 보장될 뿐만 아니라 아울러 고용의 안정 또한 보장되었던 것이다. 기업 협약에 대하여 노동자들이 우호적으로 받아들이는 것은, 이 협약의 독창성과 함께 안전에 대한 노동자들의 열망의 정도를 잘 보여 주는 것이었다.

선도산업 분야에서 노동자가 기업에 동화하는 경향은 노동운동의 형태에 주목할 만한 결과를 가져왔다.

우선 이들 기업에서 노조 가입률이 일반적으로 크게 올랐는데, 어쨌든 다른 분야보다 매우 크게 증가하였음이 확인되었다. 그 이유는 높은 수준의 기능, 상당수의 젊은 노동자와 기술자, 고용의 상대적인 안정, 팀별 작업 등으로 인하여 노조 충원이 용이하였기 때문이다. 비숙련 노동을 기반으로 하는 전통적인 공장에서는 노조 가입률이 15-20%를 넘는 것이 드물었던 데 반하여, 선도산업 분야에서는 약 50-90%였다.

또한 우리는 노조조직이 기업에 기반을 두는 형태, 즉 이전처럼 직종에는 더 이상 기반을 두지 않고 CGT가 구성되었을 당시처럼 산업에 기반을 두지도 않으며, 기업에 기반을 두는 새로운 형태를 취하는 경향이 있음을 확인하였다. 더욱이 이런 새로운 구조는 노동총연맹(CGT), 노동자의 힘(CGT-FO)이나 혹은 프랑스 민주노동총연맹(CFDT)과 같은 거대한 중앙 노조의 구조에 가까스로 적응하였다.

마지막으로 우리는 노조 활동의 형태와 목적이 변화되는 도상에 있다는 것을 확인하였다. 파업에 대한 새로운 인식으로 종종 19세기 파업의 모습을 띠고 있는 '낭만적인' 국면이 포기되었다. 19세기에는 공장의 '분위기'가 유리할 때 운동이 '하부'에서 자발적으로 출발해 기업가가 굴복할 때까지, 혹은 파업 노동자들의 자금이 다 없어질 때까지 가능하면 오랫동안 지속되었다. 그런데 이러한 19세기의 파업은 유리한 순간(이를테면 기업이 '버틸 수' 없을 때), 파업자들에게는 별로 비용을 들이지 않고도 생산을 체계적으로 와해시킬 수 있는 일정 기간 동안 작업을 멈추는 합리적인 형태의 요구운동으로 대체되었다. 이와 같은 파업 행동이 가능하기 위해서는 기업의 단위노조(section syndicale d'entreprise)가 강력하고 일관되게 잘 지도되어야만 하였다. 또한 노조원들이 훌륭한 기술지식을 가지고 있어야 하며, 심지어 시장 메커니즘과 경제 현실에 대한 지식이 있어야만 하였다.

여기에서 보다 더 중요한 것은 권리 요구 활동의 목표 확대이다. 기업 생디칼리슴은 이제 더 이상 단순히 임금에 대한 요구에만 집착하지 않았다. 경영 감독의 문제를 제기하였던 것이다. 기업 경영자가 시행하는 경영의 타당성이 점점 더 자주 문제시되었다. 1960년에 조인된 어떤 기업 협약에는 고용주의 약속에 대하여 노동조직이 이를 감독할 수 있다는 조항이 삽입되었다. (임금 삭감 없는 노동시간 단축과 생산성 발전과의 관계에 대한 검토, 노동기술 조직에 미칠 모든 변화에 대한 협의.) 생산 조직의 감독, 즉 기업 경영의 감독을 요구하면서 '새로운 노동계급'은 노동운동에 하나의 독창적인 방향을 결정지었다.

이렇게 함으로써 새로운 노동계급은 경영 감독에 대한 요구 없이 순수하고 단순한 요구를 하는, 당시에 여전히 지배적이던 노조 활동과 단절하였다. 동시에 그들은 시간제 노동과 고용의 불안정한 단계에 머물러 있고, 부문별 요구에만 관심을 가지며, 경영에 대한 노동자 감독의 전망에 대하여 전혀 구체적인 것을 제시하지 않는 일반 제조 노동자 대중과도 단절하였다. 이와 같은 이해와 개념의 대립은 단지 첨단산업 분야와 보다 덜 발달된 분야와의 사이에서만이 아니라, 첨단산업 분야 내에서도 자동화된 기계의 통제와 감시에 관련된 노동자와 일반 제조 노동자 사이에서도 발생하고 있다. 왜냐하면 하나의 공장이 완전히 자동화되는 경우는 드물었으며, 모든 일반 제조 노동자들을 사라지게 하지는 못했기 때문이다. 그리하여 시간급 노동자의 필요에 맞는 '요구 위주의 생디칼리슴(syndicalisme de revendication)' 과 기업에 동화된 노동자들에게 보다 잘 맞는 '경영 위주의 생디칼리슴(syndicalisme de gestion)' 이 대립하면서, 그리고 대중앙조직간의 분열이 중첩되면서 노조운동의 새로운 분열이 나타날 수도 있었다. 게다가 이 경영 위주의 생디칼리슴은 개인적 이익의 유혹에서 벗어나"기업 내의 모든 경영방침은 그것이 효과적이기 위해서는 필연적으로 국가 경제 차원에서 총괄적인 입장을 결정하는 것으로 귀착된다"는 것을 이해해야만 한다.(S. MALLET)

그러나 이러한 분석은 1968년 5-6월의 제사건들에 의하여 입증되지 못하였다. '새로운 노동계급' 은 이 사건에서 어떠한 결정적인 역할도 하지 못하였으며, 파업운동의 추진력이었던 것은 '구(舊)산업'(금속·건축·광산·운수)의 전통적인 노동자 분야였던 것이다. 다른 한편으로 경영에 관한 요구들은 보다 세속적인, 즉 단순히 여가시간의 확대를 요구하기 위하여, 혹은 존엄성의 차원에서 노동자들을 사무원과 간부들 대열에 자리매김하는 새로운 형태인 임금을 월급으로 받는 방법과 같은 수단으로 안전을 추구함으로써 그 추진력을 상실하였을지도 모른다.

새로운 중산계급

중산계급이라는 개념은 사회적 갈등이 격화되고, 혁명의 위협이 분명해지는 것처럼 보였던 양차 세계대전 사이에 꽤나 유명해졌다. 그런데 부르주아 계층은 이 위험 앞에서 자신의 편으로 도움을 줄 사람의 수를 늘리려고 하였다.

중산계급의 구성은 우리가 상상하였던 바 그대로 사실 관찰에 입각하기보다는 정치적 속셈에 고취된 개념에 더 근거한다. 중산계급은 중간 규모의 기업가와 토지 소유주, 중간 규모의 무역업자들처럼 생산수단의 소유에 기반을 두고 있는 계층들로 구성되어 있는데, 이들은 이론적으로 사적·소유와 독립적 개인 기업체제에 연결되어 있음에 틀림없다. 그뿐만 아니라 엔지니어 같은 임금생활자들은 자신들이 일하는 기업의 책임자와 동일한 망탈리테에 물들어 있다고 생각하기 때문에 중산계급에 속하며, 중간 혹은 고위 공무원들은 생활방식에서 여유로움과 지적 형성, 그리고 부르주아 엘리트에 속해 있다는 확신 등으로 자유전문 직업에 종사하는 이들에 가깝기 때문에 그러하였다. 이들 집합체는 위계 질서의 붕괴에 대한 두려움, 노동운동의 승리에 뒤이은 사회적 퇴락에 대한 두려움 등 두려움 안에서만 하나로 결합될 수 있었다.

'새로운' 중산계급은 서로 상이한 경제적 상황과 현실에서 탄생하였다. 한편으로는 기술적 진보로 인하여, 다른 한편으로는 산업의 집중으로 인하여 점점 더 상이하고 전문화된 새로운 기능과 업무가 촉발되었으며, 기업 내에서 강력하게 구조화된 위계 질서의 구성이 요구되었다. 그것이 현대 사회에서 간부사원이 갈수록 그 중요성을 더해 가는 이유이다.

이 간부사원을 식별하기 위하여 이용 가능한 최초의 기준은 기능적인 것이다. 이를테면 "직업이나 혹은 기술에 대하여 상당한 지식을 가지고 있고, 노동자나 혹은 사무원 집단을 지휘할 수 있는" 사람들(중간 간부)과, "한 기업이나 한 부서에 속하는 직무를 책임 있게 조직하고 맡을 수 있는" 사람들(고위 간부)이 간부로 간주되었다. 그러나 특히 후자의 경우에는 기능적 기준이 불충분한데, 그 이유는 기업의 관리자와 고용주를 명확하게 구분할 수 없기 때문이다. 고려해야 할 추가 기준은 지위이다. 예컨대 간부는 고용주가 아니라 임금생활자인 것이다. 그들은 위계 질서의 가장 높은 단계에 있는 임금생활자이다.

간부사원의 중요성은 산업에 따라 다르다. 구(舊)산업들은 일반적으로 간부의 비율이 약한데, 광산에서는 총임금생활자 숫자의 3%, 직물작업에서는 4%, 섬유산업·가구산업·피혁산업에서는 5-6%였다. 이 비율은 기계산업과 화학산업에서 12%로, 가스와 전기산업에서 18%로, 그리고 석유산업에서 19%로 오른다. 이같이 간부의 비율은 산업이 발전함과 동시에 증가할 뿐 아니라, 이 증가는 확장중에 있는 산업에서 가장 빨

【표 13】

	간부사원 총인원	취업인구 백분율(%)
1954	1,684,000	8.7
1962	2,387,140	12.4
1968	3,172,560	15.5

랐는데, 그것들은 비율적으로 가장 많은 수를 고용하는 산업이었다.

이러한 사기업 간부에다 서비스와 행정의 발전과 더불어, 그 수가 증가일로에 있는 공기업과 준공기업 영역의 간부들도 덧붙여야 한다. 여기에서는 간부사원의 중요성이 매우 컸는데, 우리는 은행과 보험 등에서 18% 정도로 추정하고 있다. 공공 행정 부문에서 명확한 비율을 계산하는 것은 불가능하지만, 예컨대 일반적으로 우리는 모든 중등 교육 교사들도 간부의 범주에 속하는 것으로 인정하고 있다.

간부들인 이 새로운 중산계급의 수적 중요성을 어떻게 평가할 것인가? 만일 우리가 사회적 등급에 호소하는 것이 적합하다고 간주한다면 상한선은 쉽게 정의된다. 즉 우리가 본 바와 같이 고용주를 제외된다면 그들은 임금생활자이다. 그러나 하위 등급으로 내려감에 따라 우리는 점증하는 어려움에 직면하게 된다. 예컨대 가장 높은 단계에서는 공기업 분야의 고위 간부와 사기업 분야의 고위 간부들 사이에 '공기업을 떠나 사기업으로 옮기는 것'에 의한 상호 침투가 흔하였다. 기술자 차원에서는 '간부'와 '노동자' 간의 분류가 거의 불가능하였다. 그래서 몇몇 저자들에 의하여 사용되는 것이 새로운 구분인 소득(물론 노동에 의한 소득)의 중요성이다. 최하층의 경계는 "중산계급의 개념에 부합되는 생활 수준이 더 이상 보장될 수 없는 사회적 최저 수준의 바로 아래에 맞는" 수입을 벌어들이는 경우가 될 것이다. 이러한 사회적 현실을 측정하는 데 있어서 우리가 완벽하게 객관적인 범주를 가지지 못할 것임은 당연하며, 뚜렷한 경계가 불가능하다는 것을 인정해야만 한다.

만일 우리가 '간부사원'에 속하는 모든 사람들을 간부로 정의(매우 넓은 의미의 정의인 것은 사실이다)하는 통계학자들의 평가를 받아들인다면, 이 간부사원의 숫자가 표 13에서 보는 바와 같이 변화하였음을 확인하게 된다. 14년 사이에 총취업 인구에서 간부의 비율은 이들의 총 수치가 거의 2배가 된 것과 마찬가지로 거의 2배가 되었는데, 이 수치는 오늘날 산업과 상업의 고용주, 심지어는 자작농의 수보다 훨씬 더 많은 수치이다.

이 사회적 집단의 인구 통계가 보여 주는 특징들은 독특하다. 성별 분포는 남성이 압도적으로 우세함을 보여 주고 있다. 이를테면 프랑스의 총취업 인구 가운데 남성 대 여성의 비율이 2 대 1인데 반하여, 고위 간부에서의 비율은 남성 5명에 여성 1명이다. 지리적 분포는 당연히 일반적인 경제 활동 분포, 특히 산업 활동 분포와 밀접한 상관관계가 있다. 즉 농촌 지역이 총인구의 거의 절반을 차지하고 있지만, 간부는 10분의 1도 되지 않는 반면에 간부의 약 절반 가량이 파리 지역에 거주하고 있다. 마지막으로 교육 수준은 전국 평균보다 훨씬 더 높은데, 고위 간부의 5분의 3이 대학입학자격을 가지고 있으며, 이는 고등 교육 학위 소지자의 거의 절반에 해당된다.

간부의 생활양식은 다른 사회적 범주와 명백하게 구분되었다. 임금, 때로 매우 높은 임금(노동자와 고위 간부의 임금 사이의 관계는 평균 1 대 4이다)을 가지고 생활하는 그들은 재산보다는 소득을 훨씬 더 중요하게 여기며, 이것이 그들을 부르주아와 구분짓는 것이다. 그들은 물질적 안락을 강력하게 열망하였다. 하위 간부는 연간 일반 프랑스인 평균 지출의 1.5배 이상을, 고위 간부는 2배 이상을 지출하였다. 절대적 가치로 가장 높다 하더라도 식품 지출 비용은 그들 연간 예산의 4분의 1을 차지하는 것에 불과한 반면, 일반인들의 가계에서 식비는 31% 정도를 차지하였다. 반면에 교통비·휴가비·여가비·문화비의 지출은 그들의 예산에서 상당히 중요한 부분을 차지하였다. 그들이 절약하려고 애쓰는 것처럼 보이지는 않았다. "부르주아에게서 보유의 열망으로 나타나는 물질적 재산에 대한 집착이, 간부들에게는 소비의 기쁨으로 나타나고 있다."(P. BLETON)

물론 이러한 생활양식은 임금 수준에 의해서보다는 간부의 직업생활을 특징짓는 안전성에 의하여 더 많이 설명되는 것이 분명하다. 공무원이나 혹은 국영 기업체 직원은 자의적 행동에서 자신을 보호하는 사회적 신분 보장의 혜택을 받는다. 사기업 분야에서는 이와 같은 안전성이 덜한데, 그 이유는 그를 고용하는 기업들이 여러 우여곡절을 겪을 수 있기 때문이다. 하지만 그의 기술적 가치는 믿음직한 보장이다. 그에게 안전성과 더불어 자율성을 주는 것은 바로 이러한 기술적 가치인 것이다.

사회적으로 안락을 위해 재산을 사용하는 독특한 생활양식의 추구 이외에 간부들의 특징은 그들의 개인주의, 개인적 신분 상승의 열망, 그리고 정치 참여에 대한 주저, 더 구체적으로는 당원이 되거나 선거에 참여하는 데 대한 거리낌 등이다. 그들의 '이데올로기에 대한 저항'은 흔히 알려져 있다. 또한 여기에서 과학 교육에 의하여 형성된 간부들, 즉 제도보다는 효율성에 훨씬 더 관심을 가지며 정치적 선택보다는 주요 경제기구의 효율적인 지배에 보다 더 매력을 느끼는 간부들과, 추상적 개념을 다루는 데 보다 더 알맞으며 추상적 가치에 보다 더 집착하는 철학이나 혹은 법률적인 것 등 문학적 교육에 의하여 형성된 간부들을 구분해야만 할 것이다.

그러나 어느쪽이나 다 노조 활동에 대한 입장을 거의 표명하지 않았다. 그들 대부분이 노조 가입 문제를 결코 제기한 적이 없으며, 집단적 지위 향상에 대한 관심을 전혀 보이지 않았다. 나머지는 다음과 같이 분류될 수 있다. 예컨대 기업가와 노동계급 사이에 제3의 힘으로 간주되고 있는 간부총연맹(Confédération générale des cadres) 가입자, 교원 노조처럼 다양한 자율적 노조 가입자, 그리고 대규모 중앙 노조조직(프랑스 민주노총의 간부연맹/Fédération des cadres de la CFDT, 노동자의 힘의 간부연맹/Fédération des cadres Force ouvrière, 노동총연맹의 엔지니어와 고위간부총연합/Union générale des ingénieurs et cadres supérieurs de la CGT) 가입자 등이 그들이다. 간부들의 생디칼리슴은 이중적 매력이 있는데, 하나는 이들이 임금생활자에 속한 이유로 노동자 생디칼리슴의 매력이 있고, 다른 하나는 그들의 교육, 직업적 책임감, 그리고 생활 수준의 측면에서 부르주아 계층의 매력이 있다. 그럼으로써 간부들은 모순되는 열망이 영속적으로 잡아당기는 모든 중산계급의 대표자인 셈이며, 사회에서 그들의 위치가 모호하기 때문에 한편으로는 희생자이기도 한 것이다.

1968년 5월 위기에서 간부들의 태도는 종종 불분명하였으나, 그들 가운데 일부는 자신들을 무시하는 경향이 있는 위계 질서에 대항하여 일어섰다. 이것은 기업 경영에 대한 점차적인 참여 요구에 그들이 우호적이었음을 보여 주는 것이었다.

ㄴ. 결 론: 분쟁중인 사회

우리가 보았던 바와 같이 20년 이래로 이룩된 경제적 진보를 통해서, 프랑스 경제의 진정한 '도약'을 1950년경에 자리매김할 수 있는지를 알고자 하는 의문이 제기된다. 비록 그것이 상당한 설득력을 갖기는 하지만 말이다. 그 가정이 어떠하였든지간에 1960년대와 1970년대의 프랑스 사회가 '풍요로운 사회,' 즉 번영된 사회로서 제시되고 있음은 분명하다. 하지만 여기에서 즉시 덧붙여야만 할 것은 이러한 번영이 일부 사람들에게는 잘못 받아들여져, 번영을 악의 근원으로 보고 있다는 점이다. 사회관계가 불안정하였고('막힌 사회'), 그 사회의 주요 부분이 종종 삐걱거렸기 때문에, 1968년 5월과 같은 갑작스러운 폭발이 하마터면 이 사회를 불행스럽게 할 뻔하였다는 것은 그리 놀라운 일이 아니다. 그러나 이 사회는 사회에 대하여 불만을 가지고 있던 사람들이 생각하였던 것보다 비할 데 없이 더 견고한 것으로 드러났다.

번영된 사회, 실제로 20년 동안 끊임없이 성장하였던 사회가 우리의 눈앞에 건설되었다. 풍요로움을 겉으로 나타내 주는 징후가 뚜렷하였다. 불변 프랑으로 계산된 연간 국민소득, 즉 통화 팽창과 통화 하락을 고려한 연간 국민소득은 1950년에서 1970년 사이에 정확하게 3배가 되었다. 이것은 프랑스 역사상 전혀 유례가 없는 현상이었다. 구매력으로 표시된 노동자의 임금은 파리의 가장을 기준으로 할 때 1949년에 지수

100에서 1968년에 173으로, 동일한 상태에서 독신자의 경우 210으로, 그리고 지방의 독신자의 경우 226으로 올랐다. 여기서 보다 더 객관적인 척도인 소비의 증가는 단연 그 진실을 알려 주는 것이다. 예컨대 우리가 이를 위한 충실한 자료를 보유하고 있는 최초의 해인 1956년을 지수 100으로 계산하고, 그간의 통화 하락과 물가 상승을 반영, '실질' 소비로 표시된 척도가 1969년에는 표 14와 같은 발전을 나타내고 있음을 보게 된다.

가계 소비의 증가는 사회의 위계 질서 내에서 차지하고 있는 위치에 반비례하고 있다. 사회적 피라미드의 상층부는 3분의 1 정도 증가에 불과한 데 비하여, 노동자 계층은 13년 사이에 전체 소비가 2분의 1 혹은 4분의 3 정도 증가하였다. 물론 여전히 소비의 격차가 상당하기는 하였지만(기업가나 혹은 대상인 가계의 소비 총액은 농업 노동자 가계의 2배였다), 적어도 이 부문에 있어서는 사회적 격차가 뚜렷하게 줄어드는 경향이 있었다. 가장 놀라운 발전은 식생활 소비(이 부문에서 농민들이 그들의 상황을 상당히 개선하기는 하였지만)에서가 아니라, 그동안 사치성 소비로 간주되었던 것(주택·의복·위생과 개인의 몸단장, 문화와 여가)에서 나타났다는 점이다.

위의 사치성 소비 가운데에서 최근 몇 년 사이에 가장 극적으로 진보가 이루어진 것이 바로 마지막에 위치한 여가를 위한 소비였다. 오늘날 전문가들은 일반적으로 그것이 가계 소비의 평균 20% 정도를 차지하는 것으로 간주하는 데 일치를 보이고 있다. 이러한 놀랄 만한 증가는

【표 14】가계 소비의 증가 (1956-1969: 1956년 = 지수 100)

	식품 소비	식품 이외의 소 비	총소비
기업가·자유 직종	115	147	139
중간 간부	122	160	144
산업 노동자	120	180	150
농업 경작	148	176	160
농업 임금 노동자	164	194	176

무엇보다도 여가시간의 증가에 기인하는 것이었다. 주당 노동시간이 1953년에서 1970년 사이에 약 45시간에서 46시간으로 약간 올라갔음에도 불구하고 완전한 주말의 시행이 확대되었으며, 도시의 임금생활자에게 있어서 연 휴가기간이 6년(1957-1963) 사이에 18일에서 30일로 증가하였다. 실제로 모든 면에서 마치 프랑스인들은 다른 민족들, 특히 앵글로-색슨족들이 상당히 중요성을 부여하는 주간 휴가를 선호하는 것이 아니라 연 휴가를 선호하기로 결정한 것처럼 보였다. 따라서 여름철의 이동이 다른 그 어떤 나라보다도 프랑스에서 더 두드러졌다. 예컨대 우리는 14세 이하의 어린이는 포함시키지 않더라도 약 2천만 명 정도의 프랑스인이 여름 바캉스를 떠나는 것으로 추정하고 있다.

여가기간 동안은 성인이 그들의 행복과 문화생활을 위하여 소비할 수 있는 전형적인 시기였기 때문에, 이 문제는 개인단체들과 공권력의 관심을 점점 더 끌었다. 비록 어떤 사람들은 대중문화가 확대되는 세속성과 조잡함으로 위협을 받고 있다고 하면서 '문화의 대중화'를 한탄하기도 하였지만, 사람들은 '여가문화의 발전' 정책에 대하여 드디어 입밖에 내게 되었다.

그리하여 보다 많은 사람들에게 물질적 요구가 만족되기 시작하는 순간에 사람들은 삶의 질에 대하여, 곧이어서는 살아가는 법에 대하여 의문을 제기하기 시작하였다. 사회에서 가장 혜택을 받지 못하는 사람들은, 호황의 초기에 자신들이 빈곤하였을 때보다 더 까다로운 요구를 하였고, 보다 공격적인 경우도 흔하였다. 또한 근대화 과정들로 인하여 모든 차원에서 종종 유감·불만, 그리고 실망이 촉발되는 것이 흔하게 관찰되었기 때문에 프랑스 인텔리겐치아, 특히 파리의 인텔리겐치아들이 동시에 제기한 사회에 대한 비판·문제제기·'논쟁'을 받아들이는 데 우호적인 토양이 구성되었다.

사실 인텔리겐치아는 현대 사회가 풍요해짐으로써 생기는 악을 분석하는 데 만족하였다. 평가는 일반적으로 단정적이었다. 예컨대 '소위 문명이라는 것,' '영혼이 없는 문명,' '탄압적이고 불합리한 사회' 등이 그것이었다. 그리고 사람들은 현대 생활의 장점의 부재, 이 생활이 촉발하는 두려움, 그리고 현대 생활이 야기하는 반자유적인 위협 등을 비난하였다. 사람들은 '기술주의'나 혹은 사회를 '조종하고' 개인을 '좌우하며' '대중사회에서 인간 정체성의 위기'를 불러일으키는 '기술과 행정이 결합된 체제(techno-bureaucratie)'를 비난하였다. 결국 산업사회에 의해 받아들여진 모든 가치들은 의문의 대상이 되고 비난의 대상이 되었다.

지식인들에게서 보여지는 이러한 열정적인 논쟁 뒤에는, 아마도 자신들이 받을 만한 가치가 있는 지위나 명성을 산업사회가 부여하지 않고 있음을 확인함으로써 겪게 되는 분함이 있었다. 사실 19세기 프랑스 사회에서는 상당하였던 인텔리겐치아의 비중이 기술자, 기업가와 사업가들이 종종 중요한 위치를 차지하고 있는 세계에서는 굉장히 약화되었음이 분명하였다. 상처받은 자존심으로 인하여, 그들은 별로 존경하지 않고 낯설게 느껴지는 사회를 거부하게 되었다. 그리하여 오늘날의 사회에 붙여진 '소비사회'라는 명칭은 지식인들에게는 결정적으로 경멸적이기를 바라는 명칭이었다. 게다가 이러한 태도에는 어려운 시절로부터 순수함을 회복할 수 있는 막연한 열망, 무의식적인 염원, 그리고 비록 세상의 종말은 아니라 하더라도 퇴보에 대한 바람이 섞여 있었다.

프랑스 지식인들의 이러한 태도는 그리 새로운 것이 아니었다. 그것은 우리에게는 이제 친숙하게 된 테마들을 발견하기 위하여 장 투샤르가 최초로 훌륭하게 분석하였던 그 유명한 '30년대의 정신'을 단지 상기하기만 하면 알 수 있는 것이다. 반자본주의, 반자유주의, 반물질주의, 반이성주의, 그리고 특히 아르노 당디유와 엠마누엘 무니에가 주장하였던 '기존의 무질서'에 대한 필사적인 거부는 때로 우리가 믿고 있듯이 1929년 위기에서 탄생한 표현들이 아니었다. 이것들은 위기에 선행하였으며, 번영하였던 푸앵카레 타르디외 시기의 딸들이었다. 30년대의 분쟁은 비극적인 사건이 거리로 내려가는 순간에 기존 정치세력에 의해 해결되었다. 그것을 잘 이해하였던 무니에는 1934년 2월 6일에 있었던 '추악한 소규모의 불길한 소요'를 비난하였는데, 그 이유는 이 소요가 "우파와 연결된 활력을 우파연맹의 실망스러운 모험으로 위축시켰으며……, 좌파와 연결된 활력을 인민전선 국회의원과 정치가들의 혼탁스러움에 빠뜨렸기 때문이었다." 반면 1968년 거리에서 소요가 일어났을 때, 정치세력들은 형편없이 평판을 잃어 의기양양한 지식인들의 논박을 '회유하는 것'이 불가능하였다. 이것이 이 두 시기의 본질적인 차이이다.

그러므로 1960년대는 분쟁중인 사회였다. 분쟁중인데다 취약한 사회였는데, 왜냐하면 미셸 크로지에가 잘 나타내었듯이 그 조직 형태와 활동양식에서 '막힌 사회'였기 때문이었다. 이 차단된 사회는 한편으로는 대립에 대한 두려움, 다른 한편으로는 매우 위계 질서적인 권위의 개념에 기반을 두었다. 그런데 프랑스인들은 자신들이 필수불가결하다고 판단하는 권위를 인내하는 것이 불가능하였다. 이러한 모순을 극복하기 위하여 그들은 하나의 제도를 발전시켰는데, 이 "절대적이고 독단적인 권위는…… 그것과 관계가 없는 중앙집권과, 이러한 권위로부터 개인을 보호하는 계층에 의하여 무디어졌다." 불행하게도 그와 같은 제도로 인하여 "지배자와 피지배자 사이에 단절이 초래되었고, 인간집단 사이의 관계가 엄격한 형태로 바뀌었으며, 방어와 보호에 기초를 둔 활동을 강요하는 방식과 안전을 위한 각 개인들의 총체적인 열정이 수반되었다." 이와 같은 상황에서는 변화에 대한 적응이 일어날 수 없거나, 혹은 매우 잘못 이루어지든지, 혹은 매우 천천히 일어나는 것이다. 제도가 엄격한 것은 평상시에는 극복될 수 없는 것이다. 예컨대 변화의 요구가 절박할 때 거기에 도달하는 유일한 방법은 위기이다. 즉 "변화를 가져오는 특별한 수단으로서의 위기는, 프랑스인들과 결부되는 집단 행동양식을 결정짓는 중요한 문화적 특색을 구성하였다."

또한 미셸 크로지에는 1968년 5월의 사건들에서 '막힌 사회에 대항한 본능적인 반항'이라는 예견된 위기를 인식하였다. 그러나 레이몽 아롱은 이 사건에서 '유례없는 혁명'을 보았다. 이 사건들에 대한 분석이 쉽지 않은 것은 사실이다. 장 투샤르는 이 사건들로 생겨난 수많은 간행물들을 해석하면서 위기에 대한 '8가지 해석 형태'를 조사할 수 있었다. 1968년 5월은 하나의 사고(事故)에 불과하였으며, 합리적이지 못한 사건이고, 우연한 폭발이라거나 혹은 '뚜렷한 목적이 없는 발열,' '주요한 동인도 없는 과격주의자의 발작,' 게다가 하나의 사이코드라마,

희비극적인 사건, 거대한 집단적 울분풀기라고 생각하는 것이 여전히 가능하지 않은가? 사건을 야기시킨 기폭제가 무엇이었든지간에 운동은 전염되어 젊은이들('관대한' 사회에서 학생들이 맞닥뜨리는 최초의 유일한 장애물인 시험에 대하여 학생들이 갖는 걱정으로 인하여, 많은 학생들이 쉽게 이 운동에 참여할 수 있었다)과, 특히 말을 함으로써 생기는 흥분으로 인하여 달콤함에 빠지는 것을 좋아하는 지식인들에게 확대되었다. 예컨대 "쾌활한 꿈, 꿈의 스펙터클과 스펙터클한 사회의 꿈 사이에서 파리 지식인 세계는 잠시 동안 현실적 척도를 완전히 상실하였으며, 몇몇 사람들에게는 여전히 계속되고 있다고 미셸 크로지에는 지적하였다." 곧이어 소요가 폭동에 의한 체제 전복이라는 목적을 가지게 되면서 혁명적인 행동으로 변형되었다. 하지만 그 소요는 공산당에 의하여 제지되었는데, 공산당은 그 소요가 순수하게 물질적인 요구로 일탈되면서 확대되었기 때문에 운동의 통제권을 외관상 장악하려고 하였다. 결국 드골 장군이 행한 5월 30일의 연설로 인하여 상황이 반전되었다. "우리가 혁명적이라고 불렀던 열기를 떨어뜨리는 데는 한 번의 연설로 충분하였다."(Raymond ARON)

5월 위기의 결과들이, 반체제주의자들이 기다리고 있던 것은 물론 아니었다. 혁명, 그 문제는 끝났다. 구조 개혁, 그 정도도 아니다. 기껏해야 정치적 변화였다. 그러나 두 가지 형태의 새로운 사실이 드러났다. 우선 첫번째로 드러난 것은 1934-35년처럼 상황을 손아귀에 넣을 수 없었던 약화된 전통적인 정치세력이다. '대부분의 사람들에게' 좌파 정부의 복귀 전망은 '전혀 이루어질 수 없는 것이었다.'(Jean TOUCHARD) 다음으로 드러난 사실은, 일부는 노동계급의 현명함이라 말하고 다른 일부는 노동계급의 무기력이라 생각하는 것인데, 노동계급은 소요를 확대시키는 것을 거부하고 "단도직입적으로 바리케이트보다는 투표함을 선호하였다." 어떤 이들은 거기에서 여전히 소심하기는 하지만 확고한 하나의 통합의 증거를 발견하였다. 예컨대 "노동조합들과 유일하고 강력한 노동정당이 보여 준 것은 역사적 결정주의가 그들의 의사와 반대되지는 않는다 하더라도, 어쨌든 무의식적으로 그들을 이른바 소비사회에 참

여하도록 은밀하게 이끌었다는 것이다."(Roger CAILLOIS)

위기로 파생된 구체적이고 직접적인 결과들을 청산한 후에, 새로운 수상은 케네디 대통령의 '뉴 프론티어'와 존슨 대통령의 '위대한 사회'에 뒤이어 '새로운 사회', 즉 '원형주의와 보수주의적인 우리 사회 구조'에 대한 해결책이며, '번영되고 젊고 관대하고 해방된 사회'로서 정의되는 이 새로운 사회라는 표어를 채택하였는데, 그것은 아마도 내기였을 것이다. 필연적으로 요원한 일이겠지만 이 광대한 설계도의 실현을 기다리면서 정부의 활동이 점점 더 조심스러워짐에 따라, 모든 사회적 갈등이 체계적으로 해결되는 방향으로 나아가고, 다양한 사회적 집단의 요구들이 급해지고 요란스럽게 되자마자 이들 요구를 즉각적으로 만족시키는 쪽으로 일상적 활동이 이루어지고 있는 것처럼 보였다. 이와 같이 갈등을 완화시키려는 의지, 과잉 고용을 위한 전략, 조직적인 신중함으로 인하여 마침내 공권력과 국가는 철학자 알랭이 분명히 부인하지 않을 하나의 환상, 즉 커다란 갈등이 없는 사회, 권위가 없는 권력의 신화를 제공하였다. 19세기말의 급진사회주의 이데올로기가 5월 위기로 인하여 완수될 것인가?

참고 문헌

서론 : 인간과 그들의 활동

【인구 이동】
참고해야 할 주요 저작들은 다음과 같다.

ARMENGAUD(A.), *La Population française au XIXᵉ siècle et La Population française au XXᵉ siècle*, Paris, P.U.F., 1965 et 1971.

TOUTAIN(J. -C.), *La Population de la France de 1700 à 1959*, Cahier de l'Institut de Science Économique Appliquée, série AF, n° 3, janvier 1963.

POUTHAS(Ch. -H.), *La Population française pendant la première moitié du XIXᵉ siècle*, Paris, P.U.F., 1956(I.N.E.D., 《Travaux et documents》, cahier n° 25).

ARIÈS(Ph.), *Histoire des populations françaises et de leurs attitudes devant la vie depuis le XVIIIᵉ siècle*, Paris, S.E.L.F., 1948.

개설 및 전문 연구는 다음에서 찾아볼 수 있다.

POUSSOU(J. -P.) et GUILLAUME(P.), *Démographie historique*, Paris, Armand Colin, Coll. U, 1970, 그리고 *Population*의 논문들 참조.

【국내 이주】
다음에서 개괄적 지식을 얻을 수 있다.

Annales de démographie historique, 1970——*Migrations*, Paris, Mouton, 1971.

CHEVALIER(L.), *La Formation de la population parisienne au XIXᵉ siècle*, Paris, P.U.F., 1950(I.N.E.D., 《Travaux et documents》, cahier n° 10).

FRIEDMANN(G.), *Villes et campagnes, civilisation urbaine et civilisation rurale en France*, Paris, S.E.V.P.E.N., 1953.

PINCHEMEL(P.), *Structures sociales et dépopulation rurale dans les campagnes picardes de 1836 à 1936*, A. Colin, 1957.

PINCHEMEL(P.), CARRIÈRE(F.), *Le Fait urbain en France*, Paris, A. Colin, 1963.

【취업 인구와 전업】
다음 책이 이용되었다.

I.N.S.E.E., *Annuaire statistique de la France*, rétrospectif, édition 1961, Paris, P.U.F., 1961, ainsi que :

MICHON(F.), *Structures de la population active. Résultats des enquêtes sur l'emploi, 1962-1967, ibidem*, 1971.

CAHEN(L.), 《Évolution de la population active en France depuis cent ans d'après les dénombrements quinquennaux⟩, *Études et conjoncture*, mai-juin 1953.

⟨Quelques aspects de l'évolution des populations actives dans les pays d'Europe occidentale⟩, *Études et conjoncture*, novembre 1954

FOURASTIÉ(J.)(sous la direction de), *Migrations professionnelles*, données statistiques sur leur évolution en divers pays de 1900 à 1955, Paris, P.U.F., 1957(I.N.E.D., *Travaux et documents*, n° 31).

FRIEDMANN(G.) et NAVILLE(P.), *Traité de sociologie du travail*, tome I, chapitre VI, Paris, A. Colin, 2ᵉ édition, 1964.

【기술 혁신】

FOHLEN(C.) et BÉDARIDA(F.), *Histoire générale du travail*, tome Ⅲ: *L'Ère des révolutions*, Paris, Nouvelle librairie de France, 1959. (Particulièrement: Iᵉʳ partie, chapitre Iᵉʳ: ⟨Naissance de la grande industrie⟩, et 2ᵉ partie, livre Iᵉʳ: ⟨Les conquêtes de la technique⟩.)

GILLE(B.), ⟨Recherches sur le problème de l'innovation. Perspectives historiques dans le cas français⟩, *Cahiers de l'I.S.E.A.*, série A-D, n° 1.

BALLOT(C.), *L'Introduction du machinisme dans l'industrie française*, Lille, 1923.

DUNHAM(A. -L.), *La Révolution industrielle en France*(1815-1848), Paris, Rivière, 1953(cf. GILLE(B.)의 서평, *Revue d'histoire moderne et contemporaine*, avril-juin 1954).

PALMADE(G. -P.), *Capitalisme et capitalistes français au XIXᵉ siècle*, Paris, A. Colin, 1961(particulièrement pp.89-112, 131-150, 196-207, 223-228).

【성장】

ROSTOW(W. -W.), *Les Étapes de la croissance économique*, Paris, Seuil, 1962.

LÉON(P.), ⟨L'industrialisation en France en tant que facteur de croissance économique, du début du XVIIIᵉ siècle à nos jours⟩, in *Première conférence internationale d'histoire économique, Contributions, communications*, Stockholm, 1960.

CAMERON(R. -E.), ⟨Profit, croissance et stagnation en France au XIXᵉ siècle⟩, *Économie appliquée*, tome X, avril-sept. 1957.

CAMERON(R. -E.), *La France et le développement économique de l'Europe au XIXᵉ siècle*, Paris, Le Seuil, 1971.

⟨La croissance du revenu national français depuis 1780⟩, *Cahiers de l'I.S.E.A.*, série D, n° 7.

MARCZEWSKI(J.), ⟨Le Take-off en France⟩, *Cahiers de l'I.S.E.A.*, série A-D, n° 1.

PAUTARD(J.), *Les Disparités régionales dans la croissance de l'agriculture française*, Paris, Gauthier-Villars, 1965.

WALTER(F.), ⟨Recherches sur le développement économique de la France de 1900 à 1955⟩, *Cahiers de l'I.S.E.A.*, série D, n° 9.

CARRÉ(J. -J.), DUBOIS(P.), MALINVAUD(E.), *La Croissance française, un essai d'analyse économique causale de l'après-guerre*, Paris, Le Seuil, 1972.

【개설】

BRAUDEL(F.), LABROUSSE(E.)(sous la direction de), *Histoire économique et sociale de la France*, T. II. *Des derniers temps de l'âge seigneurial aux préludes de l'âge industriel, 1660-1789*. Paris, P.U.F., 1970.

GOUBERT(P.), *L'Ancien Régime*, T. I, *La société*. Paris, A. Colin, 1969(collection U).

CHAUNU(P.), *La Civilisation de l'Europe des Lumières*. Paris, Arthaud, 1971.

SOBOUL(A.), *La Civilisation de la Révolution française* T. I. *La crise de l'Ancien Régime*. Paris, Arthaud, 1971.

MOUSNIER(R.), *Société française de 1770 à 1789*. Paris, C.D.U., 1970, 2 vol.

FURET(F.), RICHET(D.), *La Révolution*, T. I. *Des États-Généraux au 9 Thermidor*. Paris, Hachette, 1965.

FURET(F.), 《Le catéchisme de la Révolution française》, *Annales E.S.C.*, 1971.

RICHET(D.), 《Autour de la Révolution française: élites et despotisme》, *ibidem*, 1969.

DUPRONT(A.), *Livre et société dans la France du XVIIIᵉ siècle*. Paris, Mouton, 1965, 1969, 2 vol.

MANDROU(R.), *De la culture populaire en France aux 17ᵉ et 18ᵉ siècles*. Paris, Stock, 1964.

훌륭한 자료 모음집:

1789. *Les Français ont la parole*. Cahiers des États généraux présentés par GOUBERT (Pierre) et DENIS(Michel). Julliard, collection Archives, 1964.

【특정 분야 연구】

사회 계층

MEYER(J.), *La Noblesse bretonne au XVIIIᵉ siècle*, Paris, S.E.V.P.E.N., 1966, 2 vol.

FORSTER(R.), *The Nobility of Toulouse in the eighteenth century. A social and economic study*, Baltimore, The John Hopkins Press, 1960.

LÉON(P.), 《Recherches sur la bourgeoisie française de province au XVIIIᵉ siècle》, *L'Information historique*, 1958, n° 3.

농촌 사회

BOIS(P.), *Paysans de l'Ouest. Des structures économiques et sociales aux options politiques depuis l'époque révolutionnaire dans la Sarthe*, Paris, Mouton et Co, 1960.

SAINT-JACOB(P. DE), *Les Paysans de la Bourgogne du Nord au dernier siècle de l'Ancien Régime*. Paris, les Belles-Lettres, 1960.

LÉON(P.)(sous la direction de), *Structures économiques et problèmes sociaux du monde rural dans la France du Sud-Est*. Paris, les Belles-Lettres, 1966.

POITRINEAU(A.), *La Vie rurale en Basse-Auvergne au XVIIIᵉ siècle*. Paris, P.U.F., 1965, 2 vol.

GUTTON(J. -P.) *La Société et les pauvres. L'exemple de la généralité de Lyon, 1534-1789.* Paris, les Belles-Lettres, 1970.

TILLY(C.), *La Vendée, révolution et contre-révolution.* Paris, Fayard, 1970.

툴루즈에서 출판중인 다음의 컬렉션 《Univers de la France: collection d'histoire régionale》(Privat, éditeur)에서 최근의 연구를 파악할 수 있다.

도시

LIGOU(D.), *Montauban à la fin de l'Ancien Régime et aux débuts de la Révolution, 1787-1794.* Paris, M. Rivière et Cⁱᵉ, 1958.

LEFEBVRE(G.), *Études orléanaises,* tome I, *Contribution à l'étude des structures sociales à la fin du XVIIIᵉ siècle.* Paris, Imprimerie nationale, 1962.

PARISET(F. -G.)(sous la direction de), *Bordeaux au XVIIIᵉ siècle,* tome V de *l'Histoire de Bordeaux.* Bordeaux, Fédération historique du Sud-Ouest, 1968.

SENTOU(J.), *Fortunes et groupes sociaux à Toulouse sous la Révolution, essai d'histoire statistique.* Toulouse, Privat, 1969.

GARDEN(M.), *Lyon et les Lyonnais au XVIIIᵉ siècle.* Paris, les Belles-Lettres, 1970.

파리

DAUMARD(A.), FURET(F.), *Structures et relations sociales à Paris au XVIIIᵉ siècle,* A. Colin, 1961, Cahier des Annales, n° 18.

사상의 발전

TOUCHARD(J.), *Histoire des idées politiques,* tome II, *Du XVIIIᵉ siècle à nos jours,* 제9장 계몽의 세기는 잘 정리되어 있으며 설명이 곁들인 참고 문헌이 붙어 있다.

귀족 계층의 사상

LEFEBVRE(G.), *La Révolution aristocratique.* Paris, C.D.U. (s. d.)

■ 산업사회를 향하여

【개설서】

BERTIER DE SAUVIGNY, *La Restauration,* Paris, Flammarion, 2ᵉ éd., 1963.

LABROUSSE(E.), *Aspects de l'évolution économique et sociale de la France et du Royaume-Uni de 1815 à 1880,* Cours de Sorbonne, C.D.U., Paris, 1954.

VIGIER(Ph.), *La Monarchie de Juillet,* Paris, P.U.F. (Que Sais-je?), 1962 et *La Seconde République,* ibid., 1967.

BLANCHARD(M.), *Le Second Empire,* Paris, A. Colin, 1950.

발자크 작품의 가치 있는 증언

BLANCHARD(Marc), *La Campagne et ses habitants dans l'œuvre de Balzac,* Paris, 1931, et:

DONNARD(J. -H.), *Balzac, les réalités économiques et sociales dans la 《Comédie humaine》,* Paris, A. Colin, 1961.

【총설】

V<small>IDALENC</small>(J.), *La Société française de 1815 à 1848*, Paris, M. Rivière. I. *Le peuple des campagnes*, 1970; II. *Le peuple des villes et des bourgs*; III. *Les cadres de la nation*.

【귀족 계층과 성직자 계층】

R<small>ÉMOND</small>(R.), *La Droite en France de 1815 à nos jours*, Paris, Aubier, nouvelle édition, 1963.

L<small>ATREILLE</small>(A.), *Histoire du catholicisme en France*, tome III: La période contemporaine, Paris, Spes, 1962.

P<small>OUTHAS</small>(Ch.), *L'Église et les questions religieuses sous la Monarchie constitutionnelle*, Paris, Cours de Sorbonne, C.D.U., 1942.

【농민 계층】

프랑스 대혁명의 토지 개혁이 농민 상황에 미친 영향

L<small>EFEBVRE</small>(G.), 《La Révolution française et les paysans》 et 《La vente des biens nationaux》, in *Études sur la Révolution française*, Paris, P.U.F., 1954(p.223 et 246).

B<small>OUILLON</small>(J.), 《Les Démocrates-Socialistes aux élections de 1849》, *Revue française de science politique*, janv.-mars 1956.

【부르주아 계층】

M<small>ARKOVITCH</small>(T. -J.), *Le Revenu industriel et artisanal sous la Monarchie de Juillet et le Second Empire*, Cahiers de l'I.S.E.A., avril 1967, P.U.F.

L<small>HOMME</small>(J.), *La Grande Bourgeoisie au pouvoir(1830-1880)*, Paris P.U.F., 1960.

T<small>UDESQ</small>(A.), *Les Grands Notables en France(1840-1849)*, Paris P.U.F., 1964.

B<small>EAU DE</small> L<small>OMÉNIE</small>, *Les Responsabilités des dynasties bourgeoises*, tome I: De Bonaparte à Mac-Mahon, Denoël, 1943.

P<small>ERNOUD</small>(R.), *Histoire de la bourgeoisie en France*, tome II: *Les Temps modernes*, Paris, Le Seuil, 1962.

D<small>AUMARD</small>(Adeline), *La Bourgeoisie parisienne de 1815 à 1848*, Paris, S.E.V.P.E.N., 1963.

F<small>OHLEN</small>(C.), *L'Industrie textile au temps du Second Empire*, Paris, Plon, 1956.

F<small>OHLEN</small>(C.), 《La concentration dans l'industrie textile française au milieu du XIXᵉ siècle》, *Revue d'histoire moderne et contemporaine*, tome II, 1955, pp.46-58.

G<small>IRARD</small>(L.), *La Politique des travaux publics du Second Empire*, A. Colin, 1952.

【노동자 계층】

C<small>HEVALIER</small>(L.), *Classes laborieuses et classes dangereuses à Paris pendant la première moitié du XIXᵉ siècle*, Paris, Plon, 1958.

D<small>UVEAU</small>(G.), *La Vie ouvrière sous le Second Empire*, Paris, Gallimard, 1946.

L<small>ABROUSSE</small>(E.), *Le Mouvement ouvrier et les idées sociales en France de 1815 à 1848*, Paris, Les Cours de Sorbonne, C.D.U., 1948.

PIERRARD(P.), *La Vie ouvrière à Lille sous le Second Empire*, Paris, Bloud et Gay, 1965.

TREMPÉ(R.), *Les Mineurs de Carmaux, 1848-1914*, Paris, Éditions ouvrières, 1971, 2 vol.

당대의 대규모 조사

VILLERMÉ(Dʳ L. -R.), *Tableau de l'état physique et moral des ouvriers employés dans les manufactures de coton, de laine et de soie*, Paris, J. Renouard, 1840, 2 vol.

BLANQUI(J. -Adolphe), *Les Classes ouvrières en France*, Paris, Pagnerre, 1849.

GUEPIN(Dʳ A.), *Nantes au XIXᵉ siècle*, Nantes, P. Sébire, 1835.

LE PLAY(Fr.), *Les Ouvriers européens*, Paris, Imprimerie Impériale, 1855, 6 vol.

【지역 연구】
사회 구조에 대한 구체적인 모습

AGULHON(M.), *La République au village. Les populations du Var de la Révolution à la Seconde République*, Paris, Plon, 1970.

AGULHON(M.), *Une Ville ouvrière au temps du socialisme utopique: Toulon de 1815 à 1851*, Paris, Mouton, 1970.

ARMENGAUD(A.), *Les Populations de l'Est-Aquitain au début de l'époque contemporaine*, Paris, Mouton et Cⁱᵉ, 1962.

DUPEUX(G.), *Aspects de l'histoire sociale et politique du Loir-et-Cher, 1848-1914*, Paris, Mouton et Cⁱᵉ, 1962.

LEUILLIOT(Paul), *L'Alsace au début du XIXᵉ siècle. Essais d'histoire politique, économique et religieuse(1815-1830)*, Paris, S.E.V.P.E.N., 1959-1961. 3 vol.

VIDALENC(J.), *Le Département de l'Eure sous la Monarchie constitutionnelle*, Paris, Marcel Rivière et Cⁱᵉ, 1952.

VIGIER(Ph.), *La Seconde République dans la région alpine. Étude politique et sociale*. Tome I: Les notables(vers 1845-fin 1848); tome II: Les paysans(1849-1852), Paris, P.U.F., 1963.

종교 망탈리테史

MARCILHACY(Christiane), *Le Diocèse d'Orléans au milieu du XIXᵉ siècle*, Paris, Sirey, 1964.

코뮌에서 벨 에포크까지

이전 챕터의 참고 문헌에서 언급된 저작들 외에 다음을 덧붙이겠다.

SORLIN(Pierre), *La Société française*, T. I, *1840-1914*, Paris, Arthaud, 1969,
다음의 글은 매우 훌륭하다.
BOUVIER(Jean), 《Le mouvement d'une civilisation nouvelle》) pour l'*Histoire de la France* dirigée par G. DUBY, t. III, *Les Temps nouveaux*, Paris, Larousse, 1971.
다음을 참조하라.

【정치 분야】

G<small>OGUEL</small>(Françaois), *La Politique des partis sous la IIIe République*, Paris, Le Seuil, 1946.

——*Géographie des élections françaises de 1870 à 1951*, Paris, A. Colin, 1951(Cahiers de la Fondation nationale des Sciences politiques, n° 27).

S<small>IEGFRIED</small>(André), *Tableau des partis en France*, Paris, Grasset.

S<small>EIGNOBOS</small>(Charles), *L'Évolution de la IIIe République*(tome VIII de *L'Histoire de France contemporaine* de Lavisse), Paris, Hachette, 1931.

N<small>ICOLET</small>(Claude), *Le Radicalisme*, Paris, P.U.F., 1957(coll. Que sais-je?).

【종교 분야】

L<small>E</small> B<small>RAS</small>(Gabriel), *Introduction à l' histoire de la pratique religieuse en France*, Paris, P.U.F., vol. I, 1942; vol. II, 1945.

——《Transformation religieuse des campagnes françaises depuis la fin du XVIIIe siècle》, *Annales sociologiques*, série 2, fasc. II, 1937.

L<small>ÉONARD</small>(E.), *Le Protestant français*, Paris, P.U.F., 1963.

L<small>ATREILLE</small>(André), S<small>IEGFRIED</small>(André), *Les Forces religieuses et la vie politique. Le catholicisme et le protestantisme*, Paris, A. Colin, 1951(Cahiers de la Fondation nationale des Sciences politiques, n° 23).

【농업의 변화】

G<small>EORGE</small>(Pierre), *Géographie économique et sociale de la France*, Paris, Éditions Hier et Aujourd'hui, 1946.

【노동 세계】

C<small>OLLINET</small>(Michel), *L'Ouvrier français. Essai sur la condition ouvrière(1900-1950)*, Paris, Les Éditions ouvrières, 1951.

Le Militant ouvrier français dans la seconde moitié du XIXe siècle, numéro spécial de la revue *Le Mouvement social*, oct. 1960-mars 1961.

B<small>RÉCY</small>(Robert), *Le Mouvement syndical en France, 1871-1921, essai bibliographique*, Paris, Mouton, 1963.

D<small>UBIEF</small>(Henri), *Le Syndicalisme révolutionnaire*, Paris, A. Colin, 1969.

【부르주아 계층】

B<small>OUVIER</small>(Jean), *Le Crédit lyonnais de 1864 à 1882*, Paris, S.E.V.P.E.N., 1961, 2 vol.

B<small>OUVIER</small>(Jean), F<small>URET</small>(François), G<small>ILLET</small>(Marcel), *Le Mouvement du profit en France au XIXe siècle. Industrie et artisanat*, Paris, Mouton, 1965.

P<small>ERROT</small>(Marguerite), *Le Mode de vie des familles bourgeoises, 1873-1953*, Paris, A. Colin, 1961(coll. Recherches sur l'économie française).

【교육】

PROST(A.), *L'Enseignement en France, 1800-1967*, Paris, A. Colin, 1968(collection U.)
GERBOT(P.), *La Condition universitaire en France au XIX* siècle*, Paris, P.U.F., 1965.
Niveaux de culture et groupes sociaux, Actes du colloque réuni du 7 au 9 mai 1966,
à l'École Normale Supérieure, Paris, Mouton, 1967.

【지역 연구】

SIEGFRIED(André), *Tableau politique de la France de l'Ouest sous la IIIe République*,
Paris, A. Colin, 1913, *Le meme auteur a publié aussi*, en 1949.
Géographie électorale de l'Ardèche sous la IIIe République, Paris, A. Colin, 1949
(Cahiers de la Fondation nationale des Sciences politiques, n° 9).

특히 주목할 저작은

BARRAL(Pierre), *Le Département de l'Isère sous la IIIe République, 1870-1940.
Histoire sociale et politique*, Paris, A. Colin, 1962(Cahiers de la Fondation nationale
des Sciences politiques, n° 115).
BERNARD(Philippe), *Économie et sociologie de la Seine-et-Marne, 1850-1950*, Paris,
A. Colin, 1953(Cahiers de la Fondation nationale des Sciences politiques, n° 43).
DESGRAVES(Louis), DUPEUX(Georges), *Bordeaux au XIX siècle*, tome VI de l'*Histoire
de Bordeaux*, Bordeaux, Fédération historique du Sud-Ouest, 1969.
LAURENT(Robert), *Les Vignerons de la 《Côte d'Or》 au XIX siècle*, Paris, les Belles
Lettres, 1958.
PATAUT(Jean), *Sociologie électorale de la Nièvre au XXe siècle*(1902-1951), Paris, Édi-
tions Cujas, 1956, 2 vol.
THABAULT(Roger), *1848-1914. L'ascension d'un peuple. Mon village, ses hommes, ses
routes, son école*, Paris, Delagrave, 1945.

▨ 20세기의 사회: 1914-1970

【통사】

SORLIN(Pierre), *La Société française*, tome II, *1914-1968*. Paris, Arthaud, 1971.

【1914-1939년의 프랑스】

1914-1939년의 프랑스 경제·사회 발전의 전반적인 일람표는 다음 잡지의 특별호에 작
성되어 있다.

Revue d'économie politique du premier trimestre de 1939, par divers auteurs, sous
le titre: 《De la France d'avant-guerre à la France d'aujourd'hui.》
특히 다음 책을 참조하라.
SAUVY(Alfred), *Histoire économique de la France entre les deux guerres*, Paris, Fa-
yard, tomes I(1918-1931) et 2(1931-1939).

【1930년대의 위기】

Mouvement économique en France de 1929 à 1939, publié par le ministère des Finances, Service national des statistiques, Paris, Imp. nationale, 1941.

【1918-1944년의 사회 문제】
양차대전 사이와 비시 정부 시기의 사회 문제는 다음의 책에서 다루어진다.

DANOS(Jacques), GIBELIN(Marcel), *Juin 36*, Paris, Les Éditions Ouvrières, 1952.

EHRMANN(Henri-W.), *La Politique du patronat français, 1936-1955*, Paris, A. Colin, 1959.

KRIEGEL(Annie), *Aux origines du communisme français(1914-1920)*, 2 vol., Paris, Mouton et Cie, 1964.

PROST(Antoine), *Les Effectifs de la C.G.T. à l'époque du Front Populaire(1934-1939)*, A. Colin, 1964(Cahiers de la Fondation nationale des Sciences politiques, n° 129).

SIEGFRIED(André), *De la IIIe à la IVe République*, Paris, Grasset, 1956.

LAROQUE(Pierre), et ses collaborateurs dressent un bilan des *Succès et faiblesses de l'effort social français*, Paris, A. Colin, 1962.

【현대】

SAUVY(Alfred), RICŒUR(Paul), *Bilan de la France, 1945-1970*, Colloque de l'Association de la presse étrangère, Paris, Plon, 1971.

CARRÉ(J. -J.) et *al.*, *La Croissance française, un essai d'analyse économique causale de l'après-guerre*, Paris, Le Seuil, 1972.

【농민의 조용한 혁명】

DEBATISSE(Michel), *La Révolution silencieuse. Le Combat des paysans*, Paris, Calmann-Lévy, 1963.

MEYNAUD(Jean), *La Révolte paysanne*, Paris, Payot, 1963.

MALLET(Serge), *Les Paysans contre le passé*, Paris, Le Seuil, 1963.

BARRAL(Pierre), *Les Agrariens français de Méline à Pisani*, Paris, A. Colin, 1968.

【새로운 노동계급】

MALLET(Serge), dans le livre qui porte ce titre(Éditions du Seuil, 1963).

La revue *Arguments* du premier trimestre de 1959: 《Qu'est-ce que la classe ouvrière française?》

ANDRIEUX(Andrée), LIGNON(Jean), *L'Ouvrier d'aujourdhui. Sur les changements dans la condition et la conscience ouvrières*, Paris, M. Rivière et Co. 1960.

HAMON(Léo), éd. *Les Nouveaux Comportements politiques de la classe ouvrière*, Paris, P.U.F., 1962.

【간부 계층】

ANTOINE(Jacques), 《Les nouvelles classes moyennes》, in *L'Univers économique et social*, tome IX de l'*Encyclopédie Française*, Paris, Société de l'Encyclopédie française, 1960.

BLETON(Pierre), *Les Hommes des temps qui viennent*, Paris, les Éditions Ouvrières, 1956.

CHEVERNY(Julien), *Les Cadres. Essai sur les nouveaux prolétaires*, Paris, Julliard, 1967.

DUBOIS(Jean), *Les Cadres dans la société de consommation*, Paris, Éditions du Cerf, 1969.

【1968년 5월 혁명】

68사건에 관련된 저술

BENETON(Philippe), TOUCHARD(Jean), 《Les interprétations de la crise de mai-juin 1968》, *Revue Française de Science Politique*, juin 1970.

이 사건에 대한 훌륭한 요약:

DANSETTE(Adrien), *Mai 1968*, Paris, Plon, 1971, avec des textes et une bibliographie.

이 사건에 대한 해석:

ARON(Raymond), *La Révolution introuvable. réflexions sur la révolution de Mai*, Paris, Fayard, 1968.

【소비사회】

MORIN(Edgard), *L'Esprit du temps*, Paris, Grasset, 1962.

오늘날의 사회에 대한 연구

HOFFMANN(Stanley), KINDLEBERGER(Ch. -P.) et al., *A la recherche de la France*, Paris, Éditions du Seuil, 1963.

CROZIER(Michel), *La Société bloquée*, Paris, Éditions du Seuil, 1970.

DARRAS, *Le Partage des bénéfices*, Paris, Éditions de Minuit, 1966.

REYNAUD(J. -D.)(sous la direction de), *Tendances et volontés de la société française*, S.E.D.E.I.S., Paris, Collection Futurible, 1968.

연표

정 치	경 제	사 회
1789 삼신분회 개최(5월)	아씨냐 지폐의 발행(12월)	8월 4일의 밤 성직자 재산의 국유화 결의 (11월)
1790 연맹제(7월)	신(新)조세제도 제정(11월)	봉건적 제권리의 보상에 대한 법령(3월) 동업조합의 폐지(3월) 경작의 자유(9월)
1791 입법의회 성립(10월)		
1792 왕정의 몰락(8월 10일) 국민공회 성립(9월)		
1793 로베스피에르, 공안위원회에(7월)	일반 최고가격법(9월) 미터법 채택(8월)	봉건적 제권리의 완전한 폐지 (7월)
1799 브뤼메르 18일의 쿠데타(11월)		직접세 담당부의 설치(1월)
1802 정교협약 및 국가조식 기본법(4월)	상공위원회 창설(12월)	리세의 창설(5월) 토지대장의 작성(11월)
1803	프랑 가격안정법(제르미날) 프랑스은행, 은행권 발행의 독점권 부여받음(4월)	노동자 수첩의 제도화(12월)
1804 제국의 성립(5월)		민법전 반포(3월)
1806	대륙 봉쇄(베를린 칙령)	제국대학의 창설(5월)
1808	프랑스은행 법인화(1월)	제국 귀족의 창설
1815 백일천하(3월-6월) 제2차 왕정복고(7월) 《유례없는 의회》(8월)		
1817	물가가 장기적으로 하락하는 시기의 시초(1850년까지)	제한선거법 제정(2월)
1825		망명 귀족 10억 프랑법(4월)
1830 루이 필리프 1세, 프랑스 왕으로		
1831		리옹견직공의 봉기(11월)
1833		초등교육법(기조법, 6월)

정 치	경 제	사 회
1841		아동노동보호법(3월)
1842	간선철도 부설법(6월)	
1848 2월 혁명, 공화국 선포	할인은행의 설립(3월)	뤽상부르위원회(2월)
		국립작업장(2월 26일-6월 22일)
		1일 노동시간의 1시간 단축법안
		(3월 2일)
1850	물가가 장기적으로 상승하는	팔루법안 표결
	시기의 시초(1873년까지)	
1852 제국의 재수립	부동산은행(7월),	공제조합법(3월)
(12월 2일)	동산은행(11월)의 설립	
1860	영불통상조약(1월)	
1864	제철협회의 창립	노동자의 60인 선언(2월)
		파업권에 대한 에밀 올리비에
		법안(5월)
		제1인터내셔널 창립(9월)
1871 파리 코뮌(3월-5월)		
1873 왕정복고 시도의 실패	물가가 장기적으로 하락하는	
(10월)	시기의 시초(1896년까지)	
1875 공화국 헌법 제정		
1876 하원선거(2월-3월)		
1877 5월 16일의 사건		
(하원의해산)		
1878	토머스 길크라이스트법 발명	파스퇴르, 예방접종 원리 발견
	최초의 발전용 수력의 이용	
1882	유니웅 제네랄 파산(1월)	초등교육에 대한 쥘 페리 법안
1884		노조에 대한 발덱-루소 법안
1891		푸르미에서의 파업과 사고
1892	보호관세제도(멜린)	카르모에서의 파업(8월)
		아동, 미성년 소녀, 여성노동법
		(11월)
1895		노동총연맹(C.G.T.) 창설
1896	물가가 장기적으로 상승하는	
	시기의 시초(1929년까지)	
1898	상공회의소법(4월)	노동재해보상법(4월)
1900		밀르랑의 노동시간법(3월)
1905 SFIO의 성립(4월)		
정교분리법(12월)		
1906 클레망소 내각의 수립		주말 휴식법 제정(7월)
(10월)		C.G.T. 전국대의원대회
		《아미앵선언》(10월)
1908	서부철도회사의 철도망 매입	드라베이의 파업과 사고(7월)
	(7월)	

정 치	경 제	사 회
1909 브리앙 내각의 수립 (10월)		우체부의 파업(3월)
1910		노동자양로연금법(4월)
1914 독일의 프랑스에 대한 선전포고(8월 3일)	프랑스은행의 발권력 증강법 (8월)	종합소득세법(7월)
1919 전시의회(11월) 제3인터내셔널 창립		8시간 노동법(4월) C.F.T.C. 창립
1920 사회주의자와 공산주의 자의 분열(12월)		
1921		C.G.T.와 C.G.T.U.로의 분열 (12월)
1928	프랑화의 안정 실현(6월)	사회보장법(4월)
1929	세계경제공황 개시	
1932		노동자 가족수당법(3월)
1936 선거에서 인민전선의 승리(5월) 《사회주의적》 입법 표결(6월)	프랑의 평가절하(10월)	파업과 공장점거(5-6월) 마티뇽 협약(6월)
1938 인민전선붕괴		11월 30일 파업의 실패
1939 영국과 프랑스, 독일에 선전포고(9월 3일)		《가족법》(7월)
1940 프랑스 국내전투 (5월-6월) 비시에 프랑스 정부 수립(7월)		조직위원회의 창설(8월) 모든 총연맹 노조의 해산 (11월)
1941		노동헌장 반포(10월)
1943 레지스탕스 전국위원회 창설(5월)		강제노동부의 설치(2월)
1944 연합군의 노르망디 상륙 (6월 6일)	노르광산의 국유화(12월)	여성참정권(10월)
1945 독일군의 무조건 항복 (5월 8일) 제헌의회 선거(10월)	르노 공장(1월), 프랑스은행 및 대규모 저축은행(12월)의 국유화 프랑의 평가절하(12월)	경영위원회(2월), 사회보장위원회(10월)의 설치 소작계약법(10월)
1946 첫 하원선거(11월)	가스, 전기 및 보험의 국유화 (4월)	가족수당법(8월) 공무원규칙(10월)
1947 공산당 각료해임(5월)	장 모네플랜 채택(1월)	르노공장에서의 파업(4월) C.G.T.와 노동자의 힘 (C.G.T.-F.O.)으로 분열(12월)
1948 R.P.F(프랑스인민연합) 마르세이유에서 첫 대의원대회(4월)	마샬플랜 채택(4월) 프랑의 평가절하(1월, 10월)	광부(4월), 공무원(7월) 파업 광부의 새로운 파업이 군대에 의해 진압(10월-11월)

정 치	경 제	사 회
1951 국회의원 선거(6월)	유럽공동체 석탄·철강 파리소약 C.E.C.A.(5월)	마리와 바랑제법안 채택(9월)
1953 르네 코티 13차례 투표 끝에 대통령에 당선	C.E.C.A.의 공동시장 개시 (5월)	최저임금 결정(9월)
1954 멘데스-프랑스 내각 수립(6월) 알제리 전쟁 개시(11월)		공공부문 총파업(8월) 농민《바리케이드》의 날(10월) 각종 단체 협약 조인(6-10월)
1955 멘데스-프랑스 내각 붕괴	제2차 모네플랜 채택(6월)	알코올중독규제법(2월) 생-나제르와 낭트에서의 노동쟁의(8-9월) 국영르노에서 조인된 기업 협약(9월)
1956 국회의원 선거(1월)	마르쿨르 원자력공장 가동 (1월)	유급휴가 3주연장(2월) 노령연금기금표결(6월)
1957 기 몰레 내각 붕괴(5월)	로마협정 조인: 유럽 공동 시장과 유럽원자력공동체(3월) 프랑의 평가절하(8월)	
1958 알제에서 드골장군에게 공안위원회설치 요청 (5월 13일) 헌법제정(5월) 국회의원선거(11월) 드골, 프랑스 공화국 대통령에(12월)	프랑의 평가절하,《무거운 프랑 (신통화단위)》의 채택(12월)	
1959 드브레 내각 수립	제3차 모네플랜 채택	금속 및 탄광부문에서 파업 (2-3월) 실업에 반대해서 생-나제르와 낭트에서 노조의 시위(10월) 농민시위(10월, 12월)
1960 알제에서 바리케이드의 주간(1월)	《신프랑》의 실시(1월)	니오르에서(1월), 아미앵에서(2월), 18개 도시에서(4월) 농민시위 획기적이고 놀라운 파업(5월) 농업기본법채택(7월) 알코올중독규제법(11월)
1961 알제에서 장군들의 무장 폭동(4월)	6개 공동시장의 관세 첫 조정(30%)(1월)	농민 소요: 5,000경작자 모를래의 군청 장악(6월)
1962 에비앙협정조인(3월) 알제리 독립(7월) 퐁피두 국무총리(4월)	제4차 모네플랜 채택, 1962-65(6월)	
1963	드골 장군 공동시장에 영국의 참여를 거부(1월)	광부 파업(2월-4월)

정 치	경 제	사 회
1964 21개 경제적 지역 구성법(3월)		
1965 드골 공화국 대통령에 재선(12월)	공동시장의 위기: 프랑스 6개 월간 CEE와 모든 접촉 삼가(7월-12월) 제5차 모네플랜 채택(11월)	
1966	라 랑스(la Rance)의 조력 이용 공장의 개막(11월)	자영업자의 질병보험법(6월)
1967 국회의원선거(5월)	대부분의 공업제품에 대한 관세를 35-40% 내리도록 하는 케네디 라운드 협약(5월)	알제리산 포도주 수입에 반대하는 남프랑스 포도 재배자들의 격렬한 시위(3월) 《기업 발전의 결실에 대한 임금노동자 참여》에 관한 3가지 처방의 공표(4월)
1968 《5월혁명》 국회의원선거(6월) 쿠브 드 뮈르빌, 국무총리에(7월)	공동시장 6개국 사이의 마지막 관세 장벽 폐지(7월)	그르넬 협약(5월)
1969 국민투표 실패와 드골 장군의 사임(4월) 퐁피두, 공화국 대통령에(6월) 샤반-델마스 국무총리에(6월)	론느-풀랑에 의한 페시네-쌩- 고뱅 장악, 쌩고뱅과 퐁타무송의 합병(7월) 프랑의 평가절하(8월) 유럽 6개국 공동시장에 영국의 가입 원칙을 인정(12월)	국무총리 하원에서 《새로운 사회》 계획 상기(9월) 프랑스 전기-가스회사에서 《발전계약》 조인(12월) 하원, 국영 르노 공장에서 노동자 지주제의 원칙을 가결 (12월)
1970 드골 장군 사망(11월)	6개국 농업시장 재정에 대한 협정을 마무리(2월) 제6차 모네플랜 채택(6월)	철도 파업(2월) 국영 르노 공장에서 월급제에 대한 협약(3월) 금속부문에서 시간제 노동자의 월급제(7월)

역자 후기

오늘날 프랑스 사회사 하면, 대부분의 사람들이 아날과 함께 브로델(F. BRAUDEL)을 떠올리는 것이 사실이다. 그만큼 우리에게 브로델의 전체사는 많이 소개되었으며, 또한 매우 익숙하다. 반면에 비록 같은 아날의 테두리에 있지만, 프랑스 사회사의 또 다른 한 축이라고 할 수 있는 라브루스(E. LABROUSSE) 계열의 사회사는 우리에게 상대적으로 생소하게 느껴진다.

라브루스는 1945년 아날의 창시자인 블로흐(M. BLOCH)의 뒤를 이어 소르본의 사회경제사 강좌를 담당하였다. 비록 브로델에 의해 대표되는 '정통' 아날의 그늘에 가려 그 명성이 상당 부분 퇴색한 감이 있지만, 오늘날까지도 그의 영향을 받은 수많은 역사학자들이 프랑스 사회사의 상당 영역을 차지하고 있다. 이러한 이유로 그는 프랑스 사회사의 진정한 원조로 평가받기도 한다.

프랑스 사회사가 가운데 마르크스의 영향을 가장 깊게 받은 라브루스에게 있어서 역사는 경제를 기반으로 한 사회사, 사회를 기반으로 한 정치사를 축으로 연구되었다. 즉 인구와 경제에 대한 분석에 뒤이어 사회집단에 대한 연구, 그리고 그들의 정치적 태도 등이 설명되었다. 프랑스 현대사를 연구하는 사회사가들은 대부분 이러한 라브루스의 영향하에 각 지역별・집단별 연구를 진행하였다. 바 지방을 연구한 아귈롱(M. AGULHON), 파리의 부르주아 계층에 대한 분석을 시도한 도마르(A. DAUMARD) 여사가 그러하고, 2월 혁명기의 사회 계층을 분석한 튀데스크(J. -A. TUDESQ)가 그러하며, 이 책의 저자인 루아르-에-셰르 도(道)를 연구한 조르주 뒤프(G. DUPEUX)가 그러하다. 그러나 한 가지 아쉬운 점은 이러한 라브루스학파의 수많은 연구 성과들을 종합한 개설서 자체가 드물다는 점이다. 그러므로 이러한 '사회집단과 그들 관계의 역사'로서의 사회사 개설서는 국내에 거의 소개되지 않았다.

이러한 이유로, 역자는 비록 출간된 지 꽤 오래 되었지만 조르주 뒤프의

《프랑스 사회사》(Georges Dupeux, *La Société Française*: 1789-1970, Paris, Armand Colin-Collection U, 1972)를 독자들에게 기꺼이 소개하고 싶었다. 비록 사회사에 대한 관심이 점점 덜해져 가고 있지만, 그래도 국내의 적지않은 연구자들이 사회사에 관심을 보여 왔고, 지금도 여전히 그 학문적 바탕은 유효하다고 판단되는데도 불구하고 마땅한 프랑스 사회사 개설서(그것이 저서이든 역서이든)를 발견하기 힘들다는 것 또한 하나의 이유가 될 것이다.

이 책은 라브루스 계열 학자들의 연구들을 종합한 사회사 개설서이다. 뒤프는 이 책을 서술함에 있어 그의 스승의 연구 목적에 부합하게끔 기본 접근방식을 사회집단의 발전에 맞추었다. 더 구체적으로 이야기하자면, 본서는 하나의 '사회집단의 역사'(une histoire des groupes sociaux)이며, 동시에 '그들 관계의 변화'(l'évolution de leurs rapports)를 추적한 연구서인 것이다. 시대가 흐름에 따라 특정 사회집단이 어떠한 변화를 겪었으며, 억압받던 집단은 어떤 방식으로 자신들의 입지를 향상시켰고, 지배집단은 어떻게 음지 속으로 내쫓겼는가? 이 책에서는 이러한 사회 변화를 설명하기 위하여 경제 변동의 국면들, 인구구조의 변화, 기술 진보의 다양한 리듬, 전쟁, 집단 의식 등 다양한 내적·외적 요인을 제시, 설명하고 있다. 즉 이 책은 저자 자신이 밝히고 있듯이 "각 사회집단의 규모·구성·내부구조·응집력의 강도를 알려는, 그리고 그 위에 그 집단의 일상양식·심리적 태도 등을 규정"하려는 연구이다. 이와 같은 각 집단에 대한 연구에 이어 저자는 집단간의 관계를 추적한 것이다.

결국 이 책에서 뒤프는 라브루스학파의 일원들이 개별적인 지역 연구 및 하나의 사회적 범주에 대하여 기울인 관심을 기초로 하여 그 개별 연구들을 충분히 이용, 종합하고 있다고 볼 수 있다. 물론 시기적인 이유로 70년대 이후의 연구 성과를 담지 못하고 있다는 한계를 염두에 두어야 할 것이지만, 그럼에도 불구하고 본서는 프랑스 혁명에서 1970년까지의 정치·경제·사회·문화를 아우르는 프랑스 사회에 대한 입문서로서, 더 나아가 하나의 뛰어난 프랑스 현대사 개설서로 독자들에게 소개될 수 있을 것이다.

참고로 저자의 이력과 주요 저서를 소개하면 다음과 같다. 조르주 뒤프는

1920년에 출생하여 국립과학연구소(CNRS)의 연구원, 보르도 제3대학 강사를 거쳐 동대학의 현대사 교수를 역임했고, 1994년 6월에 사망하였다. 그의 주요 저서는 《선거의 사회학 *Sociologie électorale*》(공저, 1951), 《인민전선과 1936년의 선거들 *Le Front Populaire et les élections de 1936*》(1959), 《루아르-에-셰르 도의 정치·사회사 개관: 1848-1914 *Aspects de l'histoire sociale et politique du Loir-et-Cher: 1848-1914*》(1962), 《아키텐 지방에서의 도시 성장 1811-1968 *La Croissance Urbaine en Aquitaine 1811-1968*》(1976), 《프랑스 도시화 역사 지도: 1811-1975 *Atlas historique de l'urbanisation de la France: 1811-1975*》(공저, 1981) 등이다.

뒤프의 《프랑스 사회사》는 대학의 교재로 사용되는 아르망 콜랭 출판사의 시리즈물 가운데 하나이다. 각장 말미에 참고 문헌과 사료 부분이 실려 있는데, 사료 부분은 본 번역에서는 제외하였다. 이 조그만 책이 나오기까지에도 많은 이의 도움을 받지 않을 수 없었다. 특히 이 기회를 통하여 원고 전체를 꼼꼼이 읽어 준 한성대 사학과의 박준철 교수와 출판계의 어려운 사정에도 불구하고 기꺼이 출판을 맡아 주신 동문선 신성대 사장님에게 고마움의 뜻을 표하고 싶다. 마지막으로 이 책의 번역에는 영역(Peter Wait(tr.), *The French Society: 1789-1970*, Barnes & Noble, 1976)과 일역(武本竹生, 本池立, 井上堯裕 共譯, 《프랑스 사회사: 1789-1960》, 동양경제신보사, 1967)도 참조되었음을 밝혀둔다.

2000년 1월   역 자

색 인

박 단

서강대학교 사학과 졸업
서강대학교 사학과 대학원 졸업
파리I대학(팡테옹 소르본) 박사학위 취득
한성대학교 조교수
주요 논저: 〈프랑스 노동총연맹 통합 활동 연구(1929-1936)〉
〈전체주의〉〈1930년대 프랑스 노동조합의 반파시즘 투쟁〉

신행선

이화여자대학교 사학과 졸업
이화여자대학교 사학과 대학원 졸업
파리I대학(팡테옹 소르본) 박사학위 취득
이화여자대학교, 서울여자대학교, 한국종합예술학교 등에서 강의
주요 논저: 〈파리 지역 노동자와 제1차 세계대전(1908-1914)〉
〈생디칼리슴〉〈제1차 세계대전 이전 프랑스 노조원들과 인터내셔널리즘〉

문예신서
155

프랑스 사회사

1789-1970

초판발행 : 2000년 2월 15일

지은이 : 조르주 뒤프
옮긴이 : 박 단·신행선
펴낸이 : 辛成大
펴낸곳 : 東文選

제10-64호, 78. 12. 16 등록
서울 종로구 관훈동 74번지
전화 : 737-2795
팩스 : 723-4518

ISBN 89-8038-094-1 94330
ISBN 89-8038-000-3 (세트)

【東文選 現代新書】

【東文選 文藝新書】

69	리조복식도감	리팔찬	절판
70	娼 婦	A. 꼬르벵 / 李宗旼	20,000원
71	조선민요연구	高晶玉	30,000원
72	楚文化史	張正明	근간
73	시간 욕망 공포	A. 꼬르벵	근간
74	本國劍	金光錫	40,000원
75	노트와 반노트	E. 이오네스코 / 박형섭	8,000원
76	朝鮮美術史硏究	尹喜淳	7,000원
77	拳法要訣	金光錫	10,000원
78	艸衣選集	艸衣意恂 / 林鍾旭	14,000원
79	漢語音韻學講義	董少文 / 林東錫	10,000원
80	이오네스코 연극미학	C. 위베르 / 박형섭	9,000원
81	중국문자훈고학사전	全廣鎭 편역	15,000원
82	상말속담사전	宋在璇	10,000원
83	書法論叢	沈尹默 / 郭魯鳳	8,000원
84	침실의 문화사	P. 디비 / 편집부	9,000원
85	禮의 精神	柳肅 / 洪熹	10,000원
86	조선공예개관	日本民芸協會 편 / 沈雨晟	30,000원
87	性愛의 社會史	J. 솔레 / 李宗旼	12,000원
88	러시아미술사	A. I. 조토프 / 이건수	16,000원
89	中國書藝論文選	郭魯鳳 選譯	18,000원
90	朝鮮美術史	關野貞	근간
91	美術版 탄트라	P. 로슨 / 편집부	8,000원
92	군달리니	A. 무케르지 / 편집부	9,000원
93	카마수트라	바짜야나 / 鄭泰爀	10,000원
94	중국언어학총론	J. 노먼 / 全廣鎭	18,000원
95	運氣學說	任應秋 / 李宰碩	8,000원
96	동물속담사전	宋在璇	20,000원
97	자본주의의 아비투스	P. 부르디외 / 최종철	6,000원
98	宗敎學入門	F. 막스 뮐러 / 金龜山	10,000원
99	변 화	P. 바츨라빅크 外 / 박인철	10,000원
100	우리나라 민속놀이	沈雨晟	15,000원
101	歌 訣	李宰碩 편역	20,000원
102	아니마와 아니무스	A. 융 / 박해순	8,000원
103	나, 너, 우리	L. 이리가라이 / 박정오	10,000원
104	베케트연극론	M. 푸크레 / 박형섭	8,000원
105	포르노그래피	A. 드워킨 / 유혜련	12,000원
106	셸 링	M. 하이데거 / 최상욱	12,000원

東文選 文藝新書 129

죽음의 역사

P. 아리에스　　[著]

李宗旼　　[譯]

　지구상에 존재하는 모든 피조물은 시작과 끝이라는 존재의 본원적인 한계성을 지니고 있다. 인간 역시 이러한 자연의 법칙에서 결코 벗어날 수 없는 한계성을 인식하고 있다. 그러나 인간 존재의 시작을 의미하는 탄생에 관해서는 그 실체가 이미 과학적으로 규명되고 있지만, 종착점으로서의 죽음은 인간들의 끊임없는 연구와 노력에도 불구하고 오늘날까지 이렇다 할 구체적인 모습을 드러내지 못하고 있는 것이 현실이다. 이유는 간단하다. 과학적으로 죽음이라는 현상 자체는 규명되었다 할지라도, 그 이후의 세계는 어느 누구도 경험하지 못한 때문일 것이다. 물론 죽음이나 저세상을 경험했다는 류의 흥미로운 기사거리나 서적 들이 우리의 주변에 널려 있는 것은 사실이지만, 이는 어디까지나 임사 상태에 이른 사람들의 이야기일 뿐 실지로 의학적으로 완전한 사망을 토대로 한 것은 아니다. 말하자면 진정한 죽음의 상태를 경험한 사람은 존재치 않기 때문에 죽음은 더욱더 우리 인간들의 호기심과 두려움을 자극하는 대상이 되고 있을지도 모른다.

　아무튼 본서는 아득한 옛날부터 현재에 이르기까지 사람들은 어떻게 죽음을 맞이하고 생각했는가?라는 사람들의 호기심에 답하듯 죽음을 연구대상으로 삼은 역사서이다. 따라서 죽음의 이미지가 어떻게 변해 왔는지, 또 인간은 자신의 죽음을 앞에 두고 어떻게 행동했으며 타인의 죽음에 대해 어떤 생각을 품고 있었는지를 추적한다. 그리하여 역사 이래 인간의 항구적 거주지로서의 묘지로부터 죽음과 문화와의 관계를 파악하면서 묘비와 묘비명, 비문과 횡와상, 기도상, 장례 절차, 매장 풍습, 나아가 20세기 미국의 상업화된 죽음의 이미지를 추적한다.

東文選 文藝新書 147

모더니티 입문

앙리 르페브르

이종민 옮김

우리들 각자는 흔히 예술이나 현대적 사상, 현대적 기술, 현대적 사랑 등등에 대해 언급한다. 관습과 오류에도 불구하고 모더니티라는 낱말은 자신의 위력을 상실하지 않았다. 그것은 광고와 선전, 그리고 새롭거나 새로운 것처럼 보이는 모든 표현으로 사용된다. 하지만 그것은 정확히 무엇을 의미하는 것일까?

모호하지만 모더니티라는 이 낱말은 분석에 있어 두 가지 의미를 드러내고, 두 개의 현실을 은폐한다. 한편으로 그것은 다소 인위적이고 양식에 순응하는 어떤 열광을 지칭하며, 또 한편으로는 상당수의 문제와 가능성(혹은 불가능성)을 보여 준다. 첫번째 의미는 '모더니즘'으로 명명될 수 있고, 두번째는 '모더니티'로 이름 붙일 수 있다. '모더니즘'은 사회학적인 현상이다. 즉 나름대로의 법칙을 가질 수 있는 사회적인 의식의 행위인 것이다. '모더니티'는 나타나기 시작하는 비평과 명확히 규정할 수 있는 문제성에 결부된 개념이다.

이 책이 포함하고 있는 12개의 전주곡은 '모더니즘'과 '모더니티' 사이의 변증법적 관계를 파악하기 위하여 그 두 단어를 구별하고자 노력한다. 그 전주곡들은 '모더니티'가 제기하거나, 혹은 오히려 '모더니티'가 덮고 있는 제문제를 정형화하면서 그 개념의 윤곽을 명확히 하고자 한다. 여기에는 소위 현대적인 우리의 사회에 설정된 것처럼 보이는, 실제와 사고에 대한 근본적인 이의를 반드시 동반하기 마련이다.

東文選 文藝新書 123

새로운 학문

잠바티스타 비코

李源斗 옮김

　독일의 위대한 작가 요한 볼프강 폰 괴테는 1787년 나폴리에서 비코의 열렬한 한 제자를 방문했을 때 《새로운 학문 제2판》을 받았다. 같은 해에 출판한 한 논문에서 괴테는 고인이 된 저자에 대해 "그의 지혜는 이제 이탈리아 법률 저술가들에 의해 끝없이 칭송되고 있다"고 말했다. 괴테는 자기에게 전달된 책을 '성스러운 물건'처럼 여기면서 "이 책이 미래에 우리가 얻게 되거나 얻어야 할 선과 정의라는 주제에 관한 예언적 통찰, 삶과 미래에 대한 맑은 사색에 기초한 통찰을 담고 있다"고 했다. 비코의 논증이 견실하다고 확신한 괴테는 인류의 진화를 연속적으로 상승하는 선이 아니라 나선으로 보아야 한다고 생각했다.

　19세기 프랑스의 위대한 민족주의자이자 낭만주의 역사가인 쥘 미슐레는 비코를 자신의 '프로메테우스'로, 자신의 '지적 선구자'로 불렀다. 미슐레는 결국 섭리에 호소한다는 생각을 버렸지만 베르길리우스와 비코를 계속 典據로 인용했다. 프랑스의 실증주의 철학자 오귀스트 콩트는 자기가 인류 발전의 세 가지 상태 내지 시대의 법칙을 형성하는 데 영향을 준 사람이 비코라고 말했다. 카를 마르크스는 역사에 관한 경제적 해석을 전개하면서 스스로 인정한 것보다 훨씬 더 많은 것을 비코에게 힘입었다. 사실 둘 사이에는 일정한 의존 관계가 있었다. 그러나 두 사람은 종교에 관한 한 다른 관점을 가지고 있었다.

　오늘날에는 많은 학자들이 비코를 인류학과 민속학의 선구자로 본다. 사실 최근 비코는 그 문체의 모호함에도 불구하고 점차 유럽 지성사에서 중요한 인물로 인정받고 있으며, 《새로운 학문》은 유럽 지성사의 한 이정표로 평가받고 있다.

東文選 文藝新書 118

죽음 앞에 선 인간

필리프 아리에스
유선자 옮김

　아리에스 최후의 저작, 서구 종교·미술 속의 죽음의 이미지 탐구. 고대 로마 아피아 가도의 묘소로부터 현대 잉그마르 베리만의 영상에 이르기까지, 다양한 도상 표현을 구사한 프랑스 역사학파 최초의 영화적인 저작. 죽음이라는 한 가지 문제를 둘러싼 다양한 이미지의 변천과 그 해석을 통해서 역사를 이야기하려는 대담하고도 선구적인 시도.

　죽음이라는 문제는 철학과 예술 속에서 끊임없이 제기되는 대명제들 중의 하나이다. 일반적으로 죽음이란 고통과 근심으로부터의 해방이라는 새로운 출발점으로서, 동시에 사랑하는 모든 것들과의 이별이라는 하나의 종착점으로서 두 개의 모순적인 감정현상을 내포한다. 죽음에 대한 이런 상반된 감정은 인간들이 죽음에 관해 본원적으로 품고 있는 어떤 감수성에 특정 지역의 후천적이며 환경적인 요인들, 다시 말해 문화적·지역적·시대적인 독특한 생활방식들, 혹은 삶에 대한 독자적인 인식의 틀이 부과됨으로써 그 방향을 달리하는 것이다. 그래서 죽음은 시간적인 차이나 문화적인 차이에 따라서, 그리고 사회적·역사적인 배경의 차이에 따라서 그 모습을 달리하고 있으며, 여기에서 우리는 인간들의 죽음에 대한 다양한 반응을 포착할 수 있는 것이다. 이런 의미에서 필리프 아리에스의 저서는 우리에게 시사해 주는 바가 크다고 말할 수 있다.

　본문의 이미지 여행은 느긋한 페이스로 묘지를 방문하는 것으로 그 서두를 시작하고 있으며, 이윽고 우리들을 그의 페이스로 말려들게 하고, 그리고 현재의 삶에 대한 물음, 현재의 사랑의 가능성에 대한 물음으로 우리를 조용히 이끌어 감으로써 본서의 막을 내린다.

東文選 文藝新書 134

전사와 농민

주르주 뒤비 / 최생열 옮김

★폴 발레리상 수상

조르주 뒤비는 아날학파의 제2세대로서 마르크 블로크의 제자이다. 전후 프랑스 중세 사학을 선도한 인물로 연구 분야 전반에 걸쳐 학계에 지대한 영향을 끼쳤다.

뒤비는 7세기를 전환점으로 하여 유럽 경제가 서서히 성장(농업 생산의 진전)하며, 12세기말에 이르러 비약(도시경제가 농촌경제를 압도)하는 것으로 파악하였다. 그는 중세초 제후의 선물, 교회의 장려함, 유력한 자의 묘지에 비장되었던 주화, 희생제의 등 여러 면에서 엿볼 수 있는 장식적 사치에 관심을 기울였다. 뒤비의 이같은 논지는 7,8세기부터 오히려 유럽 경제가 현저히 후퇴했다고 보는 종래의 유력한 견해와는 현저히 대비되고 있다. 또한 중세초를 순례나 기근, 전쟁과 약탈로 점철된 시대로만 보려는 일반인의 생각을 뒤엎는 것이라고 할 수 있다. 이를 증명함에 있어 그는 방대한 통계수치, 이론적 논의를 동원하거나 현대의 경제 모형을 당대에 적용하려는 일반 경제사가들의 연구방식을 취하고 있지 않다. 그는 중세초 유럽인의 경제활동을 당시 경제뿐만 아니라 그들의 심성·종교·생활방식·정치제도·전쟁 등과 관련하여 고려하였다. 저자는 최근의 고전학(古錢學)·화상학·수목학·기후학·고고학 등의 연구성과를 충분히 받아들이고 있다. 또한 인도·중국·러시아 및 여타 원시사회에 대한 인류학적 연구성과물을 이용하였다. 그는 이같은 방법론들에 부가하여 풍부한 역사학적 상상력을 동원하여 사료가 부족한 실정임에도 불구하고, 중세초 경제 성장의 양상을 실감나게 묘사하였다. 그리고 그 업적으로 폴 발레리상을 수상하였다. 평소 오케스트라를 지휘할 정도의 풍부한 감성과 상상력을 겸비했던 필자는, 탁월한 어휘 선택과 문장력으로 자신의 학문적 성과를 더욱 돋보이게 하였다.

東文選 文藝新書 136

중세의 지식인들

자크 르 고프 / 최애리 옮김

중세의 문사(文士)는 성직자가 되기 위한
교육을 받기는 했으나 수사와는 구별되어야 할 인물이다. 서양 중세의
도시라는 일터에, 여러 가지 직업인들 가운데 한 직업인으로 등장한
그들은 '지식인'의 독창적인 계보를 이룬다. '지식인'이라는 이 현대
적인 말은 그를 생각하고 가르치는 것을 생업으로 삼은 자로 정의함
으로써, 그의 본령을 확실히 드러내 준다.

그러나 저자는 중세의 '지식인'을 단순히 '교육받는 자'가 아니라
'노동의 분화가 이루어지는 도시에 정착하는 직업인들 중 하나'로, 글
을 쓰거나 가르치는 것을 직업으로 삼아 '일하는 자'로 정의한다. 즉
수도원이나 성당 부설학교에서 교육을 받기는 했으되, 성직으로 나아
가지 않고 학문 그 자체를 생업으로 추구하는 집단이 등장했다는 말
이다. 물론 개중에는 성직이나 관직에 오르는 이들도 적지않았고, 또
중세말로 갈수록 그러한 경향이 짙어진다는 것도 본서의 주요한 논지
들 가운데 하나이지만, 어떻든 저자가 애초에 '지식인'으로 정의하는
집단은, 말하자면 유식무산(有識無産)——농민계급 혹은 군소 기사계
급 출신이라도 장자로 태어나 가문의 '명예'를 잇지 못하고 성직에도
돌려지는 작은아들들은 무산자였으니까——의 지적 노동자들이다. 그
리하여 중세에는 철학자·성직자·교사 등으로 지칭되던 막연한 집단
이 '지식인'이라는 이름으로 비로소 그 모습을 드러내게 된다.

자크 르 고프의 이 저서는, 말하자면 '서양 지식인에 관한 역사사회
학 입문'에 해당한다. 그러나 그것은 또한 다양하고 개별적인 세부들
에도 조명하여, 수세기에 걸친 군상들을 파노라마처럼 그려내고 있다.
일찍이 1957년에 발표된 이래 수많은 연구들에 영감을 제공해 온 이
저서는, 서양 중세사는 물론이고 지식인 연구의 고전으로 꼽힌다.

東文選 文藝新書 135

여성의 상태
- 서구 소설에 나타난 여성상

나탈리 에니크 / 서민원 옮김

여성의 이력에 제공된 가능성의 공간은 수많은 소설들 속에 펼쳐져 있고, 여전히 현대 작품들의 소재이기도 하다. 결혼을 앞둔 처녀, 배우자와 어머니·정부·노처녀 등 여성의 다양한 상태들은 우리에게 친숙한 작품을 이루는 범주들이다. 또한 세상 사람들이 편애하는 매개수단으로써의 소설적인 문화에 의해서 뿐만 아니라, 그 범주들은 명백히 현세계의 경험과도 밀접한 관계를 맺고 있다. 어쨌든 여기서 말하는 친숙함이란 지성이나 이해를 의미하는 것은 아니다. 이를테면 문화적인 체계의 관점으로부터 어느 정도 거리를 두고서, 인류학자의 '먼 시선'만이 얇의 질서에 다름 아닌 작품의 구성 요소들과 더불어 이해의 질서라고 할 수 있는 작품의 내적이고도 필연적인 논리를 설명할 수 있을 것이다.

이 글은 서구 픽션에 있어서 다양한 여성들의 상태에 대한 단순한 나열이나 리스트 이상의 것을 지향한다. 이를테면 이 다양한 가능성의 공간들을 구성하는 커다란 개념에 대한 이해와 관련된 것이다. 즉 이러한 형곽들은 어떻게 분절되는지, 또 이곳에서 저곳으로의 이동이 어떻게 일어나게 되는지, 그것을 고찰하면서 동시에 허구가 현실과 맺고 있는 작용을 분석하는 것에 우리의 목적이 있다. 체계의 총체적 논리, 그것의 이유와 방법을 이해하는 것에 다름아닌 것이다. 살아 있는 세상에 대한 경험으로써 이러한 상태를 다룬 서구 문학은 그 상태들에 우리가 친숙해지도록 해왔다. 고전으로부터 애정소설에 이르기까지, 샬럿 브론테로부터 조르주 오네까지, 오노레 드 발자크로부터 마르그리트 뒤라스까지, 토머스 하디로부터 델리까지, 헨리 제임스로부터 대프니 뒤 모리에까지 말이다. 그 구조들 속에서 '먼 시선'으로 떠오르는 여성의 동일성을 통해, 이 책은 인류학이 어떻게 서구 문화의 소산인 소설에 대해 관점을 가질 수 있는가를 보여주고 있다.

東文選 文藝新書 87

性愛의 사회사

자크 솔레 / 이종민 옮김

교황 알렉산데르 6세의 방탕으로부터 왕공들의 난행까지, 귀족들의 난교로부터 빈민들의 치정까지. 세기적인 호색가 카사노바로부터 사드를 비롯한 대문호들과 예술가들의 性과 사랑. 신학의 가르침과 육체혐오, 에로티시즘의 숭배, 묵인된 매춘······ 등 결코 채워지지 않는 性에 대한 인간의 영원한 욕구를 적나라하게 파헤친 訣定版 性愛史!

이 저작의 특징은 무엇보다도 총합적인 연구의 성과에 있다고 할 수 있다. 이 경우, 총합적이란 어휘는 다음과 같은 의미를 함축하고 있다.

우선 이탈리아와 프랑스·스페인·독일·영국·네덜란드, 나아가 신대륙이나 식민지 등 포괄적인 의미에서 서구라고 부르는 전지역의 모든 계층을 대상으로 삼아 각 지역과 계층에서의 성애의 이념과 현실적인 차이점, 그리고 공통된 양상과 발전을 그려내고자 한 것이 첫번째 성과일 것이다. 아울러 성애라는 인간의 원초적 행위를 역사적이고 사회적인 모든 측면에서 고찰했다는 것이 이 연구에서의 두번째 성과일 것이다. 저자는 한 국가의 통치체제가 부르주아적인 질서 속에서 종교의 힘을 빌려 인간의 개인적인 성애를 얼마나 억압하고 있는가를 탐색하는 한편으로, 그같은 억압 속에서도 예를 들면 농민들 사이에서의 성애가 자유를 구가하고 있었다는 사실을 분명히 깨닫고 있었던 것이다. 이 연구서의 최종적 성과로서 저자는 마녀나 매춘에서부터 동성애와 나아가 문학이나 음악·미술 등에 표현된 환상에 이르기까지, 지금까지의 전통적인 역사학에서 거의 다루지 않았던 몇몇 분야를 포함하여 성의 억압이 초래한 갖가지 현상을 총체적으로 제시했다는 것이다. 이렇듯 방대한 작업이 가능할 수 있었던 것은, 성애의 다양한 개인적·사회적 제반 형태에 관한 연구와 각 지방이나 계층을 대상으로 한 수많은 모노그래프가 이미 나와 있었기 때문이다. 기존의 혹은 현재 진행중인 제반 연구의 총합성을 지향하는 이 책은, 그런 의미에서 한 시대의 연구 수준을 보여 주는 기념비적인 저작으로 간주될 수 있다.

東文選 文藝新書 142

"사회를 보호해야 한다"

미셸 푸코 / 박정자 옮김

왜 다시 푸코인가? 푸코의 콜레주 드 프랑스에서의 강의는 이미 알려진 대로 수백 명의 청강생들이 발디딜 틈도 없이 몰리는 대단한 명강의였다고한다.

그는 1971년 1월부터 1984년 6월 사망할 때까지 줄곧 콜레주 드 프랑스에서 강의를 하였다. 그 강의의 내용이 프랑스의 갈리마르 출판사와 쇠이유 출판사의 공동작업으로 기획된 〈고등연구총서〉로 순차적으로 발간되고 있다. 본서는 그 첫번째 강의록으로서 1997년에 발간되었다.

그가 강의 준비를 위해 메모한 노트와 청강생들의 녹음에 의해 사후 17년 만에 세상의 빛을 보게 된 이것들은 엄밀하게 미공개된 원고의 출판이라고 할 수는 없으나, 매년 새로운 연구업적을 발표해야 하고 또 매번 강의 내용도 바뀌어야 한다는 콜레주 드 프랑스의 특이한 수업규칙 때문에, 본서의 내용은 그동안 출간된 그의 저서 중 어느것과도 내용상으로 중복되지 않는 특징이 있다. 따라서 그 강의에 직접 참석치 않은 거의 모든 이들에게는 전혀 새로운 내용의 책이라 할 수 있다. 마치 푸코가 다시 살아서 생생한 육성으로 읽는 이를 매료시키고 있는 듯하다.

푸코의 콜레주 드 프랑스에서의 강좌명은 〈사유체계의 역사〉였다. 이번 강의는 "사회를 보호해야 한다"라는 인종차별을 합리화하는 인종주의자들의 말을 푸코가 비꼬는 어조로 인용한 것이다. 그는 이 강의에서 권력관계를 분석하는 데 있어서 전쟁의 모델이 적합한지를 묻고, 앎과 권력의 관계에 대한 독특한 계보학에 따라 자신의 작업을 성찰해 나가고 있다.